Ueber die

Empfindungen der Farben

in

physiologischer und pathologischer Hinsicht.

Eine
der Academie der Wissenschaften zu Paris vorgelegte
Abhandlung

von

Victor Szokalski,

Doctor der Medicin, der Chirurgie und Geburtshülfe der Facultäten zu Giefsen und Paris, Professor der Augenheilkunde zu Paris, Mitglied mehrerer gelehrten Gesellschaften, u. s. w.

Deutsche vom Verfasser selbst bearbeitete und vermehrte Ausgabe.

Giessen, 1842.
J. Ricker'sche Buchhandlung.

Les habitans de Mexique portent chacun, en passant sur le grand chemin, une pierre à la grande pyramide qu'ils élèvent au milieu de la contrée. Nul ne lui donnera son nom, mais tous auront contribué à un monument qui doit survivre à tous.

Madame de Stael.

Meinen

ehemaligen Lehrern den Herrn Professoren:

Balser zu Giefsen.

Chelius zu Heidelberg.

Vogt zu Bern.

Sichel zu Paris.

Aus

Dankbarkeit, Verehrung und Liebe.

Vorrede.

Von dem ersten Augenblicke an, wo der Mensch anfing, sich mit seiner Umgebung zu beschäftigen, hat er niemals aufgehört, die Dunkelheit und das Licht, den Schatten und die tausenderlei Farben als Gegenstände zu betrachten, die der Aufsenwelt angehören. Er hält sein Auge bei ihrer Hervorbringung für unthätig und glaubt es nur geschaffen, um ihm die von der Natur erhaltenen Eindrücke mitzutheilen. Wenn er jedoch sieht, dafs die einbrechende Nacht ihn der Wahrnehmuug beraubt, womit ihn die aufgehende Sonne von Neuem beschenkt, so mufste er natürlicher Weise auf den Gedanken kommen, dafs das Licht zur Perception der Farben unentbehrlich sei.

In dieser Disposition des menschlichen Geistes sind die Physiker in Folge unzählicher Versuche dahin gelangt, die weifsen Sonnenstrahlen in mehre farbige zu zerlegen — eine Entdeckung, die alle Welt in Erstaunen setzte, und auf welche Newton seine unsterbliche Theorie basirte. Die Einfachheit, die Klarheit und die mathematische Präcision dieser Theorie schienen die Farbenfrage unbedingt gelöst zu haben; wenn auch noch nicht für die kleine Anzahl von Gelehrten, wenigstens doch für den grofsen Haufen, welcher an und für sich zu grofsen Erfindungen unfähig (obgleich er nicht selten eine Ahnung davon hat), diesen Ruhm den gröfsern Genie's überläfst, deren Meinung niemals verfehlt, ihn mit sich fortzureissen.

So stand es mit der Wissenschaft, als die Physiologie, sich immer mehr von den eiteln Hypothesen und Chimeren befreiend, mit welchen sie sich seit langer Zeit herumschlug, plötzlich anfing, ihre Herrschaft weiter auszudehnen und uns in die intimsten Geheimnisse unserer Oeconomie einzuweihen. Man überzeugte sich bald, dafs in Bezug auf die Farben noch Vieles zu thun übrig war: man sahe, dafs das Licht nicht allein die Eigenschaft besafs, in uns das Gefühl der Klarheit und der Farben zu erwecken.

vielmehr bemerkte man noch eine Menge anderer Ursachen, wie z. B. eine mechanische Reizung, die Electricität, Blutcongestionen u. s. w., welche farbenerzeugend auf das unmittelbare Gesichtsorgan einwirkten. Hieraus mufste man nothwendiger Weise schliefsen, dafs die Helligkeit, die Dunkelheit und die verschiedenen Farben nichts anderes seien, als ganz analoge Empfindungen zu denen, welche durch eine Verbrennung, einen Stich, einen Stofs, eine Quetschung u. s. w. in uns erweckt werden. Die Farben, sahe man, gehorchten also denselben Gesetzen, wie alle übrigen Empfindungen, und man überzeugte sich, dafs sie von zwei Classen verschiedener Factoren abhängen: von den aufregenden Einflüssen und von der Thätigkeit des Organes, welches uns die visuellen Empfindungen verschafft.

Die bisherigen Nachforschungen beziehen sich hauptsächlich nur auf die erste dieser beiden Classen, man fängt jedoch heut zu Tage allgemein zu fühlen an, dafs der Newton'schen Arbeit noch eine Ergänzung fehlt, welche die äufseren Ursachen der Farben-Wahrnehmung bei Seite lassend, sich nur mit den Farben, als Empfindungen beschäftigt.

Und dies ist auch der Zweck unseres Werkes. Wir betrachten die Farben rein als Empfindungen, welches auch die Ursache ihrer Erzeugung sein möge. Wir werden uns daher insbesondere mit den organischen Functionen beschäftigen, welche uns die Farben empfinden lassen; wir werden, wenn auch nicht ihre absolute, wenigstens doch ihre relative Natur kennen lernen; wir werden die Gesetze aufsuchen, denen sie unterworfen sind und endlich werden wir die Anwendung zeigen, welche man von diesen Gesetzen auf den pathologischen Zustand des Auges machen kann.

Also weit entfernt, die Optiker und ihre Theorien angreifen zu wollen, nehmen wir vielmehr ihre Arbeiten mit Dank auf: der Gegenstand unserer Betrachtung ist ein ganz anderer, als der ihrige. Sie studiren das Licht, welches nur eines von den Mitteln zur Erzeugung der Farben ist, wir dagegen, wollen diejenigen Functionen studiren, welche uns die Empfindungen dieser Farben liefern.

Die geheime Thätigkeit unseres Seins, woraus die Farben hervorgehen, der Mechanismus, welcher bei der Perception, im Auge und Gehirn stattfindet, sind uns gänzlich unbekannte Sachen und werden es wahrscheinlich, trotz alles menschlichen Forschens auch wohl auf immer bleiben. Wir lassen daher diesen geheimnifsvollen Schleier ungelüftet und begnügen uns, die Farben ebenso zu behandeln, wie es die Physiker mit der Electricität, dem Wärmestoff, der Anziehungskraft u. s. w. thun. Wir wollen blofs beweisen, dafs diese Functionen existiren, und dafs sie für verschiedene Farben verschieden sind; wir wollen sie in ihren Gesetzen und Eigenschaften, in ihren Beziehungen und in ihren normalen und anormalen Zuständen erforschen.

Demgemäfs theilen wir unsere Arbeit in drei Theile:

1) Perception der Farben, im normalen und physiologischen Zustande des Auges;
2) Angeborne Anomalien dieser Perceptionen;
3) Krankhafte Zustände dieser Perceptionen.

Im Verlauf dieser drei Theile werden wir sehen, dafs der pathologische Zustand von dem physiologischen nur durch die Bedingungen abweicht, unter welchen die vitalen Functionen stattfinden.

Dieses ist der Plan, welchem wir in der Entwickelung unserer Ideen gefolgt sind. Wir haben trotz aller Nachforschungen kein Werk finden können, welches den fraglichen Gegenstand vollständig enthielte, oder ihn von demselben Gesichtspunkte aus betrachtet hätte, als wir. Wir hegen daher die Hoffnung, dafs der geneigte Leser unsere Arbeit mit Wohlwollen aufnehmen werde, indem wir es der Zeit und der Erfahrung überlassen, das Verdienst und die Nützlichkeit derselben zu bestimmen.

Vorrede zur deutschen Bearbeitung.

Diese Abhandlung wurde im Jahre 1838 der französischen Academie der Wissenschaften vorgelegt, in dem folgenden Jahre in der Brüsseler Zeitschrift „*Annales d'Oculistique* von Florent-Cunier“ publicirt und 1840 in Paris noch einmal abgedruckt.

Die günstige Aufnahme derselben in Frankreich, hat den Autor veranlafst, seinen Gegenstand auch in der deutschen Sprache zu bearbeiten und dem aufgeklärten, deutschen med. Publicum zur Beurtheilung zu übergeben.

Paris den 15. September 1841.

Inhalts-Verzeichnifs.

Erster Theil.

Physiologie der Farben-Empfindungen.

Zweiter Theil.

Von den angebornen Unvollkommenheiten der Farben-Empfindungen.

Seite

Dritter Theil.

Pathologie der Farben-Empfindungen.

Erster Theil.

Physiologie der Farbenempfindungen.

§. 1.

Unter allen Empfindungen des Menschen, welcher Art sie auch sein mögen, ist nicht eine einzige, die nicht das Resultat der Wirkung sei, welche irgend ein Reitzmittel auf unsere Organe ausübt und der Gegenwirkung eines empfindsamen Nerven. Sobald unserem Sensorium diese Beziehung zwischen Reitzmittel und Nerven mitgetheilt ist, wird in uns ein gewisser Zustand, eine gewisse Modification hervorgerufen, welche wir Empfindung nennen. *Die Empfindungen sind also gewisse Zustände unseres Seins, welche durch den Einflufs innerer oder äufserer Ursachen erzeugt werden.*

Diese Zustände unseres Seins machen uns keinesweges mit der eigenthümlichen und absoluten Natur ihrer Ursachen bekannt: sie lassen uns nur die Beziehungen erkennen, in welchen sie zu unseren Organen stehen. Wir erkennen nemlich die Aufsenwelt nur durch die Art und Weise, wie dieselbe auf unsere Sinne einwirkt. Seit den ersten Augenblicken unseres Daseins daran gewöhnt, gewisse Gegenstände immer und unveränderlich dieselben Einflüsse auf uns ausüben und fortwährend in uns dieselben Wechsel, dieselben Modificationen hervorrufen zu sehen, suchen wir die nächste Ursache dieser Wechsel statt in uns selbst, in jenen Gegenständen auf und betrachten uns wie gänzlich passive Wesen, während die Thätigkeit den wesentlichsten Theil unseres Seins bildet. Wir berauben uns also freiwillig des schönsten unserer Rechte, unseres edelsten Vorzuges, um damit die uns umgebende Welt zu bekleiden; wir vergessen, dafs es der Mensch ist, welcher dieses geheimnifsvolle, dieses gränzenlose Weltall belebt, dafs es der Mensch allein ist, welcher die Formen für das Gefühl, die Farben, das Licht und die Finsternifs für sein Auge und die Töne für sein Ohr erschafft und für Geschmack und Geruch die mannigfaltigsten Genüsse erfindet.

Um diese Art und Weise zu denken, klarer zu machen, nehmen wir einen Augenblick an, dafs der Mensch aller seiner Sinne beraubt sei. Was würde hieraus entstehen? Würde die Welt dieselbe bleiben, wie sie sich uns heute zeigt?

Vergebens würde die Sonne ihr Licht auf uns verbreiten und vergebens nach allen Richtungen ihre Lichtkügelchen schleudern: wenn das Licht kein Auge fände, um ihm entgegen zu wirken, so würde die Helligkeit null und das Weltall auf ewig von der tiefsten Finsternifs eingehüllt sein. Umsonst würden sich die ungeheueren Massen der Atmosphäre erschüttern; umsonst sich die Schwingen der Luft vervielfältigen und bis zu den äufsersten Polen sich verbreiten! wenn das Ohr nicht wäre, so würde es keinen Donner geben.

Nach diesen Principien ist das Licht, welches auf unser Auge einwirkt, nicht mehr die Helligkeit selbst, sondern nur eine wirkende Ursache, welche in dem Gesichtsorgane das Gefühl von Helligkeit hervorruft und entwickelt. Dieses Gefühl von Helligkeit gehört nicht dem Lichte zu, sondern ist unser wahrhaftes Eigenthum, eben so wie das Gefühl einer Verletzung, eines Nadelstiches z. B. nicht dem Reitzmittel, der Nadel, sondern dem Wesen angehört, welches ihn empfängt [1].

Wir können dasselbe Raisonnement auf die verschiedenen, farbigen Strahlen anwenden, *woraus das weifse Licht besteht.* Die Physiker, welche durch ihr unermüdliches Bestreben die Gränzen unseres Wissens erweitern, haben uns ohne Zweifel genugsam über die sieben verschiedenfarbigen Strahlen des prismatischen Spectrums belehrt. Die Ordnung dieser Strahlen, die Modificationen, welchen sie in diesem oder jenem Zustande und unter verschiedenen Umständen unterworfen sind, sind auf eine mathematische, für Jedermann unbestreitbare Weise genau bestimmt, indessen möge es uns erlaubt sein, diesen Herrn zu bemerken, dafs sie vielleicht gänzlich die Bedingungen unberücksichtigt gelassen haben, welche unser Auge bei der Unterscheidung der Farbe erfüllen mufs.

---

[1]) Buffon, Mémoires de l'Academie des Sciences, année 1743, pag. 215.

Ohne uns auf die verschiedenen Licht-Hypothesen von Descartes, Newton u. s. w. einzulassen, stellen wir hier nur fest, dafs die verschiedenen Strahlen, welche man farbige nennt, nach ihrer verschiedenen und uns unbekannten Natur auf unser Auge einwirken um darin gewisse Functionen hervorzurufen, welche wir mit den Namen Roth, Gelb, Blau u. s. w. belegen.

Derselbe Mifsbrauch, welcher uns die Bäume grün und den Himmel blau nennen läfst, hat uns ebenfalls veranlafst, den Strahlen verschiedener Natur auch verschiedene Farben-Namen beizulegen, jenachdem sie ähnliche Eindrücke auf uns machen. An und für sich sind diese Strahlen weder gelb, noch roth, noch blau, sie bringen in unserem Auge nur eine Modification, ein besonderes Gefühl hervor, welchem wir diese Benennung geben. So wurden die Farben, welche, wie wir sie sehen, gänzlich subjectiv sind, als objectiv betrachtet, und haben uns die wichtige Rolle vergessen lassen, welche das Auge bei ihrer Hervorbringung spielt, und unsere, von dem eigentlichen Zielpunkt abgewandte Aufmerksamkeit, hat sich nur auf das Licht und seine sieben Strahlen gerichtet, welche, wie gesagt, nichts als die Ursachen der Farben-Production und der Helligkeit sind und in diesen Phänomenen nur eine *untergeordnete* Rolle spielen. Unser Auge ist hierbei wie ein absolut passiver Gegenstand behandelt worden, und ungeachtet der Bemühungen einiger neuern Schriftsteller, demselben einen würdigern, den ihm wahrhaft gebührenden, Platz anzuweisen, betrachtet man es noch allgemein als ein leidendes Object.

§. 2.

Ist es nur das Licht, welches in unserem Auge das Gefühl von Helligkeit erweckt? Keineswegs. Die ungemeinen Fortschritte, welche die Wissenschaft in der neuern Zeit gemacht hat, haben das Falsche dieser irrigen Meinung vollkommen aufgedeckt und dem Lichte dieses angemafste Vorrecht abgesprochen, welches es während so vieler Jahrhunderte ausgeübt hat. Wir wissen heute unbestreitbar, dafs jede auf unser Auge einwirkende Reitzung, welcher Natur sie auch sei, sich unter einer

Lichtform zeigt. Comprimiren wir z. B. die Jugular-Venen, so sehen wir, selbt wenn wir uns in der tiefsten Finsternifs befinden, vor unseren Augen eine Menge Blitze und Lichtzuckungen erscheinen: Beweis, dafs die Helligkeit dem Auge und nicht dem sie erweckenden Objecte angehört.

Anderer Seits ist Jedermann vollkommen damit einverstanden, dafs eine Farbe nur eine gewisse Modification der Helligkeit ist: sie mufs also auch ihren Sitz im Auge haben, während man sie noch immer als eine an den äufsern Gegenständen haftende Eigenschaft betrachtet. Wir müssen gestehen, dafs es eine auffallende Inconsequenz in der Wissenschaft ist, oder vielmehr, dafs die Gewohnheit uns auf eine höchst seltsame Weise erblindet hat. Jeden Augenblick finden wir in einer Menge von Umständen, selbst in den gewöhnlichsten dieses Lebens, den Beweis dieser Behauptung. Die verschiedenartigsten Farben vervielfältigen sich ohne Aufhören in unseren Augen, ohne dafs der geringste Einflufs des äufsern Lichtes dazu nöthig wäre. Welches sind denn nun aber aufser dem Lichte die Ursachen, welche die Farben hervorbringen? Es giebt deren mehrere, die hauptsächlichsten davon sind:

1) Mechanische Einflüsse. Wem ist nicht bekannt, z. B., dafs ein leichter Druck, ausgeübt auf dem äufsern Winkel des einen Auges in demselben Winkel des andern einen gelben Fleck erscheinen läfst, wenn dieses Auge geschlossen, und einen blauen Fleck, wenn es geöffnet ist. Es ist diefs eine Erfahrung, welche Jedermann machen kann und fast täglich macht [1]).

2) Die Electricität. Die galvanische Säule erzeugt nicht nur eine Art Blitz vor den Augen, sondern auch noch, gemäfs der verschiedenen Anwendung ihrer Pole, das Gefühl verschiedener Farben. Bringt man nämlich den Zinkpol in den Mund und berührt zu gleicher Zeit mit dem Kupferpol die Stirne, so

---

[1]) Vergl. Joh. Eichel, Experimenta circa sensum videndi in collectaneis med. Haveniensis 1774. — Quetelet, Bulletin de l'Academie des Sciences de Bruxelles 1733. — Newton's Optik. 16. Ausg. — Purkinje, Beiträge zur Physiologie der Sinne, Bd. 1. p. 22; Bd. 2. p. 3. — Heliot, de functione retinae. Christania 1830.

nimmt man in den Augen einen violetten Fleck wahr, welcher bei Verwechselung der Pole gelb wird [1].

3) Die Einbildung. Dieselbe wirkt bei einigen Personen dermafsen auf das Gesichtsorgan ein, dafs, wenn sie sich irgend einen Gegenstand vorstellen, derselbe sich augenblicklich vor ihren Augen in seiner natürlichen Farbe und Gestalt zeigt. Göthe [2]) versichert, dafs, wenn er mit geschlossenen Augen an eine Blume dachte, diese Blume sogleich vor ihm erschien. Newton [3]) war einmal mit einer sonderbaren Unpäfslichkeit behaftet, welche er sich durch eine zu sehr verlängerte Betrachtung der Sonne zugezogen hatte. Seit diesem Augenblicke präsentirte sich dieser Stern sogleich vor seinen Augen, sobald er nur an denselben dachte, selbst in der tiefsten Dunkelheit, und dieser Zustand belästigte ihn so sehr, dafs er sich öfter mehrere Tage in einem dunkelen Zimmer einschliefsen, und mit aller Kraft seine Einbildung von dieser Erscheinung abwenden mufste, um sich von diesem Uebel zu befreien.

4) Andere innere Ursachen. Blut-Congestionen, sympatische Reitzungen des Auges, Entzündungen u. s. w. rufen ebenfalls Farben-Empfindungen hervor. Diese verschiedenen Ursachen zeigen sich alsdann wie Symptome; oft geht ihre Erscheinung unbemerkt vorüber, und wir müssen leider eingestehen, dafs die eigenthümliche Bedeutung ihrer verschiedenen Arten auf dem jetzigen Standpunkte der Wissenschaft noch nicht genügend gewürdigt ist.

§. 3.

Nach den Grundsätzen, welche wir vorausgeschickt haben, glauben wir uns vollkommen autorisirt, die folgenden Sätze aufzustellen:

1) Die Erzeugung der Farben findet in unserem Auge statt.

---

[1]) Ritter, Beiträge zur näheren Kenntnifs des Galvanismus. — Purkinje, Bd. 1, p. 60; Bd. 2, p. 31.

[2]) Morphologie der Naturwissenschaft.

[3]) Edinburgh-Journal of Sciences vol. 4, p. 75. 1829.

2) Die Natur einer Farbe beruht im Allgemeinen auf einer gewissen Veränderung in dem Auge, welche durch den Einflufs irgend eines Reitzmittels hervorgerufen wird.

Es unterliegt keinem Zweifel, dafs wir unter Auge nicht allein das in der Augenhöhle befindliche Organ, sondern auch noch den Inbegriff derjenigen Theile des Gehirns verstehen, welchen von dem Schöpfer die Gesichtsfunctionen übertragen sind. Um uns gänzlich von der so eben ausgesprochenen Wahrheit zu überzeugen, wollen wir mit Aufmerksamkeit diejenigen Fälle von Farben-Erscheinungen prüfen, welche ohne allen Einflufs äufserer Ursachen Statt finden. Diese Fälle werden uns die unbestreitbarsten Beweise dafür liefern, dafs die Farben von der bisher unbekannten Operation des unmittelbaren Gesichtsorganes abhängig sind, einer Operation, deren Natur und Beziehungen wir bald näher kennen lernen werden.

Jedermann kennt jene selbstständige Thätigkeit des Gesichts-Organs, welche wir phantastische Gesichts-Erscheinungen, Hallucinationen u. s. w. nennen, und die Literatur ist von Beobachtungen dieser Art so angefüllt, dafs es uns leicht sein würde, zur Bekräftigung unserer Meinung eine grofse Menge anzuführen. Ehe wir jedoch die mitunter so krummen Wege der Pathologie betreten, wollen wir uns einigen physiologischen Betrachtungen dieses Gegenstandes überlassen; und nur um zu zeigen, dafs die Wahrnehmung der Farben auch ohne den geringsten äufseren Einflufs Statt haben kann, erlauben wir uns, einen kürzlich mit aller nur möglichen Sorgfalt beobachteten Fall anzuführen.

Herr Genty, öffentlicher Schreiber, wohnhaft in Paris rue de Charonne No. 70, auf beiden Augen mit dem grauen Staare behaftet, stellte sich im Monate Februar 1838 in der Clinik des Herrn Sichel ein, um sich operiren zu lassen. Häufige Congestionen nach dem Kopfe und den Augen complicirten die Krankheit auf eine sehr verdriefsliche Weise, welche jedoch durch wiederholte Anwendung von Blutegeln am After, durch abführende Mittel und eine anthiphlogistische Behandlung entfernt wurden. Diese verschiedenen Vorsichtsmaafsregeln verhinderten indefs nicht, dafs bald nach der Operation sich eine heftige Entzündung der Augen und besonders der Iris einstellte, und trotz der sorgfältigsten Pflege und der genauesten Beobachtung aller der Medicin zu Gebote stehenden Mittel konnte der Obliteration der Pupillen nicht vorgebeugt werden. Sechs Monate später (August) befand sich der Kranke noch einmal in der Clinik, und wir nahmen wahr, dafs seine beiden Pupillen durch eine falsche Membrane gänzlich bedeckt worden. Er kann selbst den Tag von der Nacht nicht mehr unterscheiden, und doch nimmt er mannigfaltige Erscheinungen wahr, wovon er uns in dem folgenden, unterm 29. October 1838 an uns gerichteten Briefe eine Darstellung giebt:

Mein Herr!

„Ich glaube Ihnen ein Vergnügen zu bereiten, wenn ich Ihnen eine genaue Darstellung alles desjenigen überreiche, was ich seit der an mir ausgeführten Operation empfinde.

Der Kopf ist mir fortwährend schwer, und sehr häufig leide ich an Betäubung und empfinde ein Sausen vor den Ohren. Meine Augen mögen geöffnet oder geschlossen sein, ich sehe Alles weifs und diese weifse Erscheinung wird zuweilen so glänzend, dafs sie mir unerträglich ist; gleich darauf fühle ich eine nervöse Bewegung, welche mich durchzuckt und aus dem Magen kommend, sich gerade unter meinen Augen festsetzt. Mitunter verdunkelt eine Wolke plötzlich dieses Weifse, welches alsdann gelb erscheint. Dieses Gelbe dauert höchstens zwei Minuten, worauf es roth, dann purpurfarben wird und zuletzt verschiedene Farben annimmt. Hierauf allein erscheinen vor meinen Augen Phantome von allen Gröfsen, Carricaturen und die bizarresten Gestalten, wie man sie zur Zeit des Carnevals sieht. Die einen zeigen die Zähne, sperren den Mund weit auf und machen alle Arten von Grimassen, andere sind bucklicht und ungestaltet, noch andere als Figaro gekleidet, mit kurzen Hosen, einem grünen Leibrocke mit weifsen Knöpfen, dreieckigen Hüten und selbst Hüten à claque. Hier sind es altmodisch gekleidete Personen, mit Kleidungsstücken von verschiedenen Farben, dort Gestalten mit fufslangen Nasen, störrigen Augen, komisch und erschreckend zugleich. Zuweilen sehe ich reiche Salons, glänzend decorirte Zimmer, in welchen sich grün gekleidete Personen befinden, welche tanzen, lachen und sich dem Vergnügen überlassen. Diese Erscheinungen, welche ich nur wahrnehme, wenn ich mit dem Kopfe auf einem Kissen ruhe, dauern nicht länger als 5 bis 10 Minuten, und jedesmal geht ihnen ein Ohrensausen und eine nervöse Bewegung voran, welche aus dem Magen kommt und sich im Kopfe festsetzt.

Es ist ein höchst merkwürdiger Umstand in meinen Visionen, dafs sie durchaus unabhängig von meinem Willen sind: ich mag mir noch so viel die Gestalten, die Farben zurückrufen, welche ich im gesunden Zustande gesehen habe, ich erblicke sie nicht, während ich fortwährend die seltsamsten Gegenstände wahrnehme, an welche ich sonst nie gedacht habe.

Dieses, mein Herr, sind die Einzelheiten, welche ich Ihnen über den gegenwärtigen Zustand meines Gesichts geben kann. Diese Darstellung hätte beredter aber nicht wahrer sein können; Alles, was ich gesagt habe, ist mit der gewissenhaftesten Treue erzählt. Ich habe die Ehre u. s. w."

Hätte ich nicht schon viele ähnliche Fälle in der ophthalmologischen Literatur gefunden, so würde ich selbst diese Darstellung für übertrieben gehalten haben. Man wolle übrigens diesen Fall mit dem vergleichen, was Nicolai [1]) über sich selbst beobachtet hat und dem, was uns Bonnet in seinen analytischen Versuchen über die Seelenkräfte [2]) mittheilt, und man wird eine auffallende Aehnlichkeit finden.

§. 4.

Seitdem der grofse Newton die Gesetze der sieben Strahlen des Sonnen-Spectrum's genau bestimmt hat, haben die Farben aufgehört, zweifelhafte und ungewisse Ausdrücke zu sein; sie haben einen bestimmten Werth erlangt und sind den strengen Grundsätzen der Mathematik unterworfen worden. Man könnte uns daher den Vorwurf machen, als wollten wir, indem wir die Farben für subjective Erscheinungen erklären, diese unschätzbaren Vortheile aufgeben, aus denen man für die Wissenschaft so grofsen Nutzen zieht, um ums in eitle Träumereien, lächerliche Sophismen und zweifelhafte Hypothesen einzulassen. Das wolle Gott nicht. Es ist keineswegs unsere Absicht, uns dem in unserer Zeit so präcisen und systematischen Fortschreiten der Wissenschaften entgegen zu stellen. Wir wollen allerdings die Farben anders als bisher bestimmen; jedoch wird diese Verschiedenheit nur darin bestehen, dafs, indem wir die Objec-

[1]) Berliner Monatsschrift, 1799. Seite 346.

[2]) Analyt. Versuche über die Seelenkräfte. Barmen 1780, Bd. II. S. 59.

tivität der Farben verwarfen, wir ihnen eine andere von der Newton'schen verschiedene Basis geben, welche uns erlaubt, dieselben wie Empfindungen zu betrachten, eine Basis, welche wir durch die nachfolgende Reihe von Versuchen constituiren wollen.

Erster Versuch.

Wir legen ein viereckiges Stückchen weifses Papier auf einen schwarzen Grund, erleuchten das Ganze durch ein weifses Licht und richten unsere Blicke aufmerksam auf das Viereck, indem wir eine solche Stellung einnehmen, dafs das Licht nicht direct unsere Augen trifft. Wenn wir auf diese Weise das Papier einige Secunden unverwandten Blickes betrachtet haben, wird es eine gelbe Farbe, und wenn wir den Versuch weiter fortsetzen, nach und nach eine grünliche, hierauf eine blaue Farbe annehmen, und zuletzt ganz aufhören, sichtbar zu sein.

Es ist einleuchtend, dafs die, während einiger Zeit der Wirkung des Lichtes ausgesetzte Netzhaut, das Schicksal der Nerven theilt, welche der verlängerten Wirkung eines Reitzmittels ausgesetzt sind. Es ermüdet, seine Kräfte erschöpfen sich, und das weifse Licht, statt die gewohnte Empfindung zu erwecken, läfst sich unter der Form verschiedener Farben empfinden. Das Weifse wird erst gelb, dann grün, hierauf blau und endlich schwarz. Mit ein wenig Beharrlichkeit und Uebung, bei solchen Versuchen unerläfsliche Bedingungen, wird es für Jedermann leicht sein, sich von der Wahrheit des Gesagten zu überzeugen.

Zweiter Versuch.

Wir lassen einen Sonnenstrahl so in eine dunkele Kammer fallen, dafs er auf einen weifsen Schirm trifft. Wenn wir das Lichtbild des eingetretenen Strahls einige Zeit starr betrachtet haben, und alsdann, ohne die Augen von demselben abzuwenden, die Oeffnung schliefsen, durch welche der Sonnenstrahl eintrat, so werden wir das Lichtbild noch auf demselben Orte erblicken, aber seine weifse Farbe wird bald einen orangefarbenen Schein annehmen. Dieser orangefarbene Flecken, weit heller in der Mitte als auf seiner Peripherie, wird kurz darauf anfangen, sich mit einem rothen Kreise zu umgeben, welcher nach und nach an Breite zunehmend, sich stufenweise dem Mittelpunkte nähert. Kaum hier angelangt, wird ein violetter Kreis auf der Peripherie sichtbar, der wie der vorige sich gegen den Mittelpunkt zusammenzieht, und hier angelangt auf eine fast unmerkliche Weise verschwindet, indem er nach und nach immer dunkler wird, bis endlich die ganze Erscheinung sich in der Dunkelheit verliert.

Wir sehen aus diesem Versuche, auf welche Weise die erschöpfte Netzhaut in ihren Normal-Zustand zurückkehrt, wenn ihre Erschöpfung nicht gewisse Gränzen überschreitet. Im ersten Augenblicke dauert das Ganze des Eindruckes fort, und indem sich die Netzhaut erholt und in ihren Normalzustand zurückkehrt, durchläuft sie gewisse Zustände, welche unser Sensorium unter der Form der verschiedenen Farben: Orange, Roth, Violet u. s. w. wahrnimmt.

Dritter Versuch.

Wenden wir jetzt das umgekehrte Verfahren an, und öffnen wir die Fensterladen, nachdem unser Auge, wie vorher, eine gewisse Zeit dem Eindrucke des Lichtes ausgesetzt war, welches auf den ebenfalls in einem dunklen Zimmer befindlichen Schirm fiel, so wird, indem wir fortfahren, den letzteren zu betrachten, beim Eindringen des Lichtes der in der Dunkelheit weifse Lichtflecken plötzlich verschwinden, und wir an dessen Stelle einen schwarzen Punkt wahrnehmen. Dieser Punkt wird bald darauf blau erscheinen und zwar in der Mitte dunkler als auf dem Umfang sein; dann, von einem schmutzigen Grün ersetzt, das sich nach und nach gegen den Mittelpunkt zusammenzieht, und hierauf gelb wird, sieht man das Ganze zuletzt in der Helligkeit des Lichtes verschwinden.

Man sieht, wie die erschöpfte Netzhaut sich hier in demselben Zustande befindet, wie in dem vorhergehenden Versuche. Hätte man dieselbe ausruhen lassen, so würde sie, in ihren natürlichen Zustand zurückgekommen, dieselbe Reihe von Farben, nemlich Weifs, Orange, Roth, Violet und Schwarz haben wahrnehmen lassen, wie wir es weiter oben gesehen haben. Aber statt sie in den verschiedenen Stadien der Ruhe handeln zu lassen, haben wir dieselbe dem Lichte ausgesetzt und so die der vorigen gerade entgegengesetzte Reihe von Farben erhalten, d. h. erst Schwarz, dann Blau, Grün, Gelb und endlich Weifs. Dies beweis't, dafs die Netzhaut in den verschiedenen Stadien von Erschöpfung durchaus nicht die Empfindlichkeit für die directen Reitzmittel verliert, welche auf sie gewisse Einflüsse haben können; aber sie zeigt in Rücksicht dieser Reitzmittel eine besondere Art von Gegenwirkung, deren Natur aus der Reihe von Farben erhellt, welche wir in diesem Versuche erhalten haben.

Vierter Versuch.

Jetzt wollen wir diese beiden letzten Versuche vereinigen, um daraus eine directe Folgerung zu ziehen. In dieser Absicht stellen wir zwei Schirme, einen weifsen und einen schwarzen, nebeneinander in eine dunkele Kammer, lassen blofs auf den ersteren einen Lichtstrahl fallen, und öffnen, nachdem wir während einiger Zeit den Lichtflecken unverwandt betrachtet haben, die Fensterladen. Indem wir hierauf unsere Augen successive von einem Schirm zum andern wenden, werden wir auf dem schwarzen Schirme diejenige Reihe von Farben wahrnehmen, welche wir beim zweiten Versuche, und auf dem weifsen die, welche wir beim dritten Versuche erhalten haben; d. h. ein weifser Flecken des schwarzen Schirmes wird einen correspondirenden schwarzen Flecken auf dem weifsen Schirme haben und das Orange, Roth und Violet des einen, wird bezüglich mit dem Blau, Grün und Gelb auf dem andern correspondiren, bis endlich die in ihren ursprünglichen Zustand zurückgekehrte Netzhaut uns die Schirme mit ihren natürlichen Farben erscheinen läfst. Wenn wir bei diesem Versuche die Schirme so stellen, dafs sie sich berühren, so lassen sich deutlich die beiden Hälften des Lichtbildes in zwei verschiedenen Farben erblicken. Dieselben Resultate werden wir erhalten, wenn man einige Zeit dem Untergange der Sonne zusieht und hierauf seinen Blick auf die oben bezeichnete Art auf den dunklen und hellen Wolken herumschweifen läfst.

Zur besseren Uebersicht stellen wir die, in diesem Versuche erhaltenen beiden Reihen von Farben noch einmal so neben einander, wie sie auf den beiden Schirmen in den verschiedenen Momenten sich neben einander wahrnehmen lassen.

Weifser Schirm.	*Schwarzer Schirm.*
Weifs.	Schwarz.
Orange.	Blau.
Roth.	Grün.
Violet.	Gelb.
Schwarz.	Weifs.

Wir haben diese drei letzten Versuche so ausgeführt, wie sie Göthe in seiner *Farben-Theorie* anzeigt; die Aufeinanderfolge der Farben ist jedoch ein wenig von derjenigen abweichend, welche dieser berühmte Schriftsteller erhalten und in seinem Werke aufgezeichnet hat. Die zahlreichen Versuche, welche wir angestellt haben, dürften uns wohl hinlänglich zu dieser Abänderung autorisiren, um so mehr, als man auch eine ähnliche Reihe von Beobachtungen in den „Observations sur la Physique“ de Rosier vol. 26 pag. 291 findet, welche von Apius, einem Mitgliede der Petersburger Academie, angestellt sind.

Fünfter Versuch.

Legen wir ein Stückchen gelbes Papier auf einen weifsen Grund, und entfernen es, ohne die Augen von der Stelle abzuwenden, auf der wir dasselbe vorher einige Zeit aufmerksam und unabgewandten Blickes betrachtet haben: so entschwindet die Empfindung des Gesichtsorganes nicht gleich, sondern wir nehmen an der Stelle des gelben Stückchen Papiers das nemliche Bild in violetter Farbe wahr. Dasselbe wird stattfinden, wenn wir das Stückchen gelben Papiers auf einen schwarzen Grund legen, mit der Verschiedenheit jedoch, dafs für diesen Fall die violette Farbe dunkler sein wird. Hätten wir statt des gelben Papiers ein Stückchen rothes angewandt, so würden wir nach seiner Entfernung einen grünen Flecken wahrgenommen haben. Es findet also immer der Unterschied statt, dafs die

Farbe des Bildes auf einem weifsen Grund dunkler erscheint, als auf einem schwarzen.

Es ist bekannt, dafs die durch ein Reitzmittel erzeugte Empfindung nach dem Aufhören der Wirkung noch einige Augenblicke fortdauert, aber die Erscheinungen, von denen wir hier sprechen, gehören im strengsten Sinne des Wortes nicht in diese Categorie der Fortdauer, weil es nicht die ursprüngliche Empfindung des Grünen, Gelben u. s. w. ist, welche sich in unserem Auge verlängert, sondern im Gegentheil secondaire Empfindungen, welche nach dem vollständigen Verschwinden der ursprünglichen diese letztere ersetzen.

Wir haben gesehen, dafs diese beiden Empfindungen, die eine *primitiv*, die andere *consecutiv*, (wir werden weiter unten erklären, was wir unter diesen Worten verstehen) so mit einander verbunden sind, dafs die eine die andere hervorbringt, dafs sie ein unzertrennliches Paar bilden und dafs, wenn die eine durch die Einwirkung des Lichtes erweckt wird, die mit dieser correspondirende in der Dunkelheit erscheint und umgekehrt, wenn die eine sich in der Finsternifs fühlbar macht, so wird am Lichte die bezüglich entsprechende erzeugt werden.

§. 5.

Die consecutiven Empfindungen der Farben, welche in uns entstehen, nachdem die primitive Aufregung gänzlich vorübergegangen ist, wurden von den neuern Naturforschern zum Gegenstand zahlreicher Untersuchungen gemacht. Man kennt diese Erscheinungen in der Naturlehre, seitdem Jurin die Aufmerksamkeit auf sie gerichtet hatte, aber auch eben so lange sind sie ein fortwährender Streitapfel der Gelehrten gewesen. Kein Zweig der Wissenschaft wollte sich mit diesem neuen Schatze bereichern, keiner sich mit diesen Erscheinungen ernstlich befassen, ihre Beziehungen erforschen, und ein gehöriges Licht darüber verbreiten; wahrscheinlich aus Furcht, durch ihre Gegenwart die schönen Theorien zu zerstören, worin man die Natur eingezwängt hatte. Unter diesen Umständen bildeten die consecutiven Farben eine besondere Gruppe von Phänomenen, die den

Gelehrten sehr hinderlich war. Jeder benannte sie nach Gutdünken oder nach dem Bedürfnisse der von ihm gehuldigten Theorie. Buffon [1]) gab ihnen den Namen der zufälligen Farben; Darvin [2]) nannte sie indirecte Spectra; Göthe [3]) physiologische Farben; Plateau [4]) negative Farben u. s. w. Am Oeftesten wurden sie jedoch *complementäre Farben* genannt, weil man annahm, dafs jede von ihnen, vermischt mit der sie hervorbringenden primitiven, das Gefühl der weifsen oder vielmehr der grauen Farbe gäbe, wie wir diefs Letztere sogleich zeigen werden.

Darzuthun, wie grundlos alle jene Benennungen sind, würde uns zu weit führen, beiläufig wollen wir jedoch bemerken, dafs die Benennung complementäre Farbe keineswegs ausschliefslich für die in Rede stehende Farbe dienen kann, weil auch zwei objective prismatische Farben sich so gegenseitig ergänzen können, dafs aus ihrer Mischung das weifse Licht entstehen kann. Aus diesem Grunde ziehen wir es vor, uns der Benennungen: »*primitive* und *consecutive* Farben« zu bedienen. Die erstere soll die Farben-Empfindungen ausdrücken, welche unter Einwirkung eines Reitzmittels in uns Statt haben, die letztere aber diejenigen Farbengefühle bezeichnen, welche in uns freiweilig nach dem Vorübergehen dieses Reitzmittels auf derselben Stelle der Retina oder gleichzeitig mit dem Reitzmittel auf denjenigen Stellen der Netzhaut entstehen, welche dem Reitzmittel nicht ausgesetzt waren.

Von Kindheit auf daran gewöhnt, die Farben als Eigenschaften der Körper zu betrachten, sind wir sehr geneigt, jedes Urtheil für irrig, ja sogar für unsinnig zu halten, welches zu einem andern Schlusse führt, und die Ursache der Farben in unserem Auge suchend, die Aufsen-Welt ihres schönsten Schmuckes beraubt. Unter dieser Richtung des menschlichen Geistes konnte die Newton'sche Theorie nicht anders als sehr willkommen sein, um so mehr, da sie einen grofsen Theil dieser Erscheinungen auf eine

---

[1]) loco citato.

[2]) Zoonomie, französ. Uebersetzung von Kluyskens vol. 2, p. 413.

[3]) Farbenlehre.

[4]) Annal. de chim. et de physique vol. 53, p. 386.

fast mathematische Weise aufklärte. Auf diese Weise sind die Farben dem Gebiete der Physik einverleibt worden, und man hat es gänzlich übersehen, dafs sie als solche eigentlich erst in unsern Augen Statt finden. Man forschte nach den Gesetzen der Dispersion, der Refraction, der Polarisation u. s. w. der farbigen Strahlen und vergafs ganz und gar, dafs man nur die Mittel zur Hervorrufung der Farben, keineswegs aber die Farben selbst unter den Händen hatte, und dafs zur Vervollständigung der Farbenlehre noch ein Theil fehlte, der die physikalischen Untersuchungen bei Seite lassend, sich mit den Farben als Empfindungen beschäftige und auf diese Weise die Schwierigkeiten aufkläre, welche auf jede andere Art unauflöslich sind.

So stand es mit den Farben, als Jurin auf die consecutiven Empfindungen derselben aufmerksam machte, und vom Weifsen und Schwarzen redend, sich folgendermafsen darüber ausspricht: „Wenn wir eine Empfindung wahrnehmen, so entsteht in uns „augenblicklich und freiwillig eine andere entgegengesetzte, so-„bald die erste aufgehört hat, sich fühlen zu lassen. Diese ent-„gegengesetzte Empfindung entsteht manchmal in Folge des ein-„fachen Aufhörens der primitiven Einwirkung, das andere Mal „aber als Folge eines fremdartigen Einflusses, welcher unter an-„dern Umständen ganz verschieden oder wenigstens viel schwä-„cher wirken würde. Es ist allgemein bekannt, dafs dem Gefühle „des Schmerzes das des Wohlseins folgt [1]."

Diese klaren und ausdrucksvollen Worte Jurins blieben beinahe gänzlich unbemerkt, da die Fortschritte, welche die Optik unter dem Einflusse der Newton'schen Theorie machte, diese erste Idee der Subjectivität der Farben gänzlich unterdrückten. Indessen schienen die consecutiven Farben doch klar und deutlich darzuthun, dafs die herrschende Farbentheorie noch fern von ihrer Vollkommenheit war, und man ermangelte nicht, sie in ihrer Mannigfaltigkeit zu beobachten, die verschiedenen Benennungen aber, der *zufälligen, phantastischen, negativen* Farben u. s. w., welche man ihnen gab, zeigen hinlänglich, wie wenig

[1]) Essai sur la vision distincte et indistincte (in traité d'optique de Smith).

man ihr eigentliches Wesen erkannte. Scherffer trat zuerst mit einer Theorie hervor, welche die bis dahin noch herrnlosen consecutiven Farben, in die allgemein angenommenen Newton'schen Lehrsätze hineinzuzwängen strebte. Diese, in manchen Stücken durch seine Nachfolger modificirte Theorie, stützt sich auf den folgenden Satz: „Die Retina, eine Zeitlang der Einwirkung einer prismatischen Farbe ausgesetzt, verliert die Empfindlichkeit für diese Farbe; sie wird also nicht mehr fähig sein, in dem weifsen Lichte, welches bekanntlich aus der Mischung der sieben prismatischen Strahlen besteht, diese Farbe wahrzunehmen, sie fühlt nur das Uebrigbleibende und empfindet deswegen eine Complementär-Farbe [1].“

Auf diese beiden Theorien von Jurin und Scherffer gründen sich alle übrigen, welche man später über die consecutiven Farben-Empfindungen aufgestellt hat.

Es ist nicht unsere Absicht uns hier auf die Geschichte dieser Meinungs-Verschiedenheiten einzulassen, der Wissbegierige möge hierüber Göthe's und Plateau's Werke zn Rathe ziehen; wir können jedoch nicht die Bemerkung übergehen, dafs die Scherffer'sche Theorie durch ihre Einfachheit und Klarheit die allgemeine Meinung gewonnen und bis jetzt trotz ihrer bekannten Mängel und Unvollkommenheiten noch immer die Oberhand behauptet hat [2]. Es wird jedoch leicht werden, auch die Unstatthaftigkeit dieser Theorie zu erkennen, wenn man einen Blick auf die oben beschriebenen Versuche zurückwirft. Wir haben uns dabei überzeugt, dafs die consecutiven Farben-Erscheinungen sich nicht nur wahrnehmen lassen, wenn wir nach der primitiven Empfindung einer prismatischen Farbe unsern Blick auf eine weifse Fläche richten, sondern auch dann, wenn wir die Augen schliefsen, oder uns in der vollkommensten

---

[1]) Dissertation sur les couleurs accidentelles. (Journal de Physique de Rosier. Bd. 16.)

[2]) Siehe Thomas Young, A cours of Lectures of nat. phylosop. Tom. 1. p. 455. — Deprez, Traité élémentaire de Physique. 2e édit. p. 589. — Peclet, Traité de Physique. Vol. 2. p. 493. — Magendie, Physiologie. Vol. 1. p. 77.

Dunkelheit befinden. Diese Thatsache reicht allein aus, uns die Mängel der Scherffer'schen Theorie in ihrer ganzen Nacktheit zu zeigen.

Da wir überzeugt sind, dafs jede Farbe eine in uns hervorgerufene Empfindung ist, so wollen wir sie vereinigen und von einem allgemeinen Gesichtspunkte aus betrachten. Nach unserer Ansicht findet zwischen einer primitiven und consecutiven Farbe rücksichtlich ihrer Natur keine Verschiedenheit Statt: sie lassen sich auf dieselbe Weise fühlen. Welchen Unterschied wollte man zwischen dem primitiven Blau oder Gelb und dem consecutiven Blau oder Gelb machen; ist ihre Empfindung nicht ein und dieselbe?

Wir werden ferner diese verschiedenen Zustände unseres Seins, von denen die Farben abhängig sind, unabhängig von der Art und Weise betrachten, auf welche sie hervorgebracht werden. Wir werden uns bemühen, ihre Natur, ihre Analogien, ihre Verschiedenheiten und den Modus ihrer gegenseitigen Wirkung aufzuklären; und der aufmerksame Leser hat gewifs schon bemerkt, dafs uns bei diesen Betrachtungen das äufsere Licht gar nichts angeht. Indem wir nemlich die Farben wie Empfindungen betrachten, haben wir sie schon für reine subjective Empfindungen erklärt. Das Licht ist nur ein Reitzmittel und die farbigen Strahlen die verschiedenen Modificationen dieses Reitzmittels. Wenn wir uns desselben in den vorhergegangenen Versuchen bedienten, so geschah dies nur zur leichtern Fafslichkeit und gröfserer Präcision derselben; wir sind jedoch nichts desto weniger überzeugt, dafs dieselben Farben sich auf dieselbe Weise auch unter dem Einflufs anderer Reitzmittel erzeugen können. Man drücke, zum Beispiel, das geschlossene Auge mit vier zusammengelegten Fingern und man wird einen viereckigen Flekken von lebhafter gelber Farbe wahrnehmen, der nach Aufhörung des Druckes zuerst röthlich, dann in der Mitte violet werden und sich mit einem blauen Rande umgeben wird; endlich aber wird das Ganze in der Dunkelheit verschwinden.

Es möge mir erlaubt sein, als Beweis des Gesagten noch eine Thatsache mitzutheilen, die mir selbst zugestofsen ist. Während der Schlacht bei Warschau 1831 flog eine Kanonenkugel dicht bei meinen Augen vorüber. Gleich darauf empfand ich einen heftigen Kopfschmerz und meine Augen schienen mir von einer merkwürdigen Helligkeit geblendet; vergebens öffnete ich die Augenlieder, ich vermochte nichts von den äufsern Gegenständen wahrzunehmen, und so oft ich meine Hand an die Stirn brachte, nahmen der Kopfschmerz und zugleich die Helligkeit vor meinen Augen zu. Das Erste, was ich wahrnahm, war eine Staubwolke, welche eine dunkelgrüne Farbe zu haben schien; die blaue Uniform der Soldaten schien mir roth. Meine Augen waren bis an das Ende der Schlacht sehr gereizt und gegen Abend war mir bei jedem Kanonen-Schusse, den ich hörte, als sähe ich feurige Strahlen die Atmosphäre durchzucken. Es ist unmöglich, hieraus nicht zu erkennen, dafs der Druck eben so wohl, als die Wirkung des Lichtes, die consecutiven Farben hervorrufen kann.

§. 6.

Indem wir die Farben als subjective Empfindungen betrachten, stellen wir sie in die Reihe aller übrigen Empfindungen, welche mit Hülfe unserer anderen Sinne in uns erweckt werden. Es scheint uns daher angemessen, bevor wir unsere Aufmerksamkeit gänzlich auf die Empfindung der Farben richten, einen Blick auf die Empfindung im Allgemeinen zu werfen.

Zunächst ist von Jedermann zugestanden, dafs *die Empfindungen die Wahrnehmungen der in unserem Nerven-Systeme stattfindenden Veränderungen sind.* Eine nur flüchtige Betrachtung dieser Erklärung läfst leicht einsehen, dafs sie zwei Arten von Wirkungen zuläfst, eine, welche in den Nerven vorgeht, und die andere, welche die Wahrnehmung der erstern ist und in dem Gehirne stattfindet. Erklären wir uns näher. Wenn irgend ein Reitzmittel auf einen empfindlichen Nerven wirkt, so findet darin ein gewisser Procefs, eine gewisse Lebensthätigkeit statt, deren Natur und Mechanismus uns gänzlich unbekannt ist. Diese erste Wirkung theilt sich unverzüglich dem Gehirn mit und entwickelt daselbst eine andere Wirkung, welche uns über die Natur und Gegenwart der erstern urtheilen läfst. Unser Sensorium ist sich nur dessen bewufst, was in dem Gehirne vorgeht, und wenn es von dem Zustande, worin sich die ganze Oeconomie befindet, in Kenntnifs gesetzt wird, so geschieht dies nur durch die Vermittelung des Gehirns, dem Central-Organe aller psychischen Fähigkeiten. Hieraus folgt, dafs wir nur dann eine genaue Kenntnifs unseres Organismus haben können, wenn die Thätigkeit des Gehirnes der Thätigkeit der Nerven entspricht, nur dann, wenn die geringste Veränderung in diesen letztern die entsprechende proportionirte und normale Veränderung in dem Central-Organe hervorruft. Man wird nun leicht begreifen, dafs, wenn die Functionen des Central-Organes durch irgend einen fremdartigen Einflufs gestört werden, der von den Nerven erlittene Eindruck sich nicht getreu in unserem Sensorium abprägen, und dafs alsdann ein falsches Urtheil, ein Irrthum entstehen wird. Wenn dagegen das Gehirn von selbst in Thätigkeit, also selbstständig auftritt, ohne die Vermittelung eines vorher gereizten Nerven, so leuchtet es ein, dafs ungeachtet der absolutesten Ruhe des äufseren Nervensystems eine Empfindung entsteht, und diese Empfindung belegen wir mit dem Namen »Illusion«.

Alles was wir so eben über die Sinne im Allgemeinen gesagt haben, findet auch vollständig auf das Gesichtsorgan seine Anwendung: es besteht ebenfalls aus zwei Theilen:

1) dem Central-Gesichtsorgane, d. h. demjenigen Theile des Gehirns, welcher die Functionen des Gesichts ausübt, und

2) dem peripherischen Gesichtsorgane, welches aus der Netzhaut und dem optischen Nerven besteht.

Untersuchen wir jetzt die Wirkung eines jeden dieser Theile in der Erzeugung der Farben.

§. 7.

Die Netzhaut, welche unter einem physiologischen Gesichtspunkt betrachtet, nichts anders ist, als eine Ausbreitung des optischen Nervens, bietet eine grofse empfindliche Fläche zur Aufnahme der Lichtstrahlen dar, welche durch den optischen Apparat des Auges auf sie fallen und bei ihrem Durchgange bereits den verschiedenen Berechnungen unterworfen waren, welche die Optik mit einer mathematischen Genauigkeit studirt. Es liegt aufser unserem Plane, das hier zu wiederholen, was man fast in jedem Lehrbuche der Physik weitläuftig erklärt und beschrieben findet. Wir nehmen an, die Lichtstrahlen seien auf der Netzhaut angelangt und beginnen unsere Betrachtungen mit der Wirkung, welche dieselben auf diese Haut hervorbringen. Wir wissen bereits, dafs die Erzeugung dieser Wirkung dem Lichte nicht ausschliefslich angehört, dafs vielmehr auch ein mechanischer, elektrischer u. s. w. Einflufs dieselbe hervorbringen kann. (S. §. 2.) Es ist übrigens klar, dafs diese Modification der Netzhaut für die verschiedenen Farben verschieden ist, dafs sie einer andern Veränderung für das Rothe, einer andern für das Gelbe, Blaue, Schwarze u. s. w. unterliegt. Worin diese Verschiedenheit der verschiedenen Modification besteht, ist uns durchaus unmöglich zu erkennen. Es würde hierzu einer genauen Kenntnifs des Zustandes bedürfen, in welchem sich ein Nerv befindet, wenn er fühlt; man müfste ferner den Mechanismus kennen, welcher in dem Augenblicke des Gefühls in dem Nerven statt findet —, zwei Fragen, die die Wissenschaft auf ihrem heutigen Standpunkte noch nicht zu beantworten vermag. Begnügen wir uns daher für jede Farbe eine gewisse Wirkungs-Eigenthümlichkeit der Netzhaut zuzulassen, welche sich bis in das Gehirn erstreckt und hier die Empfindung der Farben erzeugt.

Die nachstehend mitgetheilte, sehr interessante Beobachtung dürfte zur Würdigung dieser Thätigkeit der Netzhaut wesentlich beitragen.

Beob: — Herr C...., Stahl- und Eisenwaarenhändler, wohnhaft in Paris rue Grénetat, durch verschiedene im Handel erlittene Unglücksfälle und den daraus erfolgten Verlust seines ganzen Vermögens zur Verzweiflung gebracht, hatte beschlossen, sein Leben durch einen Selbstmord zu beenden. Das dazu angewandte Pistol war so gerichtet, dafs die Kugel

an der untern linken Seite des Kinnes eindrang, und ohne die Zunge zu verletzen, den Gaumen und die untere Wand der linken Augenhöhle zerstörte, dennoch aber in der linken Maxillar-Höhle stecken blieb. Der Verwundete wurde sogleich nach dem Hospital Beaujon geschafft, und dem Herrn Laugier zur Behandlung übergeben. Sechs Monate der unsäglichsten Schmerzen gaben ihm eine herbe Lection; er wurde wieder hergestellt und er selbst schrieb seine Genesung nur der unermüdlichen Pflege und dem Talente seines geschickten Chirurgen zu. Beim Verlassen des Hospitales fand er seine Angelegenheiten in einem weit bessern Zustande, als er gehofft hatte. Er unterhandelte mit seinen Gläubigern und, um sich gänzlich von einigen übelen Folgen zu befreien, die noch von seiner Krankheit herrührten, fand er sich den 20. Juni 1837 in der Clinik des Herrn Sichel ein. Die Geschichte seiner Krankheit, unter Nro. 1429 dieses Jahrgangs aufgezeichnet, bezeugt, dafs er an einer *Lähmung* des linken obern Augenliedes, einer *Amaurose* desselben Auges und dem *Entropion* des untern linken Augenliedes litt. Man hat dieses letztere vermittelst der Vernarbung einer durch Schwefelsäure verursachten Wunde geheilt. Gegen die Amaurose versuchte man den Gebrauch des Strychnins, welches man auf die Wunde eines Blasenpflasters auf der Stirn anwandte. Einige Zeit darauf wurde auch wirklich eine kleine Stelle der Netzhaut für das Licht empfindlich, die übrigen Theile derselben blieben jedoch leider, trotz aller angewandten Mittel in Unthätigkeit.

Am 31. December fand sich der Kranke wegen einer leichten catarrhalischen Entzündung der rechten Bindehaut noch einmal in derselben Clinik ein, und ein Auszug aus dem Register der letztern (1837—38 Nro. 856) theilt uns Folgendes mit:

Das Entropion des untern Augenliedes ist gänzlich geheilt. Der Kranke öffnet und schliefst das Auge nach Belieben, obgleich das obere Augenlid noch ein wenig hängt. Das Auge ist etwas seitwärts gewandt und man kann diesen Zustand theils der Schwächung des dritten Nerven-Paares, theils der Zerstörung einiger Knochen in dem innern Augenwinkel zuschreiben. Ein unaufhörliches Thränen des Auges und eine kleine Geschwulst an der innern Seite desselben scheinen wenigstens diese letztere Meinung zu rechtfertigen. Die Netzhaut ist mit Ausnahme einer kleinen Stelle aufserhalb des optischen Nervens gänzlich gelähmt; diese Stelle besitzt jedoch noch einige Empfindlichkeit für das Licht. Wenn der Kranke mit diesem Auge allein sehen will, so dreht und wendet er es lange Zeit, ehe er den gesuchten Gegenstand wahrnimmt, und obgleich er ihn erkennt, so vermag er doch nicht seine Farben zu unterscheiden. Ich hielt ihm eine porzelanene, mit verschiedenen Farben bedeckte Palette vor die Augen; er erkannte sogleich den Gegenstand, aber es schien ihm, als seien die Farbenflecke Löcher, so sehr verwechselte er sie mit dem eigentlichen Loche der Palette. Der noch empfindliche Theil der Netzhaut scheint mehr vertikal als horizontal ausgebildet zu sein. Ich fixirte das Auge und bewegte ein Bleistift in horizontaler Richtung vor demselben hin und her, und der Kranke erblickte es kaum in der Ausbreitung von zwei Zollen; ich bewegte es hierauf in einer vertikalen Richtung und er sah dasselbe noch in der Ausbreitung von mehr als sechs Zollen. Das rechte Auge des Kranken ist vollkommen gesund: es erkennt deutlich Gestalt und Farben.

Aus dieser Beobachtung wird man klar und deutlich die Wirkung der Netzhaut in der Empfindung der Farben wahrnehmen. Das Cerebral-Organ des Gesichts ist durchaus in seinem Normal-Zustande, es hat richtige und getreue Wahrnehmungen, wenn es durch die Netzhaut des rechten Auges angeregt wird. Die Thätigkeit der linken Netzhaut allein hat eine Veränderung durch die traumatische Einwirkung erlitten, welcher die Orbita dieser Seite unterlegen hat. Die verschiedenen Farben des Sonnen-Spectrums wirken auf den noch empfindlichen Flecken ebenso wie auf die rechte Netzhaut, derselbe überträgt indessen nur das Gefühl des Weifsen und Schwarzen auf das Gehirn; die durch die übrigen Farben hervorgebrachten Modificationen machen sich nicht weiter fühlbar.

Wenn man sich bei einer einseitigen Amblyopie die Mühe giebt, die Empfindlichkeit für die Farben genau zu untersuchen und diese Empfindlichkeit mit der des gesunden Auges zu vergleichen, so wird man in Hinsicht der Farben-Empfindungen unzählige Beweise für die Thätigkeit der Netzhaut finden.

Diese Thätigkeit der Retina für die Erzeugung der Farben ist nicht gleichmäfsig auf der ganzen Ausdehnung der genannten Haut verbreitet: sie ist weit gröfser in der Mitte, als auf der Peripherie. Um unsern Gedanken den gewünschten Eingang zu verschaffen, ist es nothwendig, ein wenig weiter auszuholen.

Die neuern Untersuchungen haben es aufser allen Zweifel gesetzt, dafs die Empfindlichkeit der Netzhaut nicht gleichmäfsig über die ganze Oberfläche derselben verbreitet ist: sie scheint in der Mitte am stärksten zu sein und sich nach den verschiedenen Seiten hin unmerklich zu vermindern. Es ist nicht schwer sich von dieser Wahrheit zu überzeugen: man nehme nur ein grofses bedrucktes Blatt Papier und fixire die Augen gegen den Mittelpunkt auf irgend ein Wort, und man wird sogleich wahrnehmen, dafs die übrigen Worte in dem Maafse, wie sie sich vom Mittelpunkte entfernen, immer undeutlicher und weniger sichtbar werden; und wenn man fortfährt den gewählten Punkt starr zu betrachten, so werden die entferntern Zeilen und Worte bald nur noch als schwarze Linien und Flecken erscheinen, von denen es unmöglich sein wird die einzelnen Buchstaben zu erkennen. Wir wollen nicht behaupten, dafs nur ein ganz kleiner Flecken, ein beinahe mathematischer Punkt der Netzhaut, mit dem Vermögen des deutlichen Sehens begabt sei, wie es einige Physiologen ein wenig übertrieben haben; wir sind jedoch nichtsdestoweniger überzeugt, dafs sich dies Vermögen vom Mittelpunkte nach den Seiten hin vermindert und hegen nicht den geringsten Zweifel, dafs ein Jeder, der diesen Versuch ausführt und ein wenig darüber nachdenkt, nicht sogleich unserer Meinung sein sollte.

Um jetzt auf unsere Farben zurückzukommen und uns von der Wahrheit des oben für die ungleichmäfsige Thätigkeit der Netzhaut ausgesprochenen Satzes zu überzeugen, wollen wir den folgenden Versuch machen: Wir nehmen eine schwarze Tafel, betrachten einen kleinen weifsen in der Mitte derselben befindlichen Punkt und nähern demselben nach und nach ein Stückchen purpurrothes Papier, ohne unsern Blick abzuwenden. In der Ferne wird dieses Papier zuerst *schwarz* und indem wir es langsam dem weifsen Punkte näher bringen *blau,* hierauf *violett* und endlich ganz nahe, in seiner natürlichen Farbe erscheinen. Hellblaues oder rosenfarbenes Papier demselben Versuche unterworfen, erscheint zuerst weifs, violettes zuerst schwarz und dann blau [1]).

Die übrigen Farben haben uns ähnliche Resultate gegeben, und es folgt hieraus, dafs man die Netzhaut in Rücksicht ihrer Thätigkeit für die Farben in drei verschiedene Zonen eintheilen

---

[1]) Man vergleiche: Purkinje, Beobachtungen und Versuche zur Physiologie der Sinne 1825. Bd. II. pag 15.

kann. Die erste, die peripherische, ist nur mit der Empfindung des Schwarzen und Weifsen begabt; die zweite, zwischenliegende, erzeugt aufserdem noch die blaue und gelbe Farbe, und die dritte endlich, die in der Mitte liegende, bringt diese vier ersten und aufserdem noch die rothe Farbe hervor. Es ist wirklich merkwürdig, dafs das Rothe sich nur gerade auf der Stelle der Netzhaut wahrnehmen läfst, wo das Sehvermögen am vollkommensten ist, da diese Wahrnehmung direct der uns von Kindheit auf eingeprägten Idee widerspricht, dafs die rothen Farben die gröfste Kraft und Thätigkeit ausüben.

§. 8.

Eine durch irgend einen äufsern Einflufs hervorgebrachte Wirkung der Retina ist noch lange nicht das, was wir Helligkeit, Dunkelheit und Farben nennen, und diese Wahrnehmungen würden niemals stattfinden, wenn sie nicht im Gehirne wiedertönten und daselbst ähnliche Wirkungen hervorbrächten, welche sich mit gewissen correspondirenden Functionen in Verbindung setzen. Und es sind gerade diese Functionen, von denen alle unsere Wahrnehmungen, alle unsere Urtheile abhängig sind, welche wir über die in der Netzhaut vorgehenden Veränderungen fällen. Diese geheimnifsvollen Verrichtungen des Central-Organes theilen uns nicht nur die jedesmalige Thätigkeit der Netzhaut mit, sondern sie lassen uns selbst ihre Natur erkennen und darüber urtheilen. Durch diese verschiedenen Modificationen des Gehirnes unterscheiden wir auch die verschiedenen Zustände unseres Auges, durch sie benennen wir die Farben, wie wir die Verbrennungen, die Gerüche, die Geschmäcke u. s. w., welche in irgend einem Theile des peripherischen Nerven-Systems unseres Körpers stattfinden, mit verschiedenen Namen belegen. Was wir Weifs, Schwarz, Roth, Grün u. s. w. nennen, ist weiter nichts, als die Urtheile, welche wir über die verschiedenen Functionen der Netzhaut fällen und welche durch eben so viel entsprechende Operationen des Gehirns hervorgebracht sind.

Wir glauben uns jetzt berechtigt, auf dieses Räsonnement die folgenden beiden Grundsätze zu stützen.

1) Die Wahrnehmung der Farben hängt durchaus und ausschliefslich vom Gehirn ab (determinirende Wirkung).

2) Die Netzhaut, nur bestimmt, uns mit der Aufsenwelt in Verbindung zu setzen, spielt in der Hervorbringung der Farben nur eine untergeordnete Rolle (hervorrufende Wirkung).

Wenn wir jetzt mehr auf die Einzelheiten eingehen und unsere Aufmerksamkeit auf die Operationen, auf die räthselhaften Processe richten, welche in dem Central-Gesichtsorgane vorgehen, und wenn wir ferner in Hinsicht der Farben-Erzeugung ihre verschiedenen Beziehungen mit der Netzhaut prüfen; so lassen sich die folgenden Fälle unterscheiden:

1) Wenn die Thätigkeit des Gehirnes mit der der Netzhaut genau übereinstimmt, so entsteht eine wahre und getreue Wahrnehmung der Beziehungen, in welchen sich unser Auge mit der Aufsen-Welt befindet. Zu dieser Klasse gehören die Normal-Empfindungen der Farben, welche man objective nennt.

2) Wenn die Function des Gehirns unausgeführt bleibt, obgleich die durch den Einflufs jener Reitzmittel wirkende Netzhaut ihre eigenthümlichen Functionen getreulich zu erfüllen vermag, so wird keine Wahrnehmung der Farben stattfinden, was sich sehr gut bei einer Cerebral-Amaurose wahrnehmen läfst.

3) Wenn die Operation, welche in dem Gehirn stattfindet, mit der der Netzhaut nicht übereinstimmt, oder, wenn dieser Act des Central-Organes durch irgend einen äufsern Einflufs gestört wird, so wird dieses Organ nicht mehr dieselben Empfindungen gewähren, deren es in einem vollkommen unversehrten Zustande fähig gewesen wäre: es wird aufhören, der getreue Vermittler zwischen dem Sensorium und der Retina zu sein, woraus natürlicher Weise eine Mifsdeutung der Farben entstehen mufs. Unzählige Fälle von Cerebral-Amblyopien dürften als hinlängliche Beweise zu dieser Aussage dienen.

4) Wenn die Thätigkeit des Gehirns durch irgend eine Ursache hervorgerufen wird, so empfinden wir die Farben und das Licht ungeachtet der absolutesten Ruhe der Netzhaut. Angestellte Beobachtungen bestätigen vollkommen diese Meinung,

und um sich davon zu überzeugen, genügt es, einen Blick auf die Gesichts-Illusionen zu werfen, welche in einem krankhaften Zustande des Gehirnes stattfinden. Wir haben selbst Beispiele, wo Personen, deren Augen gänzlich zerstört waren, mitunter so lebhafte Visionen hatten, dafs sie glaubten, die Gegenstände wirklich zu erblicken. Einem Manne schien es sogar, vier Tage nach der Exstirpation eines Auges, als sähe er mit demselben eben so gut, als wenn es niemals krank gewesen wäre; und wenn er sein gesundes Auge schlofs, so sah er mit dem verlornen verschiedene Gegenstände, als z. B. Flammen, Funken, tanzende Personen u. s. w. [1]).

Heermann [2]) hat zwei Fälle einer vollkommenen Blindheit beobachtet (die Augen waren durch den fungus medullaris zerstört), in welchen die Gesichtsvorstellungen, die *Hallucinationen*, so lebhaft waren, dafs die Kranken glaubten, ihr *Gesicht wiedergefunden* zu haben.

Diese Erscheinungen stimmen genau mit den Schmerzen überein, welche die Amputirten in ihren abgenommenen Gliedern zu empfinden glauben; beide erklären sich durch die unabhängige Thätigkeit des Gehirns und verdienen die vollkommenste Aufmerksamkeit des Arztes und Physiologen, weil sie diese Thätigkeit in ihrem isolirten Zustande und ihrer vollkommenen Reinheit zeigen.

Aufser den, in den Annalen der Wissenschaft hin und wieder zerstreuten Fällen, machen wir täglich selbst vielfältige Erfahrungen, welche beweisen, dafs die Wahrnehmungs-Fähigkeit des Gehirns sich üben und ohne allen Einflufs äufserer Ursachen thätig sein kann. Die Träume bei Annäherung des Schlafes, z. B., liefern uns häufige Erscheinungen dieser Art, welche, obgleich sie geeignet scheinen, uns bei der Nachforschung dieser Geheimnisse der Seelen-Thätigkeit behülflich zu sein, bis jetzt noch wenig zu ihrer Aufklärung beigetragen haben. Wenn

---

[1]) Linke, Tractatus de fungo oculi. Lipsiae 1834.

[2]) Ueber die Bildung der Gesichts-Vorstellungen aus Gesichts-Empfindungen. Hannover 1835. p. 79.

der Schlummer unsere Augen schliefst, so werden wir blind, taub, überhaupt unempfindlich für die uns umgebenden Gegenstände: wir gehören uns selbst an. Unsere Sinne sind eine Zeitlang gänzlich abgestorben und dennoch pflegen unsere Gehirns-Functionen nicht selten noch einige Zeit die Eindrücke wiederzugeben, denen unsere Sinne in einer vergangenen Wirkung ausgesetzt waren: sie handeln also freiwillig während einer längern oder kürzern Dauer; die Aufsenwelt erscheint uns alsdann wie in der Wirklichkeit, wir träumen sie. Welcher wesentliche Unterschied existirt denn nun zwischen einer Wahrnehmung, welche wir im wachenden Zustande und derjenigen, welche wir während des Schlummers haben? Welchen Unterschied machen wir zwischen der Rose, welche wir sehen und der, welche wir träumen? Ich wüfste keinen, aufser, dafs im ersten Falle die Wahrnehmung in Folge der Wirkung der Netzhaut stattfindet und dafs sie im andern primitiv und unabhängig von dem peripherischen Gesichts-Organe ist; aber die Wahrnehmung ist durchaus dieselbe.

Die Thätigkeit der wahrnehmenden Functionen ist, ihrer Natur nach, immer eine Folge der Wirkung der Sinne: ein Blinder von Geburt kann nicht vom Lichte träumen, ein von Geburt Tauber nicht der Harmonie-Illusionen geniefsen; man mufs mit der äufsern Welt in Beziehung gewesen sein, um von ihr träumen zu können. Wenn indessen die Netzhaut, nachdem sie eine Zeitlang gefühlt hat, aufhört, durch den Einflufs des Lichtes zu wirken, wenn sie amaurotisch wird, was wird alsdann in Betreff der Wahrnehmungs-Functionen des Gehirns stattfinden? In den ersten Perioden der Amaurose werden sie noch einen Theil ihrer Thätigkeit behalten, welcher sich nach und nach vermindern wird, bis die Functionen endlich ganz erschlaffen und ihre Thätigkeit vollständig aufhört. Ich habe Blinde gesehen, die bei Annäherung des Schlafes sich freueten, weil sie nach ihrer Aussage alsdann von der Welt träumten, welche sie vor ihrer Krankheit gesehen hatten. Aber diese Träume werden nach und nach seltener, und die Thätigkeit des Gehirns, nicht mehr durch die äufseren Sinne angeregt, verliert nach und nach die Fähigkeit, Gesichts-Wahrnehmungen hervorzubringen. Wie lange jedoch diese Thätigkeit des Gehirnes nach der gänzlichen Erblindung noch fortdauert, läfst sich nicht mit Bestimmtheit angeben. Es hängt dies von dem Alter und der organischen Entwickelung des Individuums in dem Augenblicke ab, wo es von der gänzlichen Blindheit befallen wird. Es scheint constant, dafs die Fähigkeit, von Gestalten und Farben zu träumen, sich nicht viel über das Jünglings-Alter hinaus fortpflanzt, wenn man in der Kindheit das Gesicht verloren hat. Heermann [1]) hat in mehr als hundert Beobachtungen, welche er über die Träume der Blinden angestellt hat, gefunden, dafs die vor ihrem siebenten Jahre von der Blindheit betroffenen Kinder, im reifern Alter weder von Gestalten noch von Farben träumen. Die Ursache dieses frühzeitigen und vollständigen Verschwindens der Thätigkeit des Central-Gesichts-Organs ist bei diesen Unglücklichen wohl darin zu suchen, dafs sie ihr Gesicht verloren, bevor die Wahrnehmungen desselben Zeit hatten, sich zu vervollkommnen und zu consolidiren. Entblöfst von aller Beihülfe des Auges konnten sie also nicht lange fortbestehen. Wird dagegen eine Person reiferen Alters blind, so ist sie sehr oft bis in das Greisenalter mit der Fähigkeit begabt, von Gestalten und Farben zu träumen, obgleich diese Fähigkeit mit der Zeit immer schwächer und stumpfer wird.

Hiernach könnte man denken, als betrachteten wir die Gehirns-Functionen wie angeboren, wie von der Natur im Voraus angeordnet, und als hielten wir die Netzhaut nur für einen eintreibenden Sporn, welcher zu weiter nichts dient, als jene Functionen zu erwecken und handeln zu lassen. Nichts weniger als das. Niemand kann mehr als wir überzeugt sein, dafs diese Functionen sich erst unter dem Einflusse und in Folge der Wirkung der Netzhaut bilden und entwickeln. Das Kind wird keineswegs mit Functionen geboren, die ihm ohne weiteres das Gelbe, Blaue, Schwarze u. s. w. fühlen lassen. Diese Functionen entwickeln

---

[1]) Ueber die Träume der Blinden. Monatschrift von Ammon. Bd. I. p. 116.

sich erst nach und nach in seinem Gehirne und in Folge einer unaufhörlichen Wirkung äufserer Reitzmittel auf sein Auge. Wenn das Auge fähig ist, das Licht aufzunehmen, wenn das Weifse irgend einen Eindruck auf es macht, das Gelbe einen andern, das Rothe einen dritten Eindruck u. s. w. entstehen läfst, und wenn diese Eindrücke sich fortwährend wiederholen, so wird die wahrnehmende Function seines Central-Gesichts-Organes sich in gewisse Functions-Gruppen theilen, die zur Gewohnheit geworden, eine Art von Bestand und selbst einen gewissen Grad von Unabhängigkeit annehmen. Wenn alsdann irgend ein Einflufs auf dieses Organ wirkt, so reagirt es durch seine erlangte Thätigkeit und seine angenommenen Functionen, und erzeugt die Empfindung des Gelben, Blauen, Schwarzen u. s. w. Wenn aber ein Kind blind geboren wird, so giebt es keinen Einflufs, kein Reitzmittel in der Welt, welches in ihm das Gefühl der Farben erwecken könnte; es wird niemals eine Idee von derselben haben: es wird niemals davon träumen.

§. 9.

Nach dieser Darstellung von der Thätigkeit der Netzhaut und des Gehirnes ist es leicht begreiflich, welchen Antheil jedes dieser beiden Organe an der Hervorbringung der Farben nimmt. Wir hatten anfänglich die Absicht, die Farben-Functionen der Netzhaut und des Gehirns für jedes dieser Organe abgesondert zu betrachten; bei reiferer Ueberlegung fanden wir jedoch, dafs die positiven Kenntnisse, welche die Wissenschaft im gegenwärtigen Zustande darbietet, zu einem solchen Unternehmen nicht genügen. Ehe wir uns daher auf blofse Muthmafsungen und Hypothesen einlassen, ziehen wir es vor, das gesammte Gesichts-Organ als etwas Zusammenhängendes, als ein Ganzes zu betrachten, und, ohne auf die peripherische und Central-Thätigkeit der verschiedenen Farben-Functionen einzugehen, dieselben auf eine collective Weise zu betrachten.

Ungeachtet den Protestationen der Newton'schen Schule nimmt man jetzt allgemein nur fünf ursprüngliche Farben an, nämlich *die weifse, die gelbe, die rothe, die blaue* und *die schwarze* Farbe. Alle übrigen Nüancen sind nichts als verschiedenartige Zusammensetzungen dieser fünf Grund-Farben. Nach diesem Princip lassen auch wir in dem unmittelbaren Gesichts-Organe fünf ursprüngliche Functionen zu, welche in uns die Empfindung der fünf einfachen Farben hervorbringen.

Beschäftigen wir uns jetzt mit den Beziehungen dieser fünf ursprünglichen Functionen unter sich, ohne uns auf das Wesen derselben näher einzulassen.

Die Empfindung des Lichtes und der Dunkelheit, oder des Weifsen und Schwarzen sind die zwei entgegengesetztesten Zustände unseres Auges; die Empfindungen aller übrigen Farben scheinen innerhalb dieser beiden Gränzen zu liegen, jenseits derselben auch sogar unsere Einbildungskraft nichts mehr vermag. Selbst die absoluteste Ruhe unseres Auges wird nie mehr als die Empfindung des Schwarzen, so wie die höchste Thätigkeit nur die Empfindung des Weifsen hervorbringen können. Dieses als feststehend betrachtet, wollen wir unsere weiter oben angestellten Versuche [1] noch einmal wieder aufnehmen. Wir sahen wie das stark gereizte Auge die Empfindung des Weifsen hatte, und wie das Weifse in demselben Maafse, als diese Anregung abnahm, stufenweise in das Gelbe, Rothe, Blaue und bei der vollständigen Ruhe endlich in das Schwarze überging, woraus für die Farben die nachfolgende Ordnung entsteht:

Schwarz, Blau, Roth, Gelb, Weifs.

Jede dieser Farben begründet sich, wie bereits gesagt, auf eine besondere Function des Auges, und wir schliefsen daraus für diese Functionen, dafs sie in derselben Ordnung auf einander folgen, wie die dadurch hervorgebrachten Farben-Wahrnehmungen. Wenn nun das Schwarze eine völlige Unthätigkeit, das Weifse dagegen den höchsten Grad der Thätigkeit des Central-Gesichts-Organes anzeigt, so läfst sich daraus schliefsen, dafs die Functionen um so vollkommener sein müssen, als sie Farben erzeugen, welche dem Weifsen näher liegen. Setzen wir daher die Masse der Thätigkeit bei der Erzeugung des Weifsen gleich 1, und des Schwarzen = 0, so wäre sie vielleicht in der Her-

[1] Man sehe §. 4. zweiter und dritter Versuch.

vorbringung des Blauen = $^1/_4$, des Rothen = $^1/_2$ und in der des Gelben = $^3/_4$ anzunehmen[1]).

Bei der Anwendung dieser Ziffern haben wir jedoch keineswegs die zuweilen ausgesprochene Meinung, dafs die sämmtlichen Farben sich aus dem Weifsen und Schwarzen zusammensetzen; wir sind im Gegentheil vollkommen überzeugt, dafs die Wirkungen, welche uns die Wahrnehmung der Farben verschaffen, ganz eigenthümliche sind und sich nicht durch plus oder minus ausdrücken lassen. Wer könnte wohl das Gefühl eines Stiches, das Brennen, Jucken, Kriebeln der Haut u. s. w. comparativ in Zahlen angeben wollen, welche niemals etwas anders als eine relative Quantität anzeigen würden? Die von uns angewandten Zahlen sollen nur ein Hülfsmittel sein, den gröfseren oder geringeren Aufwand von Thätigkeit der verschiedenen Farbenfunctionen leichter unterscheiden zu lassen, keineswegs aber wollen wir damit das Wesen dieser Functionen bezeichnen.

§. 10.

Um den Leser so vollkommen als möglich in unsere Ideen einzuführen, wollen wir dieselben bildlich auszudrücken suchen, wie das schon von mehreren Schriftstellern, wie Plateau, Purkinje, Müller u. s. w. geschehen ist.

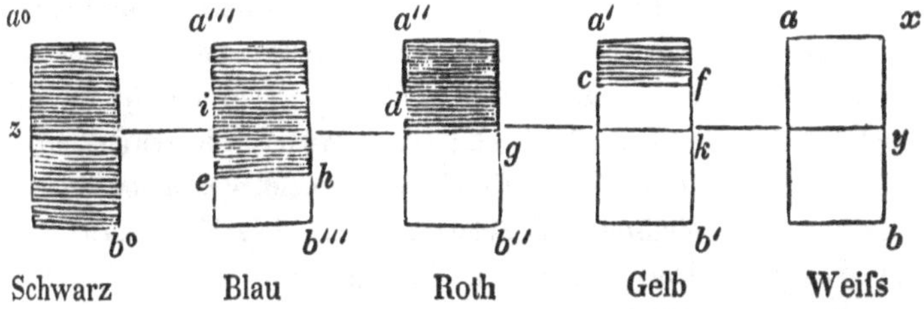

Angenommen, die Figur *ab* stelle diejenige Function des Auges dar, welche uns das Weifse wahrnehmen läfst, und *bx* bezeichne die Intensität des Lichtes, so wird, wenn diese Linie an Länge zunimmt, die weifse Farbe in demselben Grade inten-

[1]) Schopenhauer Theoria colorum. — Scriptores ophtalmologici minores. Vol. III. dissertatio 1.

siver werden, im Gegentheile aber an Intensität abnehmen und ins *Graue* übergehen. Bei der Erzeugung des Gelben fig. $a' b'$ ist es nicht mehr die ganze Function $a b$, welche wirkt, sondern nur ein gewisser Theil derselben, welchen wir durch $c b'$ bezeichnen wollen. Der Rest dieser Figur stellt den unthätigen Theil der Function dar, und es ist gerade diese Unthätigkeit des Theiles $a' f$, welcher wir den Uebergang des Weifsen ins Gelbe zuzuschreiben haben. Dasselbe Raisonnement ist auf die übrigen Figuren anwendbar, deren thätiger Theil in demselben Verhältnifs stufenweise abnimmt, als die Farben sich mehr dem Schwarzen nähern. In der das Rothe darstellenden Figur $a'' b''$ zeigt $d b''$ und in der des Blauen $e b'''$ den thätigen Theil an. Der unthätige Theil nimmt dagegen in derselben Weise zu: er ist in dem Weifsen null, $= a' f$ in dem Gelben, $= a'' g$ in dem Rothen, wird $a''' h$ in dem Blauen und endlich $a^0 b^0$ in dem Schwarzen, wo also die ganze Function in dem Zustande vollkommener Ruhe bleibt.

Aus dem eben Gesagten folgt, dafs die Functionen des Auges, welche uns die eigentlichen Farben, d. h. das Blaue, Rothe und Gelbe wahrnehmen lassen, ihre Intensität möge so stark sein, als sie nur immer wolle, niemals der, die Empfindung des Weifsen verursachenden Function gleichen können, weil diese letztere auf einer Gesammt-Wirkung beruht, während die Functionen jener Farben immer nur einen gröfsern oder geringern Theil dieser Wirkung ausdrücken. Gesetzt, man mische die 3 einfachen Farben, Blau, Roth und Gelb; was würde daraus entstehen? Das Weifse? Gewifs nicht; vielmehr würde man eine zwischen dem Weifsen und Schwarzen liegende Farbe erhalten. Um dies darzuthun, ziehen wir die Linie $z y$, welche die, die fünf Farben-Functionen vorstellenden Figuren in der Mitte durchschneidet, und es wird uns deutlich werden, dafs in der Mischung der Theil $i h$ des Blauen, so wie der Theil $c k$ des Gelben sich gegenseitig aufheben, d. h. dafs das arithmetische Mittel dieser drei Farben die Höhe $g b''$ des Grauen haben wird.

Man wird jetzt leicht begreifen können, warum die Physiker zu ihrem gröfsten Verdrusse durch die Mischung der 7 prismatischen Licht-Strahlen niemals das weifse Licht hervorbringen konnten.

§. 11.

Wenn nun aber, einmal die Mischung der drei Grundfarben, dann die Verminderung der Functions-Thätigkeit fürs Weifse, ferner die Mischung zweier Complementar-Farben, blau und orangengelb z. B., die graue Farbe entstehen lassen, wie es die Versuche lehren, warum nehmen wir das Graue nicht als den Inbegriff aller Farben-Empfindungen an? In diesem Falle würden das Licht, die Dunkelheit und die tausenderlei Farben, welche sich in unserem Auge entwickeln, nichts als eine Zersetzung des Grauen sein und der so unendlich verschiedenartigen Zusammenwirkung der constituirenden Functionen ihr Entstehen verdanken. Die graue Farbe als Gesammt-Ausdruck der Farben enthält hiernach drei specifische Empfindungen, die des Gelben, die des Rothen und die des Blauen, welche auf den verschiedenen Functionen unserer Organe beruhen.

Man weifs, dafs diese Empfindungen wesentlich von einander abweichen, wir haben sie bereits für drei einfache und ursprüngliche Farben erkannt und gesagt, dafs die übrigen Farben durch die verschiedenen Verbindungen dieser drei Primitiv-Farben hervorgebracht werden.

§. 12.

Ueber die Farben-Paare haben wir uns bereits weiter oben hinlänglich ausgesprochen, dagegen wollen wir jetzt zeigen, wie sich eine nachfolgende Empfindung erzeugt, sobald die ursprüngliche aufgehört hat, sich fühlbar zu machen.

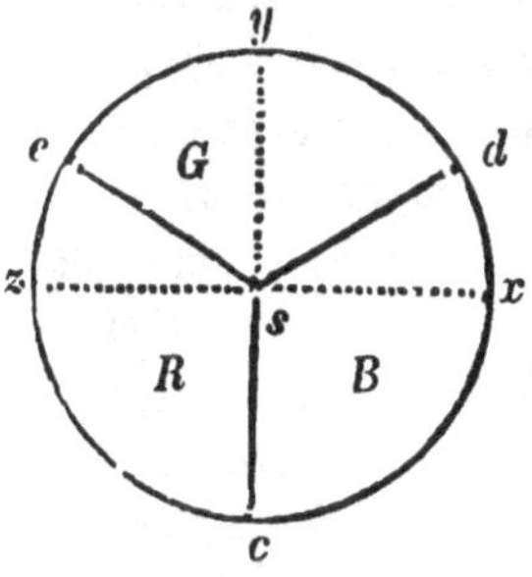

Zu diesem Behufe möge die ganze Fläche des nebenstehend verzeichneten Kreises diejenige Function des Auges darstellen, welche in uns die Empfindung des Grauen hervorbringt, so wie jeder der durch die Radien *cs ds* und *es* entstandenen drei gleichen Sectoren eine der einfachen Farben, also *G* das Gelbe, *R* das Rothe und *B* das Blaue.

Angenommen jetzt, dafs irgend ein Reitzmittel dergestalt auf unser Gesichts-Organ einwirke, dafs es daselbst nur die Function *B* in Thätigkeit setzt, so ist es augenscheinlich, dafs die Wirkung der beiden andern, von der Wirkungssphäre des Stimulus ausgeschlossenen Functionen *G* und *R* Null sein wird. Sie werden aber, sobald das Reitzmittel aufhört zu wirken, zur Wiederherstellung des Gleichgewichts auf der Stelle in Thätigkeit treten und eine gemischte Empfindung geben, d. h. die Empfindung des Orangegelb, welches als Consecutiv-Farbe des Blauen diesem als Complement zur vollständigen Erzeugung des Grauen dient.

Hätte man das Reitzmittel statt auf eine, auf zwei Functionen z. B. *R* und *B* zu gleicher Zeit einwirken lassen, so würde man eine gemischte Farbe, für diesen Fall das Violette und bei der Entfernung des Reitzmittels das Gelbe wahrgenommen haben, welches der violetten als Complementär-Farbe dient.

Dieselbe Nachfolge wird bei den zusammengesetztern Farben erzeugt. Angenommen z. B., das Reitzmittel liefse den Theil $x\,y\,z$ wirken, und somit die Empfindung einer Farbe hervorrufen, die aus der Einheit des Gelben, einem Theile des Rothen und einem Theile des Blauen zusammengesetzt wäre. Heben wir jetzt die Wirkung des Reitzmittels auf, so wird der Ueberrest der Gesammtfunction des Grauen, d. h. der Theil $x\,e\,z$, welcher aus Blau und Roth besteht, sogleich eine zusammengesetzte Farbe, nämlich Violet fühlen lassen. Wenn das Reitzmittel nur auf den Theil $z\,s\,y$ eingewirkt hätte, so wäre die Complementär-Farbe durch $z\,c\,x\,y\,s$ dargestellt worden und umgekehrt.

Die Betrachtung dieser Figur, welche uns den Mechanismus der Aufeinanderfolge der Farben deutlich machen sollte, läfst uns zugleich das Bestreben des Gesichtsorganes erkennen, fortwährend die ganze Summe seiner Functionen wirken zu lassen. Die Thätigkeit eines Theiles derselben, erweckt also nothwendiger Weise die der übrigen Theile, und wenn irgend ein Einflufs die Wirkung eines Theiles stört, so unterläfst er wenigstens nicht nach Wegräumung des Hindernisses sogleich seine Thätigkeit zu entwickeln. Sobald daher ein Reitzmittel die Empfindung irgend einer Farbe hervorgerufen hat, so wird in dem Augenblicke seiner Entfernung eine andere Farbe erscheinen, welche jedesmal das Resultat der Wirkung derjenigen Functionen ist, welche von der Empfindung der erstern Farbe ausgeschlossen waren, und diese Farbe wird jedesmal diejenige sein, welche der zuerst wahrgenommenen als Complement zur Erzeugung des Grauen dient.

Wenn nun aber die nachfolgende Farbe nur das Complement der ursprünglichen ist, so ist das äufsere Licht zu ihrer Hervorbringung nicht nothwendig, und dies giebt uns die beste Erklärung über den Umstand, dafs sie sich selbst bei geschlossenem Auge deutlich empfinden läfst.

Die nachfolgende Farbe ist gleichsam das Echo des primitiven Eindrucks, das ebenfalls zu seinem Dasein keiner fremden Einwirkung bedarf; und eben so wie dieses durch das geringste fremdartige Geräusch gestört und modificirt wird, so würde auch die Complementär-Farbe durch jeden äufsern Eindruck eine Modification erleiden.

§. 13.

Die alltägliche Erfahrung lehrt uns, wie leicht sich die successiven Farben in der Dunkelheit bilden, und es ist wirklich schwer zu begreifen, dafs diese so in die Augen fallende Thatsache der Aufmerksamkeit der Physiker so lange entging.

Ein Jeder, dessen Auge den Strahlen der untergehenden Sonne Trotz bot und nachher mit den Blendungs-Bildern bestraft wurde, wird sich erinnern, wie leicht dieselben die Farben wechseln, je nachdem man es dem Lichte aussetzt oder sich in der Dunkelheit befindet. Wir glauben, dafs diese Erfahrung allein ausreichen wird, um uns zu überzeugen, in wie fern die Dunkelheit die Entstehung der successiven Farben begünstigt. Man darf hierbei jedoch nicht übersehen, dafs es nicht nur eine absolute, sondern auch eine relative Dunkelheit giebt. Diese letztere empfinden wir, wenn wir aus einer hellern Beleuchtung plötzlich in eine schwächere übergehen: weil es sich mit dem Gefühle des Lichtes eben so, wie mit dem der Wärme verhält, welches keinesweges von dem absoluten Grade der Temperatur abhängig ist.

Ein starkes Licht wird das Gefühl der Dunkelheit hervorbringen, wenn wir vorher schon der Wirkung eines intensiveren Lichtes ausgesetzt waren, während ein gemäfsigteres Licht dem an die Dunkelheit gewöhnten Auge unerträglich scheint. Tritt man bei Tage in einen sehr hell erleuchteten Schauspielsaal, so wird man Anfangs kaum die nächsten Gegenstände erkennen, indem sich aber unser Auge mit dem ihn umgebenden Lichtgrade bald darauf ins Gleichgewicht setzt, finden wir den Saal vollkommen erleuchtet; und verlassen wir hierauf plötzlich das Theater, so wird uns umgekehrt die Helle des Tages blenden. — Die Seeleute, welche eine Zeitlang unter dem Aequator verweilen und den ganzen Tag lang dem höchsten Glanze der Sonne ausgesetzt sind, werden nicht selten von Abend- und Nachtblindheit befallen, weil die Abstufung der Beleuchtung zu grofs, und die Quantität des Lichtes nach dem Untergang der Sonne nicht mehr ausreichend ist. — Dasselbe Phänomen, was hierbei in der ganzen Netzhaut vorgeht, wiederholt sich auch in seinen einzelnen Theilen. Sehen wir eine Zeitlang auf einen Schneeball und werfen hierauf den Blick auf ein Blatt weifses Papier, so wird dies letztere einen Anstrich von Grau haben.

Franklin [1]) liefert uns ein sehr treffendes Beispiel dieser Eigenthümlichkeit des Auges und sein Versuch ist fast von allen Autoren, welche über die Farben geschrieben haben, citirt und commentirt worden. Richtet man des Morgens beim Erwachen seine Augen auf ein Fenster, durch welches das helle Tageslicht eindringt und wendet sie nach einiger Zeit plötzlich auf die Wand des Zimmers, so fährt man fort das Fenster zu sehen, jedoch mit dem merkwürdigen Unterschiede, dafs die Scheiben schwarz und der Rahmen weifs erscheinen wird. Dieser Versuch beweist deutlich, dafs die schwächere Weifse der Wand des Zimmers durch denjenigen Theil der Netzhaut, welcher so eben der Einwirkung des grellen Lichtes ausgesetzt war, nicht gefühlt werden kann, während der andere Theil, welcher die Wahrnehmung des Rahmens empfinden liefs, seine ganze Empfindsamkeit beibehalten hatte

---

[1]) Observations sur la physique par Rosier. T. 2. p. 383 — 1773.

und dadurch geeignet war, den Eindruck eines gemäfsigtern Lichtes zu empfangen. Aus demselben Grunde nehmen wir auf einem selbst sehr weifsen Hintergrund schwarze Flecken wahr, nachdem wir einige Zeit blendende Gegenstände betrachtet haben. Benvenuto-Cellini [1]) erzählt uns in seiner Biographie, dafs er einmal die ganze Nacht vergebens zugebracht habe, um die bösen Geister zu beschwören. Beim Aufgange der Sonne in die Stadt (Rom) zurückkehrend, sah er dieselben plötzlich auf den Dächern und Schornsteinen herumtanzen. Es war ohne Zweifel der Eindruck des Sonnenlichtes, verbunden mit einer lebhaften Einbildungskraft, welcher diesem florentinischen Künstler dergleichen schwarze Gespenster vorgaukelte.

Diese relative Empfindung der Dunkelheit, wobei wir genöthigt waren, uns länger zu verweilen, begünstigt in hohem Grade die Entwickelung der consecutiven Farben.

Wenn hiernach ein heftiges Reitzmittel in uns das Gefühl des Rothen hervorbringt, so werden wir die Empfindung der complementären Farbe d. h. des Grünen ebenfalls haben, sobald jenes Reitzmittel durch ein schwächeres ersetzt wird, ebenso wie die weifsen Scheiben des Fensters in dem Franklin'schen Versuche eine schwarze Farbe annehmen. Die Beispiele zu dieser Thatsache sind unzählig. Da haben wir gleich eines. Ich sitze so eben vor meinem Camine und gehe wegen der Auswahl eines zweckmäfsigen Beispiels mit mir zu Rathe. Zufällig lasse ich meinen Blick einige Zeit auf den glühenden Kohlen ruhen, und indem ich mein Auge auf das Papier zurückwerfe, erscheint mir dasselbe in grünlicher Farbe.

Ein anderer leicht zu wiederholender Versuch ist dieser: ich legte einen Schnitzel weifses Papier auf einen schwarzen Grund, setzte zur Seite desselben ein brennendes Wachslicht, und brachte zwischen dem Lichte und meinen Augen eine Tafel Pappe so an, dafs ich, mich im Schatten befindend, meinen Apparat sehen konnte. Das weifse Papier, was mir auf diese Weise gelblich erschien, nahm sogleich eine violette Farbe an, sobald ich die Pappe entfernte.

---

[1]) Leben des Benvenuto Cellini, Göthe's Uebersetzung.

Ich habe diesen Versuch mehrere Male wiederholt und immer dasselbe Resultat erhalten. Der schwarze Grund nahm dabei im erstern Falle bei beschattetem Auge eine dunkelblaue und im andern eine gelbliche Farbe an. Es ist augenscheinlich, dafs es nur das Wachslicht war, welches mir das Papier gelblich erscheinen liefs, als meine Augen im Schatten waren, während die dem ganzen Einflufs des Lichtes ausgesetzte Retina das weifse Papier in blauer Farbe erblickte. Was die Phänomene des schwarzen Grundes anlangt, so lassen sie sich leicht durch die nachfolgenden Facta erklären.

»Ich befand mich eines Tages, sagt Göthe in seiner Farben-Theorie [1], in einem Wirthshause, als gegen Abend ein junges Mädchen mit rosenfarbenen Wangen, schwarzen Haaren und mit einem rothen Leibchen in unser Zimmer trat; sie blieb in einiger Entfernung vor uns stehen; und ich betrachtete sie lange und aufmerksam. Sie verliefs hierauf das Zimmer und ich sah auf der Wand ein dunkles Gesicht mit einem hellen Scheine umgeben, während das Leibchen in einer meergrünen Farbe erschien.«

Die französische Geschichte liefert uns ein Beispiel, welches ebenfalls in diese Classe von Erscheinungen gehört. Kurze Zeit vor der unheilvollen Sanct-Bartholomäus-Nacht spielten der König von Navarra (nachheriger Heinrich IV.) und Heinrich von Guise, Herzog von Lothringen am Hofe Karl IX. [2]) mit Würfeln. Man erblickte plötzlich Blutflecken auf dem Tische, welche sogleich wiedererschienen, wenn man sie abgewischt hatte, und Niemand konnte sich dies Räthsel erklären. Die Spieler verliefsen höchst erschrocken das Zimmer und betrachteten diesen Vorfall als eine Vorbedeutung des Blutes, welches ihre gegenseitige Erbitterung bald darauf vergiefsen sollte. Voltaire [3], welcher uns diese Thatsache nach Pater Daniel wieder erzählt, macht sich über diesen sonst achtbaren Historiker lustig. Er hätte genug Physik wissen können, sagt der Erzähler, um nicht

---

[1]) Man sehe die physiologischen Farben.

[2]) Man sehe: Discours de Henri IV. (8. janvier 1599) aux principaux du parlement. — L'histoire du président De Féron, Livre 122.

[3]) Essai sur l'Histoire générale chap. 142.

zu ignoriren, dafs die schwarzen Flecken [es ist zu bemerken, dafs der Spieltisch schwarz war [1]] wenn sie einen gewissen Einfallwinkel mit den Sonnenstrahlen machen, roth erscheinen. Voltaire betrachtet dieses Phänomen mit Recht als eine optische Täuschung, und wir zweifeln nicht, dafs dies nicht eine von den glücklichen Inspirationen war, welche den genialen Menschen selbst dann die Wahrheit enthüllen, wenn sie der gründlichen Kenntnisse ermangeln. Beguelin bemüht sich in einem sehr interessanten, der Berliner Academie [2] vorgelegten Memoire zu zeigen, was Voltaire unter seinem Einfallswinkel verstehen wollte und uns zugleich jenes Factum zu erklären. Wir sind ganz der Meinung dieses Gelehrten und halten es ebenfalls für unmöglich, diesem Phänomen eine richtige Deutung zu geben, ohne die nähern es begleitenden Umstände zu kennen. Es war ohne Zweifel irgend eine Ursache vorhanden, welche die Empfindung des Grünen erzeugte, die Fensterscheiben des Louvre vielleicht und der schwarze Spieltisch mufsten auf diese Empfindung der complementären Farbe, d. h. des Rothen, also die Farbe des Blutes erwecken.

Statt uns mit der Anführung von dergleichen Beobachtungen noch länger aufzuhalten, überlassen wir es der eigenen Aufmerksamkeit des Lesers, selbst Beispiele dieser Art in der Natur aufzusuchen. Wir sind überzeugt, dafs er in den mannigfaltigen Farbenspielen, welche bei den verschiedenen Licht-Intensitäten statt finden, ein weites Feld des Studiums und der Bewunderung finden wird.

§. 14.

In der Reihe von Versuchen, welche wir bisher angeführt haben, war es immer der gänzliche oder relative Mangel des Lichtes, welcher die Empfindung der complementären Farben erweckte. Wenn wir aber, statt die Augen zu schliefsen, oder statt uns in einen ganz dunkeln oder minder beleuchteten Ort zu begeben, unsern Blick von irgend einem farbigen Gegenstand

---

[1]) Louis Vidal, dans sa vie du connetable Lesdiguières.

[2]) Bd. 2. Jahrgang 1771.

auf eine anders colorirte Fläche wenden, so werden wir nächst dieser neuen Farbe die complementäre der vorigen wahrnehmen und beide werden uns in einer Dinte erscheinen, welche gerade die Mischung der zu gleicher Zeit wahrgenommenen Farben sein wird. Angenommen z. B. wir hätten einige Zeit unsere Augen auf eine grüne Fläche gerichtet und plötzlich von da auf eine gelbe abgewendet, so würden wir neben dieser letztern Farbe noch die complementäre des Grünen, also das Rothe wahrnehmen, und die gelbe Fläche würde uns orangengelb (Mischung des Gelben und Rothen) erscheinen. Hätten wir unsern Blick auf eine blaue Fläche geworfen, so würde uns dieselbe anfänglich violet geschienen haben; d. h. die complementäre Farbe der erst gesehenen wird jedesmal die Wahrnehmung einer andern modificiren und wir werden statt der natürlichen Farbe der letztern eine Mischung dieser mit der complementären Farbe wahrnehmen. Der weifse und schwarze Grund machen keine Ausnahme von dieser allgemeinen Regel, und dies wird uns begreiflich machen, warum eine und dieselbe consecutive Farbe sich verschieden auf diesen beiden Gründen ausnimmt, wie wir es bereits im 5ten Versuche gesehen haben.

Die Einwirkung der consecutiven Farben-Empfindungen auf die prismatischen Farben ist von der höchsten Wichtigkeit für die Künste und Gewerbe, und können von den Künstlern und Kritikern gar nicht genug berücksichtigt werden. Hauptsächlich dürften sich die letztern sehr zu Herzen nehmen, dafs man ein Kunstwerk erst zweimal ansehen mufs, bevor man ein richtiges Urtheil darüber fällen kann, weil man immer noch eine kleine Zeit die secondäre Farbe fühlt und mit sich trägt.

§. 15.

Bis jetzt haben wir uns bemüht, die Art und Weise (also das Wie?) zu zeigen, auf die wir die complementären Farben wahrnehmen, und es würde noch die nächste Ursache (das Warum?) dieser Nachfolge anzugeben sein. Wir haben zu diesem Behufe eine grofse Menge von Theorien aufzustellen gesucht, aber bei einem tiefern Studium des Gegenstandes eben so wieder verworfen; und da wir uns nicht auf apriorische Erklärungsweisen einlassen wollen, so stehen wir lieber ganz davon ab, und begnügen uns mit der Auseinandersetzung der Facta.

Betrachten wir zunächst die Phänomena der Persistenz des auf das Auge gemachten Eindruckes, eine Erscheinung, mit der Jedermann so bekannt ist, dafs es uns genügend scheint, nur einige Augenblicke dabei zu verweilen. Wer hätte wohl nicht in seiner Kindheit, am Ofen oder Camine sitzend, sich einmal damit vergnügt, eine glühende Kohle schnell herumzudrehen, um einen feurigen Kreis oder einen Zickzack zu sehen. Man weifs, welche Lehre der Chevalier d'Arcy aus diesem Phänomen für die Dauer der Persistenz eines primitiven Eindrucks zu ziehen wufste. Er liefs nämlich eine Maschine machen, welche eine brennende Kohle schnell im Kreise herumbewegte, und machte dabei die Beobachtung, dafs das Auge statt des feurigen sich fortbewegenden Punktes einen vollkommenen Feuerkreis sieht, wenn jede Umdrehung sich in 8 Terzien ausführt [1]). Er schlofs hieraus, dafs der primitive Eindruck 8 Terzien im Auge fortbesteht. So dankbar wir aber auch die Resultate dieses sonst sinnreichen Versuches anerkennen, so können wir uns mit dieser ganz absoluten Zeitbestimmung doch nicht einverstanden erklären, vielmehr haben mehrere von uns öfters wiederholte Versuche einstimmig das Resultat ergeben,

> dafs die Persistenz des Eindruckes mit der Dauer des ihn hervorbringenden Einflusses in geradem Verhältnisse steht.

Gemeiniglich nennt man Persistenz das in jeder Beziehung unveränderliche Fortbestehen der durch irgend ein Reitzmittel hervorgebrachten Empfindung, nachdem dieses Reitzmittel aufgehört hat, zu wirken. Wenigstens haben d'Arcy, Darwin, Plateau und fast alle übrigen Autoren dieses Wort in dem ausgesprochenen Sinne gebraucht. Was uns anbetrifft, so werden wir genöthigt sein, den Begriff *Persistenz* von einem andern Gesichtspunkte aus zu betrachten und festzustellen.

---

[1]) Mémoires de l'Académie des Sciences, 1765. p. 439.

Wir haben in dem zweiten Versuche (§. 4.) gesehen, dafs das Sonnen-Phantom kaum einige Augenblicke in dem ursprünglichen Zustande vor unseren Augen verweilte, sobald man die Oeffnung schlofs, durch welche der Lichtstrahl hereinfiel. Das Bild veränderte seine Farbe; wurde nach und nach orange, roth, violet, u. s. w. Welchem Umstande aber diese Veränderung zuschreiben? augenscheinlich doch der Persistenz, welche durch den successiven Uebergang der Netzhaut in die vollkommene Ruhe verschiedene Modificationen erleidet.

Nach diesen Betrachtungen dauert die Persistenz nicht blofs während der Zeit, wo der empfangene Eindruck in demselben Zustande fortbesteht, sondern bis zum vollkommenen Uebergang der Netzhaut in die absolute Ruhe fort und umfafst alle die Erscheinungen, welche wir in diesem Zeitraum beobachtet haben [1]). Wir werden daher die oben bereits definirte Persistenz der verschiedenen Autoren eine *gleichartige* und diejenige, in welcher sich die verschiedenen Farben nach und nach empfinden lassen, eine *ungleichartige* Persistenz nennen.

§. 16.

Um die Eigenthümlichkeiten dieser gleichartigen und ungleichartigen Persistenz richtig aufzufassen, wollen wir unsere Aufmerksamkeit auf die Art und Weise richten, wie die gereizte Netzhaut wieder zur Ruhe übergeht. Zu diesem Behufe sind wir genöthigt, uns noch einmal auf unsere obigen Experimente zu berufen. Man wird sich erinnern, dafs ein, durch die

---

[1]) Göthe versichert, (§. 41.) dafs sein Auge 90 Secunden bedurfte, um in die absolute Ruhe zurückzukehren, wenn er während 5 Secunden die Sonne betrachtet hatte. Purkinje sagt (p. 99): Im Allgemeinen zähle ich 20 Secunden auf eine Secunde primitiven Eindruckes. Was mich anbelangt, so stellte sich in meinen ersten Versuchen das Verhältnifs wie 1 : 15, in meinen letztern, wie 1 : 40. Hiernach scheint dies Verhältnifs für jedes Auge sich anders zu gestalten. So erzählt auch Buffon von einem seiner Freunde, der eines Tages die Sonne starr betrachtet hatte, dafs er während einiger Wochen Flecken vor seinen Augen wahrnahm und überall mit sich herumtrug.

Einwirkung eines bleibenden Lichtes, durch einen mechanischen Einflufs u. s. w. aufgeregtes Auge nach dem Aufhören der aufregenden Ursache noch eine Zeitlang ein Blendungsbild mit sich herumtrug, welches erst nach und nach verschwand. In diesem Verschwinden hat man aber keinesweges das gleichmäfsige Abnehmen an Stärke und Intensität wahrgenommen, wie dieses bei dem Erkalten eines erwärmten Körpers stattfindet (weil sich hierbei das weifse Blendungsbild durch die verschiedenen Abstufungen des Grauen gehend, verwischen würde); man sah im Gegentheil das Bild nach und nach in verschiedene Färbungen übergehen, woraus deutlich hervorgeht, dafs die gereitzte und im Abnehmen begriffene Retina, ihre verschiedenen constituirenden Functionen nach und nach verliert, die fortbestehenden Functionen aber nicht mehr dieselben Wahrnehmungen zu verursachen vermögen. Darum geht die ursprünglich weifse Farbe des Blendungsbildes nach und nach in gelb, roth und blau über, bis das letztere endlich in der Dunkelheit verschwindet.

Dies dürfte genügend sein, um einsehen zu lassen, dafs die Persistenz nicht dieselbe für die verschiedenen Farben-Functionen ist, dafs die vollkommene Thätigkeit des Gesichtsorganes, welche der Empfindung des Weifsen zu Grunde liegt, nur kurze Zeit nach dem Aufhören der Reitzung fortbestehen kann, während die Modification dieser Activität, welche das Gelbe empfinden läfst, dauernder, die des Rothen noch länger fortbestehend und die des Blauen am Beharrendsten ist. Es folgt hieraus, dafs eine Farben-Function nach dem Aufhören des stimulirenden Einflusses um so länger fortwirken kann, je weniger Aufwand der vitalen Activität sie verlangte; oder mit andern Worten: die *Persistenz der Farben-Empfindungen steht in geradem Verhältnisse zur Activitäts-Quantität des unmittelbaren Gesichts-Organes.*

§. 17.

Wir gehen jetzt zu einer andern Classe von Complementär-Farben über, welche nicht weniger wichtig als die bisher betrachtete sein dürfte. Ein kurzer Versuch wird uns dieselbe besser kennen lernen lassen, als eine lange Beschreibung.

Wenn man einen Schnitzel gelben Papiers auf einen weifsen Grund legt und während einiger Augenblicke unverwandt betrachtet, so wird man bald wahrnehmen, wie sich derselbe mit einem schönen violetten Kreise umgiebt. Entfernen wir hierauf den Papierschnitzel, ohne die Augen von der beobachteten Stelle abzuwenden, so wird uns das Bild desselben violet und der umgebende Kreis gelb erscheinen.

Dieser Versuch beweist, dafs die Complementär-Farbe sich nicht blofs *nach* dem Verschwinden, sondern auch *gleichzeitig* mit der primitiven Farbe empfinden läfst.

Bis jetzt haben wir die Complementär-Farben nur *in Beziehung auf Zeit* betrachtet, d. h. wir haben sie den primitiven Farben nachfolgen sehen; jetzt wollen wir dieselben in Beziehung auf Raum einer nähern Betrachtung unterwerfen und wir werden uns überzeugen, dafs, wenn irgend eine primitive Farbe sich in einem Punkte der Netzhaut fühlen läfst, die Complementär-Farbe sich gleichzeitig um den direct gereizten Punkt entwickelt.

Chevreul hat gezeigt, wie wichtig es ist, die gleichzeitige Erscheinung eines Farben-Paares von ihrer nachfolgenden Erscheinung zu unterscheiden; und Plateau, indem er die Entwickelung der nachfolgenden zur Seite der primitiven zeigt, hat uns eine Theorie geliefert, davon die Phänomene der farbigen Schatten, der Farben-Contraste und der Strahlen, welche so oft Gegenstand des Streites vieler Gelehrten waren, ganz einfache Folgen sind. Wir wollen einen flüchtigen Blick auf diese Phänomene werfen, um unsere Arbeit zu vervollständigen; die zuerstige Betrachtung des Weifsen uud Schwarzen wird uns den Schlüssel zu allen gleichartigen Phänomenen der übrigen Farben geben.

Wenn wir ein weifses Licht ansehen, das vor einem grauen Schirme aufgestellt ist, so wird uns die Farbe dieses Schirmes immer dunkler erscheinen, jenachdem wir das Licht unserem Auge näher bringen. Dasselbe wird stattfinden, wenn wir das Licht ruhig stehen lassen und uns demselben nähern; und wenn endlich der Eindruck auf unser Auge einen gewissen Grad erreicht hat, wird der Schein in der Dunkelheit ganz verschwinden [1]). Dieses Phänomen, auf welches wir wenig Acht geben, weil es sich fast täglich unter unseren Augen zuträgt, findet auch beim Ersteigen hoher Berge statt. Théodore de Saussure bemerkt, dafs ihm der Himmel auf dem Montblanc schwarz wie Dinte geschienen hätte, und Boussingault äufsert in seinem Briefe an Alexander von Humboldt [2]), dafs er während seiner Reise in den Anden Süd-Amerika's eine ähnliche Beobachtung gemacht: »als ich den Antisana bestieg, sagt er, erschien »mir der Himmel lange in seinem natürlichen Colorit, sobald ich »aber die Schnee-Linie passirt hatte, nahm er eine ganz schwarze »Farbe an, was meinen Führer sehr in Schrecken setzte. Am »Abend desselben Tages waren wir beide von einer Augen-»Entzündung befallen. Als ich den Cotopaxi bestieg, versah ich »mich und meinen Führer mit farbigen Augengläsern. Nachdem »wir während fünf Stunden eine Höhe von 5,716 mètres er-»reicht hatten, erschien uns beim Wegnehmen dieser Gläser der »Himmel in seiner gewöhnlichen Farbe. Auf dem Chimborasso »haben wir denselben Himmel wie in Quito und Rio-Bomba »gefunden. Ich glaube daher, dafs die Verschiedenheit der Farbe »des Himmels durch die Vergleichung der Schnee-Farbe mit der »des Himmels und der Ermüdung unserer Augen entstanden ist, »wodurch sich auch die Entzündung derselben erklären dürfte.«

Wenn ein farbiges Licht sich auf einem Punkte der Netzhaut fühlen läfst, so fühlt man seine complementäre Farbe um den gereizten Punkt herum zu gleicher Zeit, wie wir den schwarzen Schatten um das weifse Licht herum in dem eben beschriebenen Versuche gesehen haben. — Im Winter kommt es oft vor, sagt Göthe, dafs wir unser Zimmer vor der eingetretenen Dunkelheit der Nacht erleuchten. Wenn wir weifse Vorhänge vor den Fenstern haben und durch eine Spalte oder irgend eine in dem Fensterrahmen angebrachte Oeffnung den Schnee auf den

[1]) Die Intensität des Lichtes wächst in umgekehrtem Verhältnisse zu dem Quadrate der Entfernungen. Das Gefühl der den Lichtpunkt umgebenden Finsternifs wächst in demselben Verhältnifs.

[2]) Poggendorf's Annalen. Bd. 34.

Dächern betrachten, so wird uns derselbe bläulich erscheinen, was sich sehr leicht daraus erklären läfst, dafs das Wachslicht den Vorhängen einen gelben Schein mittheilt, wovon blau die Complementär-Farbe ist.

Noch beweisender ist der von Dr. Capitaine zuerst angestellte Versuch [1]). Wenn man eine mit einem dunkelgrauen Flecken versehene, hell beleuchtete weifse Fläche betrachtet, so wird dieser Flecken bald anfangen, sich zu erhellen und zu färben, während die weifse Fläche sich verdunkelt und ebenfalls färbt; und wenn man hierauf die Augen schliefst, wird man das nachfolgende Phänomen wahrnehmen.

Zuerst	wird	die	weifse Fläche	gelb,	der	graue Flecken	indigo
dann	"	"	"	grün	"	"	roth
hierauf	"	"	"	blau	"	"	orange

erscheinen, und endlich wird sich Alles vermischen und gänzlich verschwinden.

§. 18.

Nach dem, was wir über den Ursprung der secondären Farben gesagt haben, welche sich um den primitiv gereizten Punkt der Netzhaut wahrnehmen lassen, ist es einleuchtend, dafs zwei nebeneinander befindliche Farben einen gegenseitigen Einflufs auf einander ausüben werden, und dafs von diesem Einflusse die Wirkung abhängig ist, welche sie auf uns machen. Von diesem wichtigen Umstande hängt das magische Gefühl ab, welches die Malerei auf uns ausübt, und dessen Ursache zu ergründen, das Genie seit Jahrhunderten sich vergebens bemüht hat. Die Regeln und die gegenseitige Lage der Farben sind zwar anerkannt und allgemein adoptirt worden, aber sie hingen von einem angebornen Geschmacke ab, und niemand wufste diese Regeln auf feste und unveränderliche Principien zu basiren, obgleich man immer fühlte, dafs dieselben *nicht von Menschen erfunden waren, sondern in der Schöpfung ihren Grund fanden.* [Gall [2])]

---

[1]) Capitaine, considérations sur les sens et leur classification (Thèse présentée à la Faculté de Médecine de Paris 1832).

[2]) Siehe vol. 4. p. 69.

Chevreul hat das Verdienst, diese mobilen Principien zuerst aufgefafst zu haben, und wir wollen hier kurz die Resultate seiner vortrefflichen Untersuchungen angeben [1]).

Chevreul fühlte, dafs das Auge die einzige Quelle der Farben sei und dafs man die Ursache davon im Gesichts-Organe suchen müsse, wenn unter gewissen Umständen die Farben einen gegenseitigen Einflufs auf einander ausüben. Er fühlte sehr wohl, dafs es nicht genüge, nur die Farben des prismatischen Spectrums neuen Untersuchungen zu unterwerfen, um ihre gegenseitigen Beziehungen zu erforschen. Er zog daher das folgende Verfahren vor: Er legte Streifen verschiedenartig gefärbter Stoffe nebeneinander, und beobachtete die Wirkung, welche dieselben auf das Auge hervorbrachten, so wie die Modificationen, welche jede von ihnen zur Seite einer andern erlitt. Er verglich ihre wahre Farbe mit der durch den Contrast erzeugten, und nachdem er unzählige Male dieselben Versuche angestellt hatte, gelangte er endlich zu der Ueberzeugung:

dafs das Auge sich bemüht, zwei zu gleicher Zeit gesehene Farben so verschieden als möglich zu sehen.

Wenn man z. B. einen Streifen rothen Papieres neben einen von blauem Papier legt, so wird das Roth gelblich, das Blau grünlich erscheinen. Die Ursache dieses Phänomens ist leicht einzusehen, wenn man sich erinnert, dafs die complementäre Farbe einer jeden sich mit der primitiven der andern vereinigt, wodurch diese letztere natürlicher Weise modificirt wird. Man könnte annehmen, dafs durch den Anblick zur Seite liegender Farben die primitive graue Farbe sich in zwei andere zerlegt und dafs wir mehr diese Zersetzung fühlen als die an einander gelegten Farben, welche sie hervorbringen..

Wenn wir statt zweier willkührlich gewählten zwei Complementär-Farben neben einander legen, z. B. Roth neben Grün, Blau zur Seite des Orange, so werden sie sich gegenseitig heben, und wir werden sie in einem vollkommenen Contraste sehen. Aber man fühlt wohl, dafs es schwer ist, in den uns umgebenden Gegenständen

[1]) Sur l'influence mutuelle des deux couleurs juxta-posées (Mémoires de l'Académie des Sciences 1832 p. 451).

zwei vollkommen complementäre Farben zu finden; es ist das Auge, welches hier zu Hülfe kommen mufs.

Zwei zusammengesetzte Farben, welche ein gemeinschaftliches Element haben, verlieren viel mehr als die übrigen durch den Contrast z. B. Grün und Orange, Blau und Violet u. s. w.

Nach dem bisher Gesagten mufs das Weifse, indem es das Schwarze als Complementär-Farbe hervorruft, nothwendiger Weise den Ton der mit ihm in Beziehung gesetzten Farben herabstimmen, während das Schwarze im Gegentheil ihnen eine gröfsere Lebhaftigkeit verleihen wird. Die Erfahrung stimmt mit dieser Theorie so sehr überein, dafs es keines augenscheinlichern Beweises bedarf.

Es ist bekannt, dafs jede Farbe, so wie jeder Musikton einen moralischen Einflufs auf uns ausübt: die Farben anlangend, so hat man das Weifse als Symbol der Unschuld und das Schwarze als Zeichen der Trauer angenommen, man hat die Könige mit Purpur bekleidet u. s. w. Sobald der Effect einer Farbe veränderlich ist, wenn er von einer zur Seite der letztern angebrachten Farbe abhängt, so ist natürlicher Weise die primitive Wirkung, d. h. diejenige, welche wir symbolisch einer jeden Farbe beilegen, unendlichen Modificationen unterworfen, und man wird nun leicht begreifen, wie es möglich ist, dafs der geschickte Maler durch ein glücklich gewähltes Colorit unsere Gefühle ebenso beherrscht, wie es die Harmonie der Töne, wie es die Rede des Dichters vermag.

§. 19.

Noch weit interessantere Betrachtungen, welche man zu derselben Classe zählen könnte, bieten uns die farbigen Schatten dar, welche, seitdem Leonhard da Vinci und Rumford die Aufmerksamkeit darauf gerichtet, unsere Künstler und Gelehrten schon so lange Zeit beschäftigt haben. Rumford, besonders Zchokke, Münchow u. s. w. haben über diesen Gegenstand verschiedene Theorien aufgestellt, über deren Werth die Gränzen dieses Werkchens nicht zu discutiren erlauben. Bevor wir aber unsere Meinung über diesen Gegenstand aussprechen, sei es uns erlaubt, ein Beispiel hierzu anzuführen, welches wir wieder aus den Gebirgs-Scenen entnehmen, da hier die Natur uns dieselben in ihrer gröfsten Pracht wahrnehmen läfst [1]).

Befinden wir uns bei heiterem Himmel an dem Genfer-See und betrachten beim Untergange der Sonne die Gipfel der Berge, so sehen wir die westliche Seite derselben sich mit einem herrlichen Purpur überziehen, während der mit ewigem Schnee bedeckte Montblanc eine Purpur-Orangefarbe annimmt. Kurz hierauf begrenzt sich diese Färbung, je nachdem die Sonne in die Thäler versinkt, welche alsdann mit den Gipfeln der Berge einen auffallenden Contrast bilden. Kurze Zeit darauf sind die niedrigeren Berge mit einem Schatten umhüllt, ihr Purpur verwandelt sich in Blau, ihre Formen verlöschen sich, und indem sich dieselben nach und nach in einen bläulich grauen Schein einhüllen, hat man Mühe, sie von einander zu unterscheiden. Der Montblanc allein bleibt noch erleuchtet, und die ihn umgebende Nacht selbst trägt zur Erhöhung dieser Erleuchtung bei. Wenn in diesem Augenblicke sich eine Wolke hinter demselben erhebt, so nimmt er den Glanz einer Kohlengluth an. Bald darauf (ungefähr eine Viertelstunde später, als in dem Genferthale) verschwindet auch die Sonne für diese höhern Regionen, der Montblanc nimmt einen bläulich weifsen Wiederschein an, sein Gipfel scheint abgeplattet und sein nunmehriger Anblick gleicht dem, welchen er einige Minuten vorher hatte, wie ein lebloser Körper einem gesunden und kräftigen gleicht. Die todte Färbung des Gebirges findet ihren Grund in den in der Luft befindlichen Dünsten, welche sich bei den letzten Strahlen der untergehenden Sonne in Purpur färben. Endlich bei Annäherung der Nacht verschwinden alle diese verschiedenartigen Färbungen, der Montblanc nimmt seine Orange- und die ihn umgebenden Berge ihre Purpurfarbe wieder an, durch den Einflufs eines gewissen in der Luft befindlichen Scheines, welcher sich über das Gebirge breitet und den Gegenständen fast dieselben Nüancen giebt, wie die Sonne bei ihrem Untergange, die jedoch dunkler, finstrer und ernster ercheinen.

---

[1]) Siehe Necker's Brief au Sir Brewster (London and Edinb. Philosophic. Magazin vol. I. p. 332.

Dieses sind die Phänomene, welche den Untergang der Sonne in den Gebirgen begleiten, deren Quelle wir nur in unserem Auge zu suchen haben; dieses allein ist der geheimnifsvolle Zauberer, welcher so viel Wonne über die Aufsenwelt verbreitet. Die Natur, immer bewunderungswürdig in ihren Productionen, entfaltet täglich beim Auf- und Untergang der Sonne ihre unermefslichen Reichthümer und Farben-Wunder, aber der menschliche Verstand ist unfähig, sie in ihrer mannigfaltigen Verschiedenheit aufzufassen, sie in ihrem Zusammenhange zu würdigen. Um diese Erscheinungen in seinen Versuchen studiren zu können, ist er genöthigt, sie zu isoliren, zu analysiren, sie zu zergliedern und auf diese Weise die magische Wirkung ihrer hinreifsenden Harmonie zu zerstören. Nur durch dieses Opfer kann er zur Wahrheit gelangen und die Phänomene in ihrem vollkommenen Lichte erblicken. Und somit sind auch wir genöthigt, zu folgenden Versuchen unsere Zuflucht zu nehmen.

Nimmt man eine Bleifeder und hält sie so vor einen Bogen weifsen Papieres, dafs sie auf der einen Seite von dem schwachen Lichte der Abend-Dämmerung und auf der andern durch eine Wachskerze erleuchtet ist, so wird man auf dem Papiere zwei Schatten wahrnehmen, wovon der eine nach der Seite des Kerzenlichtes hin, orangenfarben und der, nach der entgegengesetzten Seite hin, blau erscheinen wird. Das Papier selbst nimmt natürlich die Mischung dieser beiden Lichter an. Wenn aber irgend ein Körper den Einflufs eines dieser beiden Lichter aufhebt, so wird man in dem Schatten dieses Körpers die Seele des andern wahrnehmen, und der Contrast dieser Farbe mit der der ganzen Papierfläche wird den Ton der erstern noch mehr erhöhen.

Um sich von dem Einflufs dieses Contrastes zu überzeugen, wolle man den Versuch im Grofsen machen. Man stellt zu diesem Behufe gegen Abend ein grofses Licht vor der, neben einer Mauer befindlichen Säule auf, worauf sich auf der Mauer sogleich die beiden Schatten verzeichnen werden. Betrachtet man hierauf den Rand des einen oder andern Schattens durch eine Röhre, so wird man sie in der ihnen eigenthümlichen Farbe wahrnehmen, richtet man aber die Röhre auf die Mitte des

Schattens, so wird man die Farbe weit schwächer als in dem vorhergehenden Falle finden.

Um Schatten verschiedener Färbung hervorzubringen, genügt es auf einen grauen Schirm zwei verschieden gefärbte Strahlen fallen zu lassen. Man verschafft sich dieselben, indem man das gewöhnliche Kerzenlicht durch zwei gefärbte Gläser dringen läfst, und in einer gewissen Entfernung vom Schirme einen undurchsichtigen Körper aufstellt. Bedient man sich hierzu eines orangegelben und eines blauen Glases und setzt ein jedes derselben vor einer Wachskerze auf, so erhält man auf dem Schirme dieselben Resultate, wie in dem vorhergehenden Versuche, d. h. das orangenfarbige Glas wird auf der Seite des blauen Glases einen blauen Schatten und das blaue Glas auf der Seite des orangefarbenen einen orangefarbigen Schatten werfen. Setzen wir jetzt an die Stelle des blauen Glases ein anderes von derselben Farbe aber heller, so wird der orangenfarbige Schatten, (welcher sich wohlverstanden auf der Seite des unverrückt stehen gebliebenen orangefarbigen Glases befindet,) eine röthliche Färbung annehmen. Ersetzt man das blaue Glas durch ein violettes, so wird der erwähnte Schatten grünlichgelb werden. Ein rothes Glas würde ihn in bläulichgrüner, ein gelbes in blauer, ein grünes in violetter Farbe erblicken lassen u. s. w. [1])

In allen diesen Veränderungen blieb das orangenfarbene Glas unverändert auf seinem Platze stehen und dennoch veränderte sich die Färbung des auf seiner Seite gelegenen Schattens, je nachdem man das zweite Glas durch ein anders gefärbtes ersetzte. Dieses so oft vertauschte Glas, sollte man glauben, könnte nur auf die Farbe des Schirmes einen Einflufs ausüben, während wie wir sehen, der Schatten auf der Seite des unverrückt stehen gebliebenen orangefarbenen Glases eben so oft einer Veränderung unterlag, als man das andere Glas vertauscht hatte. Es ist also augenscheinlich, dafs die Farbe des Schattens von der Farbe des Grundes (der Bildfläche) abhängt und sie zusammengesetzt ist: 1tens aus der Farbe des Lichtes,

---

[1]) Pohlmann's Theorie der farbigen Schatten. Poggendorf's Annalen. Band 37. p. 319.

durch welches der Schatten erhellt worden ist, und 2tens aus der Complementär-Farbe des angewandten Glases.

Wir glauben aus diesen mit der gröfsten Sorgfalt angestellten Versuchen den Schlufs ziehen zu können, dafs die gefärbten Schatten von zwei Ursachen abhängen, deren eine objectiver, die andere aber subjectiver Natur ist.

Die Erste ist die Gegenwart zweier Lichter von verschiedener Farbe.

Die Zweite ist die Erscheinung einer Complementär-Farbe neben der in der Netzhaut primitiv erzeugten.

§. 20.

Das über die Complementär-Farben Gesagte dürfte wohl eine genügende Andeutung der ausgedehnten Anwendung sein, welche daraus für die Künste und Handwerke gezogen werden kann.

Chevreul hat es übernommen, diese wichtige Aufgabe in seinem Werke: »De la loi du contraste simultané des couleurs et de ses applications. Paris 1839.« zu lösen. Wir können nicht besser thun, als die Wifsbegierigen auf diese höchst interessante Abhandlung zu verweisen, und uns damit begnügen, hier nur einen Blick auf die medicinische Anwendung dieses Gegenstandes zu werfen.

Verschiedene Personen, welche wegen einer zu grofsen Empfindlichkeit ihrer Augen für das Licht sich der gefärbten Augengläser bedienen, haben uns wiederholentlich versichert, dafs sie während einiger Augenblicke alle Gegenstände unter der Complementär-Farbe ihrer Gläser sehen, wenn sie diese letztern bei heller Tageszeit abnehmen. Sind nämlich die Gläser blau, so erscheinen die Gegenstände gelblich wie von der Sonne erleuchtet, sind sie dagegen grün, so nehmen sie einen röthlichen Schein an, als wären sie durch eine Feuersbrunst erhellt [1]). Wenn die in Rede stehenden Personen sogenannte

[1]) Neulich habe ich Gelegenheit gehabt, den unter den deutschen Augenärzten wohl bekannten Albinos Camper zu examiniren, und er versicherte mich, dafs er wegen dieser consecutiven Erscheinung keine grünen Gläser vertragen kann.

Glotzaugen haben, oder ihre Gläser zu klein oder schlecht angebracht sind, so nehmen sie noch das Licht wahr, welches aufserhalb des Umfanges ihrer Gläser auf die Augen eindringt. Für diesen Fall scheint ihnen das Licht gefärbt und zwar complementär zu dem der Augengläser: sind diese z. B. blau, so scheinen sie von einem gelblichen Kreise umgeben. Ich kann nicht versichern, ob die grünen Augengläser auch einen röthlichen Schein in ihrem Umkreise wahrnehmen lassen; sie werden nur noch selten angewendet und ich habe daher keine Gelegenheit gehabt, ihre Wirkungen wahrzunehmen. Es scheint indessen, dafs dieser röthliche Rand wohl nicht gut Statt haben kann, weil, wie wir es weiter oben (§. 7.) gesehen haben, die Grenzen des Sehfeldes nicht fähig sind, die Empfindung der rothen Farbe zu erwecken.

Diese wenigen Worte dürften hinlänglich beweisen, dafs man bei der Verordnung und respectiven Anwendung von farbigen Gläsern gar nicht vorsichtig genug sein kann. Mehrjährige Beobachtungen haben uns gezeigt, dafs dieselben wegen ihrer fehlerhaften Constitution, ihrer unzweckmäfsigen Anwendung und am meisten, weil man sie nicht nach und nach durch hellere ersetzt, um die Augen stufenweise an den Einflufs des Lichtes zu gewöhnen — statt die übermäfsige Empfindlichkeit des Auges zu beseitigen, sie weit häufiger noch vermehren.

Auch haben wir namentlich bei den mit einer nervösen Amblyopie behafteten Personen wahrgenommen, dafs die Erscheinung der Complementär-Farben zur Seite der primitiven eines der häufigsten Symptome bei ihnen ist. Unsere Beobachtungen hierüber erstrecken sich meistens auf Putzmacherinnen und besonders auf junge Mädchen in Paris, welche sich mit der Anfertigung künstlicher Blumen beschäftigen und theils bei uns theils in der Sichel'schen Clinik wegen der beginnenden Amblyopie ärztliche Hülfe suchten. Diese Personen, unausgesetzt in farbigen Stoffen arbeitend, konnten leichter als alle übrigen ihren Fehler wahrnehmen und uns hierüber die bestimmtesten Aufschlüsse ertheilen. Eine dieser Frauen hat uns versichert, dafs, wenn sie einen Blick auf ihren schwarzen seidenen mit Violet gestickten Shawl würfe, es ihr schiene, als befänden sich gelbe Blumen in der Stickerei. Auch scheint bei diesen Personen der primitive Eindruck des Lichtes öfters mit ungewöhnlicher Hartnäckigkeit zu persistiren. Eine von ihnen trug länger als 3 Wochen vor ihren Augen das Bild eines Feuerwerks mit sich herum, welches sie im Tivoli-Garten hatte abbrennen sehen. Dieses im Anfange weifsliche Bild wechselte später seine Farbe in derselben Ordnung, wie wir es in unseren obigen Versuchen gesehen haben und dabei fanden noch verschiedene Nüancen statt, jenachdem sich die Person im hellen Tageslichte oder in der Dunkelheit befand.

Wir werden in der Folge dieser Arbeit noch einmal auf diesen Gegenstand zurückkommen und hoffen ihn dann noch näher aufzuklären.

§. 21.

Bevor wir diesen physiologischen Theil unseres Memoire's beenden, wollen wir noch einmal kurz die Resultate zusammenfassen, welche wir bisher erhalten haben. Wir haben gezeigt:

1) Dafs jeder Einflufs, der auf das unmittelbare Gesichtsorgan einwirkt, die Empfindung einer Farbe hervorruft.

2) Dafs dieses unmittelbare Gesichtsorgan aus zwei Theilen besteht: *a)* einem peripherischen, welcher seinen Sitz in der Augenhöhle hat und mit der Aufsenwelt in Beziehung steht; *b)* einem centralen, welcher sich im Gehirn befindet und die Wahrnehmungen veranlafst.

3) Dafs die Farben weiter nichts als Urtheile sind, welche das Sensorium über die Lebensprocesse fällt, die in der Retina Statt haben, und dafs diese Urtheile ausschliefslich von der Thätigkeit des Gehirns abhängig sind. Wir haben aus diesem Grunde die Wirkung der Netzhaut eine *hervorrufende* und die des Gehirnes eine *bestimmende* genannt, aber auch zu gleicher Zeit gezeigt, dafs die Wirkung der Netzhaut zur Empfindung der Farben nicht unentbehrlich ist.

4) Die Untersuchung der die Farben wahrnehmenden Functionen hat uns gezeigt, dafs die vollkommene Thätigkeit des Cen-

tral-Gesichtsorganes die Wahrnehmung des Weifsen und die absolute Unthätigkeit desselben die des Schwarzen giebt, während die Functionen, welche das Gelbe, Rothe und Blaue wahrnehmen lassen, zwischen diesen beiden Gränzen liegen.

5) Das Organ, welches die Erscheinung wahrnimmt, hat das Bestreben, jedesmal in seiner Gesammt-Thätigkeit zu wirken, und sobald die Netzhaut nur einige Partial-Functionen in Thätigkeit setzt, so werden die übrigen durch irgend eine Ursache ungereizt gebliebenen Functionen sich bestreben, sogleich von selbst in Thätigkeit zu treten: daher die primitiven und die consecutiven oder Complementär-Farben.

6) Die Complementär-Farben finden nicht blofs in Bezug auf Zeit, sondern auch in Rücksicht des Raumes Statt, d. h. sie erzeugen sich nicht nur *nach*, sondern auch *gleichzeitig* mit den primitiven Farben, wie wir es in den Phänomenen des Contrastes, der farbigen Schatten u. s. w. gesehen haben.

7) Die Farben-Functionen besitzen nicht alle dieselbe Persistenz: je mehr Aufwand der vitalen Activität irgend eine Function verlangt, desto länger kann sie freiwillig fortspielen, nachdem der stimulirende Einflufs, welcher sie hervorbrachte, zu wirken aufgehört hat.

Dieses sind die wesentlichsten Punkte unserer Arbeit: wir wollen sie jetzt von einem andern Gesichtspunkte aus betrachten, indem wir sie auf Beweise stützen, die wir aus angebornen Fehlern und den krankhaften Zuständen des Farbengefühls ziehen werden.

Bevor wir jedoch diesen neuen Weg betreten, möge es uns erlaubt sein, noch eine Frage von der höchsten Wichtigkeit zu berühren, welche zugleich als Uebergang zum zweiten Theile unseres Memoire's dienen wird.

§. 22.

Worin besteht die Empfindlichkeit und die Unempfindlichkeit für die Farben?

Diese Frage wird hier ganz am rechten Orte erscheinen, wenn man erwägt, dafs es Personen giebt, welche die geringsten Farben-Nüancen unterscheiden, während andere nur grofse und auffallende

Verschiedenheiten wahrnehmen, und manchen die Empfindung der Farben fast gänzlich abgeht. Nach unserer bereits vielfältig ausgesprochenen Ansicht kann man diese verschiedenen Grade von Farben-Emdfindlichkeit nur der ungleichen Thätigkeit und Beweglichkeit der Netzhaut und desjenigen Theiles des Gehirns zuschreiben, welcher die Gesichts-Functionen versieht. Wenn die Netzhaut im Stande ist, unter verschiedenen auf sie wirkenden Einflüssen eine verschiedene Gegenwirkung auszuüben; wenn diese Gegenwirkung selbst für die zartesten Nüancen der Wirkung sich scharf und bestimmt ausspricht, und wenn das Gehirn seinerseits diese Feinheit der Netzhaut theilt: so wird es nothwendiger Weise auch Verschiedenheit in den Urtheilen geben. Und ein auf diese Weise organisirtes Auge wird eine Unendlichkeit von feinen und beinahe unmerklichen Nüancen unterscheiden, wo ein anderes, weniger von der Natur begünstigtes oder weniger geübtes Auge nur eine einzige Farbe wahrnimmt. Ich habe z. B. eine Dame gekannt, welche, indem sie in meiner Gegenwart eine Rose besichtigte, auf das bestimmteste versicherte, dafs sie kaum zwei Blätter derselben fände, welche sich rücksichtlich der Farben vollkommen glichen, während ich höchstens fünf Nüancen in der ganzen Rose wahrnahm.

Bis zu einem gewissen Punkte hängt die Empfindlichkeit für die Farben eben so wie der gröfste Theil der übrigen Functionen, nur von der Uebung ab, und wir sind überzeugt, dafs man diesem Fehler der Natur häufig durch eine entsprechende Erziehung abhelfen könnte. Seitdem ich mich mit den Farben beschäftige, bin ich genöthigt worden, eine grofse Menge von Versuchen anzustellen wodurch meine Augen eine solche Empfindlichkeit für die Farben erlangt haben, dafs sie mir zuweilen höchst lästig wird.

Wir werden später diesen Gegenstand noch einmal berühren und zwar im zweiten Theil dieser Abhandlung bei Gelegenheit des ärztlichen Verfahrens bei der angebornen Unempfindlichkeit für die Farben.

Zweiter Theil.

Von den

angebornen Unvollkommenheiten

der

Farben-Empfindungen.

§. 23.

Es giebt Personen, deren Augen unfähig sind, die Farben zu unterscheiden. Sie erkennen die Form der Gegenstände und unterscheiden das Licht von der Dunkelheit; sie nehmen selbst die geringsten Abstufungen des Lichtes wahr: aber sie verkennen die Farben. Ihre für gewisse Nüancen unempfindliche Netzhaut ist unfähig, diese erstere auf das Gehirn zu übertragen. Die Natur entzieht ihnen also die Hälfte ihrer Schönheiten und gewährt ihnen nur einen eintönigen, gleichförmigen Anblick; oder, wenn sie im Stande sind, einige Farben wahrzunehmen, so ist die davon erhaltene Kenntnifs so unsicher, so unvollkommen, dafs sie auf keine Weise mit derjenigen verglichen werden kann, welche ein vollkommen gesundes Auge den Menschen verschafft.

Diese Unempfindlichkeit für die Farben ist es, welche uns in diesem zweiten Theile unserer Abhandlung beschäftigen soll; wir werden diesen Mangel in allen seinen Verschiedenheiten, in allen seinen Nüancen und in allen seinen Einzelnheiten betrachten.

Die Gelehrten haben dieser Unvollkommenheit oder diesem Fehler des Gesichts-Organes verschiedene Namen gegeben, Göthe hat vorgeschlagen, sie Akyanoblepsie (ἀκυανος, βλεψώ) zu nennen, weil es genügt, sagt er, die Nichtempfindung des Blauen zuzulassen, um sich die grofse Farben-Verwirrung zu erklären, welche bei den, von dieser Anomalie behafteten Personen stattfindet. Wir werden jedoch in der Folge sehen, dafs die Function des unmittelbaren Gesichts-Organes, auf welcher die Empfindung des Blauen beruht, keineswegs vorzugsweise dieser Unvollkommenheit unterworfen ist, oder gänzlich fehlt. Die Function des Rothen befindet sich, wenn nicht noch öfter, doch wenigstens eben so oft in demselben Falle, und die verschiedenen Farben-Verwirrungen erklären sich daher durch die verschiedenen Grade von Unthätigkeit einer dieser beiden Functionen.

Wardrop [1]) giebt dieser Anomalie den Namen »Farbiges Sehen (coloured-vision)«. Es wundert uns, dafs dieser berühmte Schriftsteller ihr eine Benennung beilegt, welche eher die deutliche Wahrnehmung, als die mangelnde Empfindung der Farben anzeigt. Unserer Meinung nach ist dieser Ausdruck ein Widerspruch.

Purkinje belegt diese Unvollkommenheit zum Theil mit dem Namen: Chromatodysopsia, zum Theil mit dem Namen: Anerythroblepsie, jenachdem sich diese Unvollkommenheit mehr auf die blaue oder rothe Farbe bezieht [2]).

Rust wendet den Namen: Chromatometablepsie an [3]).

Der gebräuchlichste Name ist Achromatopsie (ἀχρωμα οψ). Heling, welcher denselben zuerst vorschlug, wollte damit die absolute Unempfindlichkeit des Auges für die Farben bezeichnen. Wir werden diesen Fehler zwar in dem pathologischen Zustande des Auges antreffen, indefs ist der Fall einer angebornen, gänzlichen Unempfindlichkeit so selten, dafs es unpassend erscheint, daraus eine allgemeine Benennung der verschiedenen Grade dieser Unvollkommenheit herzuleiten. Wir werden sie daher Chromatopseudopsie (χρωμα, ψευδος, οψ, —) nennen, ein Name, der von Sommer vorgeschlagen worden ist und schicklicher Weise mehr die Unvollkommenheitder Farben-Empfindung, als ihren Mangel anzeigt.

§. 24.

Das Auge ist dasjenige Organ des Menschen, welchem er den gröfsten Theil seiner Kenntnisse verdankt, und in welchem

---

[1]) Essay on the morbid Anatomy of the human Eye. London 1818. vol. 2. pag. 196.

[2]) Purkinje, im encyclopädischen Wörterbuche der medicinischen Wissenschaften. 1. Bd. Seite 252.

[3]) Handbuch der Chirurgie. 1. Bd. Seite 252.

sich der gröfste Theil dieser räthselhaften Eigenschaft befindet, welche uns mit der Aufsenwelt in Verbindung setzt und uns erkennen läfst, dafs wir nur einen unendlich kleinen Theil von der Unermefslichkeit ausmachen, welche wir Weltall nennen. Es ist daher kein Wunder, dafs das Auge ein Hauptgegenstand unserer Wifsbegierde, so wie der Gegenstand fleifsiger Untersuchungen und zahlreicher Theorien geworden ist; dafs man es in allen Einzelheiten seines Baues, in allen Nüancen seiner Functionen zu studiren gesucht hat. Und somit ist es auch von allen Organen unseres Körpers am besten gekannt. Durch die vielen Nachforschungen der Anatomiker, Physiologen, Optiker und Ophthalmologen sind wir so reich an Kenntnissen über das Sehvermögen, dafs uns fast nichts mehr zu wünschen übrig bleibt. Jede Eigenthümlichheit, so gering sie auch sein möge, ist mit der genauesten Sorgfalt beobachtet, mit einer solchen Präcision beschrieben und mit so vielem Eifer discutirt worden, dafs es mitunter schwer ist, sich in der Menge von Beobachtungen und Meinungen zurechtzufinden. Und in der Mitte dieser Menge von Beobachtungen und Meinungen, welche für die verschiedenen Zweige der Kenntnisse des uns beschäftigenden Organes aufgestellt sind, ist dennoch die Farben-Frage und besonders die Unempfindlichkeit für die Farben fast gänzlich in Vergefsenheit gerathen.

Vergebens haben wir in alten und neuern Schriftstellern Aufschlufs über diese Materie gesucht, und wenn wir auch hin und wieder einige Bemerkungen und wenige, mitunter sehr genaue Beobachtungen fanden, so waren doch kaum einige Spuren eines vollständigen und systematischen Werkes, einer auf Thatsachen gestützten Theorie vorhanden. Wir haben daher alle in der Literatur zerstreuten Beobachtungen und Materialien gesammelt, mit unseren eigenen Erfahrungen und Beobachtungen verglichen und daraus ein Gebäude erbaut, eine Theorie zusammengestellt, die den Bedürfnissen unserer Zeit wohl vollkommen genügen dürfte, auf dessen Unerschütterlichkeit wir jedoch keinesweges Anspruch machen, da die Geschichte der Medicin schon so oft die anscheinend richtigsten Theorien hat umwerfen sehen. In wie fern wir diesen Zweck im Interesse der Wissenschaft erreicht haben, darüber möge der Leser selbst urtheilen.

Ueberzeugt, dafs Versuche und Beobachtungen die beiden sichersten Quellen des menschlichen Wissens sind, so ist es eine Reihe von genauen und glaubwürdigen Beobachtungen, auf welche wir unsere Untersuchungen über die Chromatopseudopsie stützen werden. Wir wollen daher erst die Materialien in Augenschein nehmen, welche uns bei unserer Arbeit als Basis gedient haben, und um sie leichter übersehen und prüfen zu können wollen wir sie in gewisse Classen zusammenstellen.

Erste Klasse.

§. 25.

Zunächst werden wir die Beobachtungen citiren, welche sich hauptsächlich auf die vollkommene Unempfindlichkeit für die Farben beziehen, d. h. die Geschichte von Individuen, welche weder Gelb, noch Roth, noch Blau zu unterscheiden vermögen, welche mit einem Worte keine klare und deutliche Idee von den Farben haben.

Eine sehr interessante Beobachtung dieser Art befindet sich in einem Briefe Hudart's, an Joseph Priestley [1], und gründet sich auf einen zehnjährigen, fast beständigen Umgang mit dem darin erwähnten Harris.

Beob. 1. Harris, Schuhmacher zu Mary-Port in Cumberland, urtheilte ohne Mühe über die Gröfse und Formen der Körper, aber er irrte sich beständig, wenn es sich um ihre Farben handelte. Er war überzeugt, dafs die verschiedenen Gegenstände den Augen anderer Personen irgend Etwas darboten, was sie mit Leichtigkeit erkannten und mit gewissen Namen belegten, was er selbst aber nicht zu unterscheiden und zu benennen vermochte, ohne sich zu irren. In seinem siebenten Jahre bemerkte er zuerst diese Unvollkommenheit seines Gesichtes. Er hatte nämlich einen Strumpf auf der Strafse gefunden und trat in ein

---

[1]) Philosophical Transactions of the royal Society of London, 1777. p. 260.

benachbartes Haus, um den Herrn seines Fundes ausfindig zu machen. Jedermann nannte diesen Strumpf einen rothen, eine Benennung, die für ihn gar keinen Sinn hatte und welche er ganz unnütz hielt: er glaubte sich deutlich genug auszudrücken, das Ding schlicht weg einen Strumpf zu nennen. Sein Gedächtnifs bewahrte jedoch diesen Umstand getreulich auf, und einige ähnliche Beobachtungen, welche er in der Folge machte, liefsen ihn endlich den Zustand seines Sehvermögens erkennen.

Da die Empfindung der Farben fast eine unserer ersten Wahrnehmungen ist, so mufs es ohne Zweifel auffallend erscheinen, dafs er nicht eher diesen Mangel seines Gesichtes bemerkt habe. Wenn man jedoch bedenkt, dafs seine Eltern Quäker waren, welche bekanntlich einer alten Sitte gemäfs, in ihren Wohnungen und Kleidungsstücken eine grofse Farben-Einförmigkeit beobachten, so wird das Auffallende dieser Thatsache bald verschwinden. Harris unterschied und erkannte selbst die entferntesten Gegenstände, sobald ihre Form genügte, um eine deutliche Idee davon zu geben; wenn aber die Gegenstände nur durch ihre Farbe erkennbar waren, so ermangelte er eines richtigen Urtheils. Seine Spielgenossen unterschieden schon in der Ferne die Kirschen auf den Bäumen, während er nichts als Blätter wahrnahm, und nur erst, wenn er nahe genug war, um über die Gröfse und Form urtheilen zu können, war es ihm möglich, die Früchte von den Blättern zu unterscheiden.

Er unterschied deutlich das Schwarze von dem Weifsen oder von einem hellen Lichte, und die übrigen Farben rangirte er nach ihrem hellern oder dunklern Scheine, zwischen diese beiden. Daher verwechselte er und benannte mit demselben Namen ganz verschiedene Farben, weil sie ihm denselben Glanz zu haben schienen. Er verwechselte keinesweges ein bunt gestreiftes Band mit einem einfarbigen, aber er unterschied die Farben nur wie Abstufungen einer mehr oder minder ausgedrückten Helle oder Dunkelheit.

Harris war ein äufserst vernünftiger Mensch, und sehr begierig, sich mit Wissenschaften und namentlich mit solchen zu bereichern, die Bezug auf Licht und Farben haben. Er hörte zu diesem Behufe selbst eine Vorlesung über Natur-Philosophie. Zwei seiner Brüder waren mit demselben Fehler geboren, während seine beiden anderen Brüder und seine beiden Schwestern frei von dieser Unvollkommenheit waren. Hudart traf einen jener beiden Brüder, welcher ein Fahrzeug in Mary-Port besafs, eines Tages in Dublin an und schlug ihm eine Untersuchung seines Gesichtes vor. »Da mir kein Prisma zu Gebote stand«, erzählt Hudart über diese Prüfung, »so fragte ich ihn, ob er schon einen Regenbogen gesehen hätte. Er versicherte, denselben schon oft beobachtet zu haben, und obgleich er alle seine verschiedenen Farben deutlich wahrnehme, so könne er sie doch nicht bei ihren Namen nennen. An einem ihm vorgehaltenen Bande unterschied er sogleich die verschiedenen Farben und versuchte sie zu benennen: Weifs bezeichnete er ohne Anstofs, aber Schwarz und Braun hielt er für Nüancen einer und derselben Farbe. Ich zeigte ihm einen grünen Streifen, und er äufserte, dafs ihm dies die Farbe zu sein schiene, welche man Gelb nennt. Roth nahm er für Blau und in dem ihm vorgehaltenen Orange glaubte er sicherlich, Grün zu erkennen. Ich fragte ihn endlich, ob er glaube, dafs Alles, was wir Farben nennen, nur verschiedene Nüancen des Weifsen und Schwarzen seien, oder, ob er der Meinung sei, dafs noch eine andere Verschiedenheit zwischen ihnen stattfände. Er zögerte mit der Antwort und äufserte dann, dafs er zwar noch irgend etwas Anderes wahrzunehmen glaube, jedoch sei ihm dies nicht klar genug, um sich Rechenschaft davon ablegen zu können.«

Das zweite uns von Rosier mitgetheilte Beispiel findet sich in seinen Observations sur la physique et l'histoire naturelle, vol. VIII. p. 87. année 1779.

Beob. 2. — »Diese Unvollkommenheit des Gesichtes, durch »welche die Farben als blofse Abstufungen des Lichtes oder »Nüancen des Weifsen und Schwarzen erscheinen, ist vielleicht »nicht so selten, als man glaubt. Collardeau fand ein grofses »Vergnügen an der Malerei und besafs im Lineal- und Kreide- »zeichnen eine ganz besondere Fertigkeit; sobald er sich aber »der Farben nach eigener Auswahl bediente, entstellte er jedes-

»mal seine Arbeit. Eines Tages wollte er den Hintergrund »seiner Bildfläche, auf welcher er einen Hund gezeichnet hatte, »blau anlegen und bediente sich für die dunkelsten Partien eines »grellen Rothes, glaubend, dunkelblau anzuwenden.«

»Dieser Mifsgriff, welcher immer Statt fand, wenn er nicht »Jemand zur Seite hatte, der ihm seine Farben auswählte, zeigte »sich auf eine höchst auffallende Weise in seinem eigenen Por»trät. Gleich die ersten Umrisse liefsen die frappanteste Aehn»lichkeit wahrnehmen, als es aber zu den Farben kam, trug er »Gelb auf Blau, Roth neben Grün, ohne von dieser Schmiererei »die geringste Ahnung zu haben. Er vollendete sein Werk mit »einer Sorgfalt und der Selbstgefälligkeit eines Menschen, der »sich der höchsten Stufe der Vollkommenheit nahe dünkt, und »sah in diesem Mischmasch einen wohlgehaltenen Schatten und die »feinsten Nüancen einer sauber aufgetragenen Dinte, während »das Ganze die geschmackloseste Farben-Zusammenstellung von »der Welt darstellte.«

Wir haben für die uns jetzt beschäftigende Cathegorie nur diese beiden Beispiele von Harris und Collardeau gefunden; der Fall des Bruders von Harris gehört weniger in diese Classe, und wir werden gehörigen Ortes Gelegenheit nehmen, noch einmal davon zu sprechen.

Der Zweck der Erzähler dieser beiden Beobachtungen war wohl eher der, eine physiologische Merkwürdigkeit mitzutheilen, als damit eine exacte Beobachtung zu liefern, deren man sich später als Beweis bedienen könne. Die Harris'sche Beobachtung scheint indessen diesen Vorwurf weniger zu verdienen, und sie ist vielleicht der einzige Beweis, welchen wir über das Dasein einer vollkommenen angebornen Achromatopsie haben. Bei der Collardeau'schen läfst sich nicht mit Gewifsheit behaupten, dafs er die Farben ganz und gar verkannte. Rosier bemerkt ausdrücklich, dafs er die drei primitiven Farben: Blau, Roth und Gelb verkannte; dafs er aber nothwendiger Weise eine Idee davon haben mufste, so undeutlich, so falsch sie auch sein mochte, dies ist einleuchtend; denn wozu hätte er sich sonst der Farben bedient?

Wir haben indessen dieses Beispiel mit dem vorhergehenden zusammengestellt, da es hier gleichfalls als Uebergang von der Achromatopsie zu derjenigen Art von Chromatopseudopsie dient, von welcher wir in der vierten Classe sprechen werden.

Zweite Klasse.

§. 26.

In der vorhergehenden Klasse der Chromatopseudopsie und besonders in der Harris'schen Beobachtung haben wir den gänzlichen Mangel der Wahrnehmung der eigentlichen Farben d. h. des Gelben, Rothen und Blauen gesehen. Wir haben bemerkt, wie statt der unzähligen Farben, welche sich dem wohlorganisirten Auge darbieten, in diesen Fällen nur eine Wahrnehmung des Weifsen und Schwarzen und ihrer verschiedenen Abstufungen stattfindet. Die Classe, von der wir jetzt reden werden, bietet mehr Verschiedenheit dar, und die ihr angehörenden Individuen erblicken eine Farbe mehr, nämlich Gelb. Sie haben also drei Empfindungen, *Weifs, Gelb* und *Schwarz.*

Aller Bemühungen ungeachtet, hat es uns nicht gelingen wollen, ein dieser Classe ausschliefslich angehöriges Beispiel ausfindig zu machen. Die von Harwey weiter unten aufgezeichnete Beobachtung entspricht noch nicht unseren Wünschen, da sie aufser den drei erwähnten Farben auch noch eine schwache Empfindung des Blauen darbietet. Das fragliche Individuum erkennt das Blau des prismatischen Spectrums, aber das eigentliche Blau ist für ihn das Blau des Himmels, obgleich er es nicht von dem Carmin unterscheiden kann. Und diese Empfindung des Blauen, so unvollkommen sie auch sein dürfte, erlaubt uns nicht, die in Rede stehende Beobachtung als ein Muster der zweiten Classe der Chromatopseudopsie aufzustellen. Unter mehr als hundert Fällen von Chromatopseudopsie, welche uns bekannt sind, findet sich auch nicht ein einziger, welcher den ausschliefslichen und absoluten Mangel der Wahrnehmung des Blauen darbietet. Diese Bemerkung ist um so auffallender, als sie der Göthe'schen Hypothese, welche der Unempfindlichkeit für das Blaue die Ursache der Farben-Verwirrungen zuschreibt, gerade entgegengesetzt ist. Obgleich diese Unvollkommenheit der Empfindung des Blauen nicht selten vorkommt, so haben wir sie doch immer in Gemeinschaft mit der mangelnden Wahrnehmung des Rothen gefunden und die von Göthe selbst angeführten Beispiele dürften zur Unterstützung unserer Aussage dienen.

Die nachfolgende Beobachtung ist uns von Harwey mitgetheilt worden [1]).

Beob. 3. J. B., sechzig Jahre alt, hatte in seiner Jugend bei einem Pachter die Oeconomie erlernt. Er verliefs hierauf sein Dorf, wurde Schneider und trat später bei der Marine ein, wo er mehreren Schlachten beiwohnte, dann den Dienst verliefs und wieder sein Schneiderhandwerk trieb. Schon seit seiner Kindheit hatte er bemerkt, dafs er die Farben nicht genau unterscheiden und mit ihren rechten Namen benennen konnte. Aufser den Unannehmlichkeiten, welche hieraus für sein Handwerk erwuchsen, war er noch des Genusses so vieler Vergnügungen des Lebens beraubt. Eine mit den reichsten Farben geschmückte Malerei bot ihm nur einen grauen, dunklen und geschmacklosen Anblick dar. Man sah ihn daher niemals in Gemälde-Ausstellungen, glänzenden theatralischen Darstellungen u. s. w. Er erinnerte sich, ein einziges Mal in seiner Jugend ein Panorama gesehen zu haben, wobei er sich im höchsten Grade unglücklich gefühlt hatte, da er nur einen dunkelen Nebel wahrnahm, während so viele ihn umgebende Personen sich an der Schönheit des herrlichen Schauspiels ergötzten. Die Natur, welche sich wegen ihrer Farben und unendlichen Nüancen zwischen Licht und Schatten dem wohlorganisirten Auge unter einem so schönen Colorit zeigt, gewährte ihm nur ein trauriges und lebloses Bild. Wenn die andern mit Bewunderung den Untergang der Sonne oder das schöne Farbenspiel des Regenbogens betrachteten, so fand er hierin weiter nichts, als eine Ursache, sein Unglück zu beklagen. In seiner Carriere als Marinesoldat befand er sich oft auf dem mittelländischen Meere, wo die gol-

---

[1]) Transactions of the royal Society of Edinburgh, vol. X. pag. 253.

dene Sonne und der schöne Himmel der Natur so oft einen Glanz und eine Pracht verleihen, welche den nördlichen Regionen gänzlich unbekannt ist; und diese erhabenen Scenen machten niemals den leisesten Eindruck auf ihn.

Er hatte eine richtige Idee von Weifs und Grau; er wählte eines Tages fünf Stück Tuch aus und ordnete sie nach der Intensität ihrer Farben. Beim Kerzenlicht konnte er Violet nicht von Grau unterscheiden, auch verwechselte er diese letztere Farbe mit dem Blau der Flachsblüthe..

Ein ihm vorgehaltenes Blatt schwarzes Papier hielt er für dunkelgrün gefärbt, und zwischen den Farben eines Stückes Basalt (grau) und einem Amphibole (grünlich) fand er keinen Unterschied. Sein Lehrmeister erzählt, dafs er bei einem zu nähenden Kleidungsstücke sich einmal carmoisinrother Seide, statt schwarzer, bedient habe, und dafs ihm öfters dergleichen Versehen vorgekommen wären.

Indigo und Berlinerblau waren schwarz für ihn, und das eigentliche Blau war, seiner Meinung nach, das Chinesische, obgleich er beide nicht vom Carmin unterschied. Er konnte ferner das Ultramarin-Blau nicht von rothem Siegellack unterscheiden. Wenn man ein Stück Tuch dieser letztern Farbe auf ein azurblaues Kleidungsstück legte, so meinte er, dafs beide Farben sich vollkommen glichen. Sein Meister versicherte, dafs er bei der Auswahl des Tuches Grün und Himmelblau niemals unterscheiden konnte. Eines Tages brachte ihm eine Frau den blauen Oberrock ihres Sohnes zum Ausbessern, und man denke sich ihr Erstaunen, als sie denselben am Ellbogen mit einem knallrothen Flicken versehen, zurück erhielt. Er nannte alle Nüancen der Purpurfarbe Blau; Dunkel-Purpur hielt er für Schwarz und die Lillafarbe für die Farbe des Bleies; er fand keinen Unterschied zwischen der Farbe eines Veilchens und der einer Pfirsiche. Aus alledem geht hervor, dafs er für Blau und Purpur dieselbe Empfindung hatte. Das Grün setzte ihn sehr in Verlegenheit. Ich verlangte eines Tages mehrere Kleidungsstücke verschiedener Nüancen dieser Farbe zu sehen, und man sagte mir später, dafs ihn meine Bitte sehr verlegen gemacht habe. Er wandte sich an einen jungen Mann, um mir das Verlangte zu holen, diesem war es jedoch verboten, hinauszugehen. Sein Principal, seine Verlegenheit bemerkend, beeilte sich, zwischen die grünen Kleidungsstücke noch mehrere andere von verschiedenen Farben zu legen und dieser trug hierauf mit einer ehrlichen Gutherzigkeit schwarze, dunkelrothe, dunkelbraune, lederbraune u. s. w. Kleidungsstücke herbei. Das Smaragdgrün nannte er Orange, auch machte er keinen Unterschied zwischen diesem und dem Grasgrün. Man zeigte ihm einen dunkelgrünen Flecken auf dem Rücken einer wilden Ente und er war sehr verlegen, die Farbe zu benennen; endlich meinte er, dafs es grün oder braun wäre. Dieselbe Antwort gab er, als man ihm Olivengrün vorzeigte. Ein anderes Mal war er von Jemand gebeten, in einer Sammlung zwei ähnliche Farben auszuwählen, und er bezeichnete Grün und Braun als solche. Diese sämmtlichen Thatsachen lassen schliefsen, dafs er nur eine unsichere Idee von dem Grünen hatte. Man zeigte ihm noch eine Reihe von Nüancen der grünen Farbe in dem Werke von Syme und er war sehr erstaunt, als man ihn aufforderte, diejenige Farbe zu bezeichnen, welche er für grün hielt, da nach seiner Meinung nicht eine einzige darunter war, welche ihm grün schien. Die dunkeln Nüancen schienen ihm braun: beim reinen Grün war er unschlüssig und das Hellgrün nahm er für Orange. Rücksichtlich der gelben Farbe war er weniger verlegen, und er betrachtete den Schwefel als das Prototyp dieser Farbe. Er unterschied das Orangegelb des Knoblauchs und das Grünlichgelb des Apfels: seine Ideen über diese Farbe stimmten im Allgemeinen mit denen anderer überein. Aber das eigentliche Orange machte ihm viel Mühe: er hielt die Farbe der Todtenblume für gelb; ein Stückchen Königsgelb (Schwefel-Arsenik) schien ihm orange, und er versicherte, Braun zu sehen, wenn man ihm Dunkel-Orange zeigte.

Was das Rothe anlangt, sei es Carmin, Carmoisin- oder Lackroth, so nannte er es immer Blau. Als man ihm eine grofse Löwenrachenblume zeigte, versicherte er, dafs der purpurrothe Rand ihrer Oberlippe von dunkler Farbe sei, und er glaubte, dafs er sich sehr wohl mit der Farbe eines schwarzen Kleides vergleichen liefse. Der mittlere Theil der Blumenkrone, welcher von einer hellen bläulichrothen Farbe ist, schien ihm himmelblau. Er erkannte sehr gut das Gelbe von dem Grünen der Blumenkrone, aber der Ort, wo diese Farbe in's Purpurrothe übergeht, schien ihm blau zu sein. Die Wangen der jungen Landmädchen und die Arme der Schnitter waren seiner Meinung nach blau und das frische rothe Gesicht eines Kindes bot ihm einen ähnlichen Anblick dar. Zwischen Scharlach, Violet und Amaranthroth machte er keinen Unterschied. Das venöse Blut schien ihm braun oder schwarz und die bräunliche Scheibe der Asterblume hatte für ihn dieselbe Farbe, wie der Eisenrost. Eine Gartenrose und eine Pfirsiche hatten für ihn die Bleifarbe.

Er war sehr unsicher, wenn es sich darum handelte, die braune Farbe zu erkennen, er verwechselte sie mit Schwarz und Grün. Ein olivenfarbenes seidenes Kleid schien ihm braun und er wollte es mit grünen Knöpfen versehen. Niemals konnte er die Verschiedenheit zweier Tuchproben angeben, deren eine hellbraun und die andere grün war.

Eines Tages zeigte ich ihm bei heiterem Himmel das prismatische Spectrum, von dessen sieben Farben er nur Gelb und Blau unterscheiden konnte; er vermuthete nicht einmal das Roth, welches indessen sehr lebhaft und deutlich war. Er hat mir jedoch später gesagt, dafs das, was ich ihm zeigte, nicht wenig einem Regenbogen gliche und dafs er es ziemlich hübsch fände, aber die aufserordentliche Ueberraschung, welche meine Kinder wahrnehmen liefsen, als ich ihnen denselben Gegenstand zeigte, setzte ihn in Erstaunen und ich bemerkte, dafs er selbst das Spectrum ziemlich gleichgültig betrachtete, als wenn es nicht die Bewunderung verdiente, welche die Kinder bei seinem Anblick erkennen liefsen.

Seine Augen waren vollkommen ausgebildet und er besafs nach der Aussage des Dr. Tracey alle Zeichen eines vollkommenen Gesichts-Organes; d. h. die Durchsichtigkeit der Augenflüssigkeiten, den Normalgrad von Convexität der Hornhaut und die vollkommenen Functionen aller constituirenden Theile des

Auges. In seinen Mittheilungen liefs mich Tracey bemerken, dafs die Iris ein wenig grauer und die Pupille etwas mehr zusammengezogen wäre, als man es gewöhnlich findet, aber er schrieb diesen letztern Fehler der Arbeit bei künstlichem Lichte zu.

Harwey ist der Meinung, dafs die Beobachtungen dieser Art noch nicht zahlreich genug und noch zu wenig bekannt sind, um daraus Folgen für die Natur dieser Anomalie herleiten zu können.

Dritte Klasse.

§. 27.

Die Zahl der bei der zweiten Klasse von Chromatopseudopsie empfundenen Farben wird in dieser dritten Klasse noch um eine neue Empfindung vermehrt, welcher einen Namen zu geben, wir nicht für nöthig erachtet haben. Es ist dies für die Individuen dieser Cathegorie eine einfache Empfindung, welche bei einem wohlorganisirten Auge mit der Wahrnehmung des *Blauen* und *Rothen* correspondiren würde. Eine Benennung, welche die Wahrnehmung von Blau und Roth zusammen bezeichnet, hat für die, von dieser Art der Chromatopseudopsie behafteten Personen keinen Sinn: sie verstehen durchaus nicht, was diese Wörter bedeuten. Hieraus läfst sich leicht auf die Verwirrung schliefsen, in welcher sie über eine Mischung dieser Farben mit irgend einer andern sein müssen. Sie können zum Beispiel nicht Grün von Purpur, Orange von Braun und Indigo u. s. w. unterscheiden. Da diese Fälle von Chromatopseudopsie sehr zahlreich sind, so können wir uns die treffendsten Beispiele auswählen, und wir werden sie so nebeneinander stellen, dafs die verschiedenen Grade dieser Art von Chromatopseudopsie sich leicht auffassen lassen. Wir werden dabei die Entwickelung des Blauen als Maafsstab nehmen und sehen, wie die Nüancen nach und nach immer deutlicher hervortreten, wie die Trennung dieser Farbe von Roth nach und nach immer schärfer und bestimmter wird, und wie sich endlich diese letztere Farbe stufenweise der Anomalie nähert, welche wir in der folgenden Klasse betrachten werden.

Die zunächst folgende Beobachtung ist von dem Preufsischen Militär-Arzt Herrn Dr. Sommer [1]) über seinen eigenen Zustand angestellt und wörtlich abgedruckt worden.

Beob. 4. Meine Orbita hat einen ziemlich eminirenden obern Rand, die Augenbraunen von blonder Farbe, sind schwach, mäfsig flach gewölbt, die Falten der obern Augenlieder dem Augenliedrande parallel, die untern Augenlieder stark wulstig, die Wimpern schwach. Bulbus und Cornea sind auffallend schwach gewölbt, die Iris, sowohl am äufsern als am innern Annulus bläulich grün mit gelben Pünktchen eingestreut, der kleine Ring dunkler, als der gröfsere, die Pupille normal, sowohl in Hinsicht ihrer Gröfse, als ihrer Reaction bei einfallendem Lichte.

Im Allgemeinen trägt mein Auge, wie es auch aus der gegebenen Beschreibung hervorgeht, das Gepräge der erethischen Constitution. Ich sehe sowohl nahe als fern ganz gut, obwohl mein in der frühern Jugend ausgezeichnet scharfes Gesicht, nach häufigen Anstrengungen bei künstlichem Lichte bedeutend abgenommen hat. Helle oder Dunkelheit erschweren oder befördern bei mir das Sehen auf keine andere, als die ganz gewöhnliche Weise.

Aufserdem bemerke ich noch, dafs ich seit neun Jahren ununterbrochen an Mückensehen, Mycodeopsie leide, einem Symptome, welches mich anfänglich, weil ich es für Prodrom der Amaurose hielt, in grofse Angst versetzte, über das ich aber, nachdem ich so lange Zeit kein Fortschreiten bemerkte, allmählig aufser Sorgen gekommen bin. Ein Causalverhältnifs zwischen dem letzterwähnten Uebel und dem hier in Rede stehenden Mangel des Farbenunterscheidungs-Vermögens ist durchaus nicht vorhanden, da der letzte Fehler angeboren und seit der ersten Entwickelung meiner Geisteskräfte sowohl mir selbst, als meinen Erziehern aufgefallen ist, so dafs ich mich noch von daher mehrerer sonderbaren Auftritte, welche durch Verwechselung so oder anders gefärbter Gegenstände veranlafst wurden, zu erinnern weifs.

---

[1]) Journal von Gräfe und Walther Band 5. Seite 20.

Ich unterscheide deutlich und immer, bei hellem Tageslichte Gelb von Blau, Hellblau von Grün, Dunkelroth und Schwarz, letzteres finde ich aus den übrigen hellen Farben heraus, verwechsele es jedoch bisweilen, aber nicht immer, mit Dunkelgrün und Dunkelblau. Gelb, Schwarz und mäfsiges Blau, so wie Weifs, was ich aber von einem sehr leicht tingirten Hellroth und Hellblau nicht zu unterscheiden vermag, sind diejenigen Farben, die ich in Bezug auf mein Sehvermögen, Grundfarben nennen möchte, oder, wenngleich ich einen Unterschied zwischen zwei bis drei neben einander aufgetragenen bemerkte; so bin ich doch nicht fähig, ihre Beschaffenheit auszusprechen, ohne mehr als einmal in Irrthum zu gerathen. Wenn ich z. B. das grüne Blatt einer Pflanze und den rothen Lack einer Zuckerdose gegen einander halte, so sehe ich allerdings, falls beide in verschiedenem Grade saturirt gefärbt sind, einen Unterschied zwischen einer hellern und dunkelern Colorirung, aber ich kann nicht bestimmen, welche Farbe roth und welche grün ist, wenn nicht etwa der Gegenstand, an dem die Farbe haftet, mich zur richtigen Erkennung leitet. Leichtes Hellblau und ein in der nämlichen Saturation stehendes Roth haben, nach meiner Art die Farben zu beurtheilen, eine grofse Aehnlichkeit. Hellbraun, was beinahe ins Gelbliche fällt, ein mehr saturirtes Grün, und ein noch dunkler gefärbtes Roth, halte ich, wenn sie nebeneinander aufgetragen sind, für verschiedene Nüancen einer Farbe. Blau sehe ich für Roth, Grün für Braun an, verwechsele Orange mit Hellbraun, Grün, Gelb und Violet mit Nüancirungen von Roth und eine Menge Farben z. B. Carmoisin, Purpurfarbe, Lila, Ponceau u. s. w. kenne ich blos den Namen nach, und es ist mir nicht möglich, obwohl ich die Farben oft genug vor mir gehabt haben mag, mir davon eine Vorstellung zu machen, was ich z. B. bei Gelb und Schwarz, sehr wohl im Stande bin. Ueberhaupt fehlt mir das Gedächtnifs für Farben, und in diesem Augenblick begegnet es mir, dafs ich, während Jemand meinen Zustand untersucht und mir mehre Tuchfarben vorlegt, die ich unter Anleitung vorher richtig benannt hatte, verschiedenen dieser Farben falsche Namen gab, blofs weil sie anders gelegt waren und mir so die Hülfe, welche die Neben-Umstände meiner Erkenntnifs darboten, abging. Ich erinnere mich, einen hellbraunen Damenhut mit rothen Rosen für Roth gehalten zu haben, ohne dafs mir der Unterschied der grell zusammengestellten Farben auffiel. Eine Menge rother Regenschirme, die sich auf der Promenade bei eintretendem Regen entfalteten, verglich ich zum gröfsten Spafs meiner Begleiter mit einem blauen Himmel, weil ich anfänglich voraussetzte, die zu den Regenschirmen gewöhnlich gewählte Farbe sei die blaue. Fast täglich begehe ich Verwechselungen bei der Bestimmung grüner, rother, brauner Kleidungsstücke, Tücher, Blumen u. s. w. und fast jede einzelne Farbe hat mir sonderbare, oft ganz komische Verlegenheiten bereitet.

Theils, weil mir selbst aus dem Mangel des Farbenunterscheidungs-Vermögens nicht selten wirklicher Schaden erwachsen ist, theils auch, um das Aufsehen zu vermeiden, was solche Verwechselungen oft sehr zur Unzeit veranlassen, und endlich, weil bisweilen, wenn ich dergleichen Irrthümer beging, geglaubt wurde, ich affectirte aus einem oder dem andern Grunde, habe ich von jeher mich bei Bestimmungen von Farben überhaupt gewöhnt, sehr behutsam zu sein, und besonders jedesmal die übrigen Umstände zu Hülfe zu nehmen, die mich zu berechtigen schienen, einer Farbe diesen oder jenen Namen beizulegen. Da nun im allgemeinen Leben eine Menge Gegenstände eine bestimmte Farbe tragen, und überhaupt schon sehr vielen Dingen ihrer Natur nach eine gewisse Farbe zukommt, so begehe ich im Ganzen weniger Fehler, als die Mangelhaftigkeit meines Sinnes erwarten liefse, und nenne deshalb den Rock des Jägers richtig grün, die Ziegel roth, den Himmel blau, die Farbe des Fleisches und des Blutes roth, die Wiese grün u. s. f. Sobald aber eine Abweichung von dem, was ich voraussetzte, eintritt, wird der Schlufs, den ich blofs a priori mache, falsch, und deshalb halte ich den grünen Schnitt eines eingebundenen Buches für roth, weil ich weifs, dafs der grüne Schnitt im Allgemeinen seltner gebraucht wird, und ich daher glaube, auf diese Art noch am wenigsten in Irrthum zu gerathen. Für die wenigen

Farben, welche ich bestimmt erkenne, habe ich ein sehr treues Gedächtnifs und willige Einbildungskraft.

Bei künstlichem Licht erscheint mir jede Farbe anders, als bei natürlicher Tagesbeleuchtung, und hier darf ich es auch nicht wagen, die mir bei Tage genau bekannten Farben zu bestimmen, weil ich nur selten richtig urtheile.

In der Landschaft, welche Göthe auf die Art, wie sie, seiner Meinung nach, der Acyanobleps sieht, gezeichnet hat, und der alles Blau mangelt, fällt mir bei der oberflächlichen Betrachtung nichts Besonderes auf, und ohne Erklärung würde ich auch gewifs auf den Mangel der blauen Farbe an Stellen, wo sie hingehört, nicht aufmerksam geworden sein.

Der Regenbogen erscheint mir als ein Gemisch von Gelb und Blau. Ich bemerke zwar, dafs aufser diesen beiden Farben auch etwas anders Gefärbtes darin enthalten ist, dies aber fliefst mir völlig zusammen, und ich kann es gar nicht deutlich sehen, also auch nicht angeben, für welche Farbe ich es halte.«

Wir finden in dem 7ten Bande p. 477 der Medico-Chirurgical Transactions eine Observation von Whittloch Nicholl, welche wir ihrer Genauigkeit wegen ebenfalls hier mittheilen wollen.

Beob. 5. Der Gegenstand dieser Beobachtung ist ein kluger, lebhafter und gesunder Knabe von 11 Jahren; seine Augen sind grau und die Pupillen mit gelben Ringen umgeben. Keine Farbe nennt er grün und dunkelgrün, vielmehr verwechselt er beide mit gewissen Sorten von Braun. Hellgelb ist Gelb für ihn, aber dunkleres Gelb und Hellbraun verwechselt er mit Roth, Dunkelbraun und Schwarz. Hellgrün nennt er Blauroth; gemeines Grün, Roth und Zimmetfarbe nennt er Blau. Blau, sowohl Dunkel- als Hellblau nennt er Blau. Im prismatischen Spectrum erkennt er nur drei Farben, Roth, Gelb und Purpur. Papier, worauf sich Flecken von rothen Radischen befanden, nannte er Blau, und als die Flecken durch Einwirkung einer Säure scharlachroth geworden waren, hielt er sie für roth. Scharlachfarbe und Lackmufs haben nach ihm dieselbe Farbe, nur die letztere etwas heller. Grüne Brillen, welche er sah nannte er roth und sagte, dafs die dadurch betrachteten Gegenstände einen röthlichen Schein hätten. Die Kante seines Zimmers hatte blaue Blätter mit einigen grünen Streifen, die Blätter nannte er grün und die Streifen roth. Von einer Frau, welche mit einem Korbe vorbeiging, sagte er, dafs sie Hühner trüge, indem die rothen Federn aus dem Korbe heraussähen, während es grüne Blätter waren, womit sie ihre Butter bedeckt hatte. Bei allen Versuchen ergab sich immer dasselbe und er sagte mir endlich: „Was Ihr Purpurfarbe, Zimmetfarbe und Blau nennt, sieht sich so ähnlich, dafs ich es nicht unterscheiden kann.“ Die carmoisinrothen Vorhänge seines Bettes nannte er bei Licht roth und am Tage dunkelblau. Die grauen Augen seiner Schwester waren roth und die Wangen purpurblau für ihn.

Dieser Knabe hat vier Schwestern, die vollkommen gut sehen. Von einem Bruder, der noch nicht spricht, läfst sich nichts sagen. Diese Eigenthümlichkeit hat er durch seine Mutter geerbt, welche zwar mit ihrer Schwester davon frei geblieben ist, ihr noch lebender Vater aber war damit in hohem Grade behaftet. Dieser Mann hatte zwei Brüder und drei Schwestern, wovon nur der eine Bruder dieselbe Unvollkommenheit besitzt. Der letztere hatte einige Söhne, von denen rücksichtlich ihres Sehvermögens nichts bekannt ist; seine einzige Tochter ist von diesem Fehler frei, sie hat keine Kinder. Der Grofsvater des Knaben, von dem wir so eben sprachen, war Officier der Englischen Marine. Er kaufte sich einmal einen blauen Leibrock, eine blaue Weste und rothe Beinkleider dazu, indem er die letzteren für blau hielt. Bei einem dunkelgrünen Gitter wunderte er sich einmal, dafs es roth angestrichen sei. Von einem Stoffe mit rothem Grunde und eingewirkten Blättern derselben Farbe nahm er richtig den Grund für roth, die Blätter aber hielt er für grün.

Weder dieser Mann noch sein Enkel bedienen sich des Wortes *Grün* in seiner richtigen Bedeutung, es sei denn, dafs ihnen die Farbe des Gegenstandes als grün bekannt wäre. So fragte ich z. B., beim Beginn meiner Beobachtungen, den Knaben nach der Farbe eines Kleeblattes, und er erklärte sie sogleich für grün; als ich aber das Blatt auf scharlachrothes Papier legte, so konnte er keinen Unterschied bei der Farbe finden, und er sagte, dafs er das Blatt für roth nehmen würde, wenn er nicht wüfste, dafs es von Andern immer mit grün bezeichnet wäre.

Sein Grofsoheim hielt einmal eine Gurke für einen Krebs und einen grünen Pflanzenstängel für Siegellack. Ein hellrothes Kleid seiner Tochter nahm er für himmelblau, und befragt, wie er denn die Farbe ihres Gesichtes bezeichnen würde, äufserte er, dafs er zwar einen Unterschied zwischen beiden wahrnehme, aber nicht im Stande sei, die Verschiedenheit zu benennen.« Zu dieser Beobachtung hat Whittloch Nicholl noch die folgende hinzugefügt, welche im 9ten Bande p. 369 der Medico-Chirurgical Transactions publicirt worden ist.

»Dem früher von mir mitgetheilten Falle (pag. 260) füge ich einen mir vor Kurzem bekannt gewordenen bei. Er ist freilich dem vorigen sehr ähnlich, indessen führt die Zusammenstellung mehrerer Fälle dieser Art vielleicht zur Auffindung der Ursache dieser Unvollkommenheit.«

Der erwähnte Schriftsteller führt jetzt die eigenen Worte des fraglichen Individuums an.

»Meine Augen«, sagt der Mann, »haben dieselbe Farbe als im obigen Falle, die Pupille ist etwas kleiner. Die schwierigste Farbe für mich ist Grün, welche ich von Roth so gut als gar nicht unterscheide. Scharlachroth unterscheide ich meistens, Dunkelgrün dagegen nicht von Braun. Hellgelb kenne ich, Dunkelgelb verwechsele ich mit Hellgelb, beide unterscheide ich meistens von Roth. Ebenso unterscheide ich die Nüancen von Helligkeit im Roth und Grün; alle Nüancen von Hellroth, Purpur u. s. w. nenne ich Hellblau. Dunkelblau und Schwarz glaube ich gewifs zu kennen. Der Regenbogen erscheint mir als Gemisch von Gelb und Blau, Gelb in der Mitte, Blau gegen die Ränder [1]). Meine carmoisinrothen Vorhänge erschienen mir bei

[1]) Diese Aeufserung zeigt deutlich, dafs das fragliche Individuum nur ein einziges Gefühl für Roth und Blau hat; dafs es aber auch weder das eine, noch das andere für farbenlos hält. (Vgl. §. 38).

Licht roth, am Tage blau. Das dunkelste Grün erscheint mir nicht so, es ist zu dunkel. Sind die Weingitter roth angestrichen, so kann ich sie nicht vom Laube unterscheiden. Eine Gurke und einen gekochten Krebs halte ich für gleichfarbig, eben so einen Strauchstängel und eine Stange Siegellack. Gras in vollem Grün erscheint mir roth. Die rothen Früchte an den Bäumen kann ich nur der Form nach von den Blättern unterscheiden.«

»Der einzige Vortheil dieser Eigenthümlichkeit ist, dafs ich schon in grofser Entfernung und im Dunkeln weit deutlicher und besser sehe, als andere Personen. — Ich bin 49 Jahre alt und finde nicht, dafs sich mein Gesicht, wie bei andern Personen dieses Alters, schon getrübt hätte. Ich bin das jüngste von 10 Kindern, von denen 9 aufgewachsen sind. Ein im Jahre 1791 gestorbener Bruder unterschied auch die Farben nicht, doch kann ich die nähern Umstände nicht angeben. Bei den übrigen Geschwistern fand nichts Aehnliches statt. Eben so weifs ich nicht, ob meine Vorfahren an dieser Eigenthümlichkeit litten. Ich habe 4 Neffen und 4 Nichten und wenn ich nicht irre, so sagte mir mein einziger noch lebender Bruder, dafs bei seiner jüngsten 12 Jahre alten Tochter ein ähnlicher Fehler beobachtet worden sei. Ich habe 3 Söhne und 2 Töchter, wovon der älteste Knabe 17, das jüngste Mädchen 3 Jahre alt ist. Bei Keinem von ihnen scheint das geringste Abweichen des Farbenunterscheidungs-Vermögens Statt zu finden. Ein Knabe und ein Mädchen haben dunkle Augen, wie ihre Mutter, die übrigen grau, wie ich, nur ist die Pupille gröfser und hat keinen gelben Ring.«

»Ein Nachbar von mir und sein Verwandter haben einen ähnlichen Fehler, sie wollen aber nichts darüber schreiben.«

»Auf diese Darstellung,« sagt Whittloch Nicholl, »sandte ich dem Verfasser ein weifses Papier, auf welchem neben einander ein rother und ein grüner Kreis gemalt waren, mit der Bitte, den rothen Kreis bei hellem Kerzenlichte starr bis zur Ermüdung des Auges anzuschauen, dann nach Wegnahme desselben mit halbverschlossenen Augen in das Licht zu blicken und

Achtung zu geben, ob sich ein ähnlicher Kreis zeige, und von welcher Farbe er sei — dann dasselbe mit dem Grünen zu thun.

Bekanntlich sieht ein gewöhnliches Auge nach der Wegnahme des Gegenstandes im erstern Falle einen grünen, im letztern einen rothen Flecken. Ich erhielt Folgendes zur Antwort:

»Nach Wegnahme der gefärbten Kreise sah ich durchaus keinen Flecken im Umfange des Lichtes. Meine Augen waren selbst durch ein halbstündiges Sehen auf den Kreis nicht trübe geworden, sie schmerzten aber sehr und waren erst nach dem Schlafe wieder hergestellt. Fast alle meine Bekannten sahen die von Ihnen angegebenen Erscheinungen, wenn sie die Flekken ein bis zwei Minuten lang angesehen hatten.«

Wir wollen diese dritte Klasse der Chromatopseudopsie mit einer sehr sorgfältigen Beobachtung beschliefsen, welche uns der berühmte Herschel in einem Artikel über das Licht in der Metropolitan-Encyclopädie §. 507 überliefert hat.

Beob. 7. Er untersuchte mit der gröfsten Aufmerksamkeit das Sehvermögen des linken Auges eines Optikers (das rechte Auge hatte derselbe durch einen Zufall verloren), welches eine merkwürdige Anomalie darbot. Die nachfolgende Tabelle enthält das Resultat einer Reihe von Versuchen, in welchen der berühmte englische Astronom durch die Polarisation des Lichtes auf eine Scheibe Glimmer eine Nacheinanderfolge von Farben hervorbrachte. Er liefs dabei die Complementär-Farben neben einander fallen und das fragliche Individuum hatte die folgenden Wahrnehmungen:

Neigung der Glimmer-scheibe.	Farben, wie sie von einem gewöhnlichen Auge gesehen werden.		Farben, wie sie von der beobachteten Person gesehen wurden.	
	Kreis auf der rechten Seite.	*Kreis auf der linken Seite.*	*Kreis auf der rechten Seite.*	*Kreis auf der linken Seite.*
89°,5	Blafsgrün	Blafsviolet	Beide gaben die Farbe des Himmels oder der Wolken dunkler, aber noch keine deutlich ausgesprochne Farbe	
85°,0	Schmutziges Weifs	idem		
81°,1	Glänzend helles Violet	Bläuliches Hellgrün	Nüancen von Blau	idem
76°,3	Weifs	Weifs	Gelb	Blau
	Mitte zwischen Violet und Roth		Dieselben Farben wie vorher	
74°,9	Schönes Grasgrün	Schönes Carmoisinroth	Schwach marquirtes Gelb	Schwach marquirtes Blau
72°,8	Weifsgrünlich	Blasses Ziegelroth	Blau	Gelb
71°,7	Purpurweifs	Blafsgelb	Kräftiges Blau	Gelb, und zwar kräftiger als die alten Vergoldungen von Gemälde-Rahmen
69°,7	Reine Nelkenfarbe	Reines Grün	Gelb mit viel Blau gemengt	Blau mit viel Gelb gemengt
68°,2	Reines Gelb	Purpurfarben	Das wahre Gelb	Das wahre Blau
			Bessere Farben als alle bisher erhaltene	
67°,0	Gelblichgrün	Reines Carmoisin	Gelb mit viel Blau gemengt	Blau mit viel Gelb gemengt
65°,5	Blau ins Indigo spielend	Gelb ins Orange spielend	Lebhaftes Blau	Sehr lebhaftes Gelb
63°,8	Roth oder vielmehr röthliche Nelkenfarbe	Blafsgrün, beinahe Blau	Gelb	Blau
62°,7	Glänzendes Gelb	Volles Blau	Glänzendes Gelb	Schönes Blau
61°,2	Weifs	Kräftiges Orange	Fast gar keine Farbe	Blutgelb
59°,5	Dunkelpurpur	Weifs	Blau, beinahe Lichtblau	Weifs mit Gelb und Blau gemengt
59°,0	Röthliches Dunkelorange	Weifs	Gelb	idem
57°,1	Weifs	Dunkl. schmutz. Olivenfarbe	Weifs	Eine dunkele Farbe
55°.1	Dunkel Purpur	Weifs	Dunkele Farbe	Weifs.

Unser Individuum, neugierig noch Proben seines Gesichts-Organes zu sehen, wünschte hierauf, dafs man den Apparat so aufstelle, dafs er eine Reihe der möglichst verschiedensten Farben wahrnähme. Man erhielt hierbei die folgenden Resultate:

Neigungswinkel der Glimmerscheibe.	Farben, wie sie von einem gewöhnlichen Auge gesehen werden.		Farben, wie sie das affectirte Auge wahrnahm.	
	Kreis auf der rechten Seite.	Kreis auf der linken Seite.	Kreis auf der rechten Seite.	Kreis auf der linken Seite.
59°,1	Blafsröthliche Nelkenfarbe	Grünlichblau	Gelb	Blau
65°,3	Grünlich Blau	Blafsröthliche Nelkenfarbe	Blau	Gelb
63°,1	Gelb	Blau	Gelb	Blau
61°,1	Schmutzig Weifs	Glühendes Orange	Blau	Gelb
58°,5	Blasses Ziegelroth	Schmutziges Weifs	Gelb	Blau
54°,2	Indigo	Blafsgelb	Blau	Gelb
52°,1	Gelb	Indigo	Gelb	Blau

Bevor wir uns auf die Prüfung dieser Beobachtungen einlassen, ist es erforderlich, uns nochmal den in der zweiten Klasse von Chromatopseudopsie gestellten Fall ins Gedächtnifs zurückzurufen. Wir sahen daselbst die Verwirrung und Verwechselung bei Blau und Roth und stellten dieselben als characterisirendes Merkmal derjenigen Art auf, von welcher wir eben sprechen. Wir sahen ferner daselbst die ersten Spuren von Blau, welches in der Folge der Beobachtungen dieser Klasse immer deutlicher wurde. Sommer erkennt das kräftige Blau, während er dunkele Nüancen desselben mit Schwarz und die helleren mit Roth verwechselt. In Nicholls Beobachtung ist die Wahrnehmung des Blauen weiter ausgedehnt: er unterschied sehr gut Hellblau und Dunkelblau und verwechselte blofs das gewöhnliche Blau mit Roth. In dem von Herschel mitgetheilten Falle ist die Wahrnehmung des Blauen nicht nur vollkommen, sondern sogar aufsergewöhnlich scharf. Das Individuum konnte nur Blau und Gelb gehörig würdigen, und diese beiden Ausdrücke correspondirten mit den mehr oder weniger brechbaren Strahlen. Die am meisten brechbaren Strahlen geben die Empfindung von Blau, während die andern das Gelbe erzeugten. Man wird leicht bemerken, dafs diese Beobachtung uns als Uebergang zu der folgenden Klasse dient, in welcher wir den absoluten Mangel der Empfindung des Rothen finden werden.

In dem uns von Wittloch Nicholl über den 11jährigen Knaben mitgetheilten Fall findet noch die Verwirrung für Roth und Blau statt, aber der Fehler findet sich neben der Wahrnehmung des Blauen. Dieses Kind erkannte das Blaue in seiner völligen Reinheit, während es das schwächere Blau und die Mischungen dieser Farbe Roth nannte. Diese Beobachtung bildet den Uebergang zu der fünften Klasse von Chromatopseudopsie, wo wir die Empfindungen der drei primitiven Farben finden werden.

Vierte Klasse

§. 28.

Diese vierte Klasse von Chromatopseudopsie characterisirt sich durch den Mangel der Empfindung des Rothen. Die Individuen, welche zu dieser Cathegorie gehören, nehmen statt dieser Farbe eine andere wahr, welche das gewöhnliche Auge Aschgrau nennen würde. Was die Wahrnehmung des Blauen betrifft, so ist sie ganz ebenso, wie bei einem mehr oder weniger vollkommenen Auge. Wir werden diese besondere Eigenschaft in der ersten Beobachtung weit hervorstechender finden, als in der zweiten. Die erstere ist aus »Combe, System der Phrenologie (Edinburg 1830 3. Ausg.)« entnommen.

Beob. 8. Der Grofsvater mütterlicher Seits von James Milne, Gelbgiefser in Edinburg, hatte Mühe, die Farben zu unterscheiden, aber er unterschied sehr gut die Formen und Entfernungen. Eines Tages wünschte er, dafs seine Frau sich ein grünes Kleid kaufen möchte: man zeigte ihm mehrere Proben, ohne dafs eine einzige die gewünschte Farbe hatte. Zufällig sah er eine Frau vorbeigehen, welche gerade ein Kleid von der Farbe trug, die er wünschte. Seine Frau konnte sich nicht enthalten, ihm ihr grofses Erstaunen auszudrücken, da die von ihrem Manne für grün gehaltene Farbe nichts anders als ein schönes Braun war.

Weder der Vater von James Milne, noch seine Mutter, noch sein Onkel von mütterlicher Seite hatten in ihrem Gesichts-Organe diesen Fehler, welcher folglich nicht die ganze Generation erreicht hatte. Bei James Milne und seinen beiden Brüdern war derselbe augenscheinlich, während man bei seinen vier Schwestern nicht die geringste Spur davon fand. Sein Vetter Spankin war mit derselben Unvollkommenheit behaftet.

Milne ist ein wenig kurzsichtig und hat niemals eine für ihn passende Brille finden können. Er scheidet ganz vortrefflich die Formen und Verhältnisse, und obgleich er wegen seines Fehlers das auf der Erde liegende Wild nicht gut wahrnimmt, so ist er dennoch ein grofser Liebhaber der Jagd. In seiner Jugend war er ein sehr guter Schütze, namentlich traf er die Vögel im Fluge sehr gut; er erblickte sie jedoch nur dann deutlich, wenn der Tag zu neigen begann. Eines Tages flog aus einem mit Steckrüben bestellten Felde 10 — 12 Schritt vor ihm eine Schaar Rebhühner auf, ohne dafs er einen einzigen dieser Vögel erblickte. Sein Auge ist aufserordentlich convex.

Der Fehler von James Milne wurde auf eine sonderbare Weise entdeckt. Er war bei einem Tuchhändler in der Lehre, wo er seine Geschäfte drei und ein halbes Jahr versah, und obgleich er während der ersten beiden Jahre, in Bezug auf die Farben eine grofse Menge Fehler beging, so schrieb man dieselben doch immer seiner Unerfahrenheit und Unwissenheit zu. Eines Tages verkaufte er das zu einem Paar Beinkleidern nöthige Tuch und der Käufer verlangte zu gleicher Zeit dazu passende Schnur. Milne war im Begriff ihm von der, welche er für die passendste hielt, die verlangte Quantität abzuschneiden, als ihn plötzlich der Käufer anhielt und aufmerksam machte, dafs dieses keineswegs die Farbe des Tuches wäre. Milne liefs den Käufer selbst wählen, war jedoch so sehr überzeugt, dafs er Recht und jener sich in Rücksicht der Farbe geirrt habe, dafs er ein Stück von dem erkauften Tuche, ein Endchen von der Schnur, welche er geben wollte, so wie von der, welche der Käufer gewählt hatte, abschnitt, um Alles zusammen seiner Mutter zu zeigen, welche zu seinem Erstaunen die von ihm gewählte Schnur als scharlachroth und die andere als grasgrün bezeichnete. Sein Lehrherr wollte nicht glauben, dafs er diesen Fehler habe, und erst nach mehreren begangenen Versehen war Milne genöthigt, seinen Stand zu verlassen und die Gelbgiefser-Profession zu erlernen, welche er sehr liebte.

Blau und Gelb kannte er vortrefflich, aber Braun, Grün und Roth konnte er nicht unterscheiden. Jedes allein gesehen, machte er keinen Unterschied zwischen Braun und Roth, obgleich er diese beiden Farben, nebeneinander gelegt, nicht verwechselte. Blau und die bläuliche Nelkenfarbe schienen ihm bei Tage genau mit dem Blau des Himmels übereinzustimmen, während er, beim Kerzenlichte gesehen, die Nelkenfarbe mit der schmutzigen Büffelfarbe verglich und das Blau für ihn dieselbe behielt, welche es bei Tage hatte. Der Rasen scheint ihm orangefarben, und Indigo, Violett und Purpur wie Nüancen einer und derselben Farbe. Er verkennt niemals Schwarz und Weifs. Ebenso unterscheidet er

Schwarz und Blau ohne Anstand und urtheilt richtig darüber, ob das Schwarze gut oder schlecht gefärbt ist. In dem Regenbogen macht er nur zwischen Blau und Gelb einen scharfen Unterschied, und obwohl er in demselben noch mehre andre Farben wahrnimmt, so weifs er sie doch nicht zu benennen. Carmoisin hält er bei Tage für Blau oder Purpur, aber beim künstlichen Lichte scheint es ihm roth.

Es ereignete sich eines Tages, dafs ihm aus der Passagierstube zu Glasgow irrthümlich ein Oberrock entwendet worden war und als er sich beim Aufwärter darnach erkundigte, fragte ihn dieser nach der Farbe desselben. Diese Frage setzte Milne in nicht geringe Verlegenheit, da er, obgleich er den Rock bereits seit einigen Jahren trug, als bestimmteste Antwort nur angeben konnte, dafs derselbe entweder tabaksbraun oder olivengrün sei. Der Aufwärter sah ihn starr an, als ob er ihn in Verdacht hätte, sich einen fremden Rock zueignen zu wollen; indessen fand sich trotz aller Ungewifsheit Milne's sein Oberrock wieder.

Beob. 9. Diese Beobachtung ist von dem berühmten englischen Chemiker Dalton über sein eigenes Gesicht angestellt und uns von ihm selbst in den »Memoirs of the literary Society of Manchester«, vol. 5 p. 25 mitgetheilt worden.

»Man hat die Bemerkung gemacht, sagt er, dafs unsere Ideen über die Farben, die Töne und über die verschiedenartigen Wirkungen, welche die äufseren Gegenstände auf uns machen, nach den verschiedenen Eindrücken, die wir davon empfangen, auch verschieden sind, und dafs wir selten einerlei Meinung über diese Gegenstände haben, während dies nothwendiger Weise immer Statt finden müfste, wenn solche jederzeit dieselben Empfindungen in uns hervorrufen. Häufig erscheint diesem eine Sache so, und jenem anders, und um eine genaue und bestimmte Kenntnifs von irgend einem Gegenstande zu erlangen, ist es erforderlich, dafs dieselbe auf uns alle ein und denselben Eindruck macht. Ein Beispiel hierzu liefert mein Gesichts-Organ, so wie das mehrerer anderer Personen, deren ich in der Folge erwähnen werde.

Ich habe immer geglaubt, dafs man die Farben oft nicht mit ihrem eigentlichen Namen benenne. Die Benennung »*Violet*«, um die Farbe des Veilchens zu bezeichnen, schien mir ziemlich passend, wenn man sie aber durch »*Roth*« bezeichnete, so fand ich diese Freiheit übel angebracht und keinesweges natürlich, weil ich gar keine Beziehung, gar keine Aehnlichkeit zwischen ihnen fand. Dagegen mochte es noch angehen, das Wort »*Violet*« durch »*Blau*« zu ersetzen, weil diese beiden Farben mir ziemlich ähnlich schienen. Während meiner Studienjahre richtete ich meine Aufmerksamkeit ganz besonders auf die Optik und ich war, ohne meinen Fehler zu bemerken, mit der Theorie des Lichtes und der Farben sehr vertraut, und es schien mir, als fände in der Benennung der Farben allgemein eine grofse Ungenauigkeit statt. Im Laufe des Jahres 1790 beschäftigte ich mich mit der Botanik und dieses Studium richtete meine Aufmerksamkeit ganz besonders auf die Farben. Weifs, Gelb und Grün benannte ich ohne Anstand mit ihrem richtigen Namen, während ich zwischen Purpurblau, Violet und Carmoisin beinahe gar keinen Unterschied machte. Es ist mir oft vorgekommen, dafs ich meine Freunde fragte, was Blau und was Violet sei, aber sie nahmen dies alle für einen blofsen Scherz und antworteten kaum. Indessen wurde mir diese besondere Eigenschaft meines Gesichts-Organes erst im Herbste des Jahres 1792 vollständig bekannt. Eines Tages betrachtete ich die Blüthe eines Geranium zonale beim Kerzenlichte und diese violette Blume, welche mir bei Tage blau vorkam, erschien mir roth, die für mich der blauen gerade entgegengesetzte Farbe. Ich zweifelte keinesweges, dafs dieser Farbenwechsel nicht für Jedermann stattfände; wie grofs war daher mein Erstaunen, als ich erfuhr, dafs aufser meinem Bruder, Niemand ebenso wie ich sah.

Dieser Umstand belehrte mich auf der Stelle, dafs sowohl mein, als das Gesichts-Organ meines Bruders von dem Anderer abweiche, und dafs das künstliche Licht für unser Auge Veränderungen in der Empfindung der Farben bewirke, die bei andern Personen nicht Statt haben.

Zwei Jahre später fing ich an, mich mit Nachforschungen

über diesen Gegenstand zu beschäftigen, wobei ich mich der Hülfe eines Freundes bediente, welcher in der Theorie der Farben, ihrer Namen und Zusammensetzung sehr bewandert war. Ich bin kurzsichtig und finde die Brillen mit 5 Zoll Brennweite am passendsten für mich. Ich sehe in ziemlicher Entfernung gut und deutlich, bei etwas dunklem oder zu hellem Wetter unterscheide ich nur mit Mühe. Ich fing meine Beobachtungen mit dem prismatischen Spectrum an: Jedermann nimmt dabei sechs Farben wahr, Roth, Orange, Gelb, Grün, Blau und Purpur welches Newton noch in zwei andere Farben, Indigo und Violet zerlegt hat (diese letzte Unterscheidung ist nur nominal), während ich in dem prismatischen Spectrum nur zwei höchstens drei Farben erkenne, nämlich: Gelb, Blau und Purpur. Mein Gelb schliefst das Roth, Orange und Grün Anderer mit ein, und mein Blau nähert sich so sehr dem Purpur, dafs ich fast nur eine und dieselbe Farbe wahrnehme. Der Theil des Spectrums, welchen man Roth nennt, scheint mir kaum etwas anderes als ein Schatten oder eine völlige Abwesenheit des Lichtes. Gelb, Orange und Grün sind für mich dieselben Farben, nur mit verschiedenen Graden von Lebhaftigkeit. Der Punkt des prismatischen Spectrums, wo Grün und Blau zusammenstofsen, bietet für mich einen starken Contrast und eine der gröfsten Verschiedenheiten dar. Der Unterschied zwischen Blau und Purpur scheint mir weit geringer und Purpur für sich würde nach meinem Dafürhalten eine Mischung von Blau und Schatten sein. Wenn ich die Flamme eines Wachslichtes durch ein Prisma betrachte, so nehme ich beinahe dieselben Phänomene wahr, jedoch scheint das Rothe leblafter als dasjenige des prismatischen Spectrums. Ich werde jetzt von jeder einzelnen Farbe insbesondere sprechen, wie sie sich mir bei Tage und beim künstlichen Lichte zeigt.

Roth, bei Tage. Ich verstehe unter dieser Benennung Carmoisin, Scharlach, Roth und Violet.

Das Carmoisin gleicht, meiner Wahrnehmung nach zu urtheilen, dem Blau, welchem man ein wenig Dunkelbraun beigemischt hat: seine Abstufungen sind nicht grell genug, um von mir unterschieden werden zu können. Diese Farbe bietet für mich zur Seite der hellen Farben einen ernsten Anblick dar. Zwischen blauem und carmoisinfarbenem Tuche finde ich keine grofse Verschiedenheit. Violet besteht aus einer Mischung von Roth und Blau, aber seine Wirkung auf mich ist die eines blassen und matten Blaues. Neben Hellblau gehalten, scheint es mit diesem von gleicher Farbe, nur weniger schön. Die Rose, das Veilchen, die Blüthen der statice armeria, des trifolium pratense, des lichnis flos cuculi und mehrerer Arten von geranium der englischen Flora betrachte ich als blau. Ein Dintenflecken auf weifsem Papier hat für mich dieselbe Farbe wie die frische Gesichtsfarbe einer gesunden Person. Roth und Scharlach bilden eine besondere Classe und sind ganz verschieden von den vorhergenannten Farben. Ihr Prototyp ist das minium und die Uniform der englischen Soldaten, in welcher ich nicht die geringste Spur von Blau erblicke. Scharlach ist etwas glänzender als Roth. Das Blut gleicht dem Dunkelgrün der Flaschen; mit Blut und mit Koth befleckte Strümpfe bieten mir dieselbe Farbe dar. Beim Kerzenlichte scheinen mir Roth und Scharlach weit lebhafter und glänzender. Diese beiden Farben, deren Ton bei Tage so schwach ist, dafs sie dem Dunkelgrau der Asche (dark-drabs) gleichen, werden bei künstlichem Lichte schön und glänzend; Carmoisin verliert sein Blau und verändert sich in gelbliches Roth. Violet verändert sich am meisten und bietet bei Tage und am Kerzenlichte gesehen, die gröfste Verschiedenheit dar; während es dort aus Blau und Roth zusammengesetzt ist, scheint es hier eine Mischung aus Gelb und Roth zu sein.

Was *Gelb* und *Orange* anbetrifft, so stimmt mein Gesichts-Organ sowohl bei Tage als bei künstlichem Lichte mit dem Sehvermögen Anderer überein. Einige Personen können Gelb bei Licht nicht unterscheiden: ich bin Gott sei Dank von diesem Fehler frei.

Grün bei Tage. Von dieser Farbe habe ich eine ganz besondere Idee; sie scheint mir nur wenig von Roth abzuweichen. Ein Kirschlorbeerblatt und eine Stange Siegellack, oder auch die Rückseite eines gewöhnlichen Blattes und eine blafsrothe Oblate bieten mir nur einen geringen Unterschied dar. Es läfst sich leicht hieraus schliefsen, dafs ich Grün oder Roth oder diese beiden Farben zusammen ganz anders sehe, als andere Leute. Orange und Hellgrün haben viel Aehnlichkeit. Das angenehmste Grün für mich ist das kräftige Grün, und es wird um so hervorstechender, wenn es etwas ins Gelbliche spielt. Ich kenne die Pflanzen und fasse ihre Verschiedenheiten und Aehnlichkeiten wie jeder Andere auf. Indessen scheinen mir ein Decoctum von Thee und eine Auflösung vou Schwefelleber grün, während sie für Andere braun sind. Das grüne Tuch, welches zu Tischdecken benutzt wird, kommt mir wie ein schmutziges Dunkelbraun vor, und ich bin überzeugt, dafs eine Mischung von Braun und Roth diese Farbe sehr gut ersetzen würde: wenn aber dies Tuch anfängt, alt zu werden und für andere ins Gelbliche zu spielen, so nimmt es für mich die grüne Farbe an. Wie für Jedermann, so ist es auch für mich schwer, die grüne Farbe bei Licht zu erkennen, da sie sich dem Blau alsdann sehr nähert. Es bleibt zwar noch immer grün, aber nicht so marquirt als die weiter oben erwähnten Auflösungen, welche durchaus nicht ins Blaue spielen und selbst bei Licht unverändert bleiben oder höchstens ein wenig blässer werden.

Schon weiter oben habe ich erwähnt, dafs mein Bruder die Farbe des Geraniums nicht bei Licht erkennen konnte. Zahlreiche Versuche haben mich überzeugt, dafs wir beide genau auf dieselbe Weise sehen, aber verschieden von anderen Menschen.

Ueberzeugt, dafs die Fälle dieser Art nicht verfehlen können, das lebhafteste Interesse zu erregen, nahm ich mir vor, diese besonderen Eigenschaften meines Gesichts-Organes zu veröffentlichen. Ich erinnerte mich in den »Philosophical Transactions« einen ähnlichen Fall gefunden zu haben, über einen gewissen Harris, Marineoffizier zu Maryport (s. die erste Beob.), welcher nach dem Erzähler die Farben nicht unterscheiden konnte. Der Fall von Harris schien mir ganz verschieden von dem meinigen; ich glaubte, dafs eine Vergleichung einiges Licht über die Natur unserer Unvollkommenheit werfen könnte und schrieb deshalb an meine Freunde zu Maryport, mir die Details von Harris Sehvermögen mitzutheilen. Die erhaltene Antwort liefs mir jedoch keinen Zweifel übrig, dafs dieser Fall nicht genau mit dem meines Bruders und dem meinigen übereinstimme. Es würde zu weitläuftig werden, hier alle Einzelheiten aufzählen zu wollen: es mag genügen zu bemerken, dafs ich mehr als zwanzig Proben farbiger Bänder nach Maryport sandte und die Glieder der Harris'schen Familie bitten liefs, dieselben bei Tage und bei künstlichem Lichte zu beobachten und mir ihre Antwort zu übersenden. Das Resultat bestätigte vollkommen meine Aussage.

Da ich hiernach vermuthete, dafs dergleichen Fälle wohl nicht so selten sein dürften, nahm ich mir vor, mit Sorgfalt das Gesicht aller meiner Bekannten zu studiren, und ich habe mehr als zwanzig Personen gefunden, welche mit mir in dieselbe Cathegorie gehören dürften. Ein oder zwei blofs wichen ein wenig von den übrigen ab. Unter zwanzig Eleven, welchen ich eines Tages diesen Gegenstand zu erklären suchte, fanden sich zwei, welche mit derselben Unvollkommenheit behaftet waren, und an einem andern Tage fand sich Einer unter derselben Anzahl von Zuhörern. Von allen diesen Personen waren mein Bruder und ich die einzigen, welche bei Tage Blau und Violet nicht unterscheiden konnten, während wir bei Licht einen grofsen Unterschied zwischen diesen beiden Farben wahrnahmen. In Betreff der grünen Farbe, habe ich die bestimmtesten Beweise, dafs es mit den übrigen Personen eben so wie mit uns war. Mehrere von ihnen unterschieden zwar sehr gut die Farben, aber sie waren verlegen, wenn es darauf ankam, sie mit ihrem eigentlichen Namen zu benennen. Jedoch habe ich wohl zwanzig Personen gefunden, deren Gesicht dem meinigen gleicht.

Unsere Familie besteht aus einer erwachsenen Schwester und drei Brüdern, von denen zwei mit dem fraglichen Fehler behaftet sind. In den übrigen Familien zählt man mehr Individuen, welche uns gleichen, obgleich (aufser für eine einzige) keine Beweise vorhanden sind, dafs die Chefs derselben einer gleichen Unvollkommenheit unterworfen waren. Aufser diesem Fehler sind unsere Augen vollkommen, und es finden sich unter uns höchstens 2 bis 3 Kurzsichtige. Es ist merkwürdig, dafs ich niemals habe sagen hören, dafs ein Frauenzimmer mit der so eben besprochenen Unvollkommenheit des Gesichts-Organes behaftet wäre.“

Ein Blick auf diese Beobachtungen genügt, um zu erkennen, dafs sie gänzlich von denen abweichen, welche wir in die anderen Classen der Chromatopseudopsie gestellt haben. Milne und Dalton ermangeln der Wahrnehmung des Rothen, an dessen Stelle sie einen Schatten, einen Mangel des Lichtes (eine Art von Aschgrau), sehen. Unter allen Nüancen, welche durch eine Beimischung von Roth modificirt sind, wie z. B. Violet, Orange, Scharlach, erkennen sie durchaus nicht diese Modification; es scheint ihnen vielmehr, als wäre ein leichter Schleier über diese Farben geworfen, welche sie übrigens vollkommen unterscheiden.

Wir finden bei den Individuen diefer Classe noch eine ganz besondere Eigenschaft: sie sehen die rothe Farbe beim Kerzenlicht anders als bei Tage. Uebrigens ist diese Erscheinung leicht zu erklären. Die Erfahrung lehrt uns täglich, wie grofs der Einflufs ist, welchen die eigenthümliche Natur des Lichtes auf die Farbe des beleuchteten Gegenstandes ausübt. Wir wissen, dafs die Rose beim künstlichen Lichte gelblich aussieht, das Veilchen röthlich, dafs die blaue Farbe bleicher wird, dafs Roth sich in Ponceau verwandelt u. s. w. Eine durch bengalische Flammen, durch eine Leuchtkugel, oder durch den Blitz eines Kanonenschusses beleuchtete Landschaft, und eine durch die Flamme des Alcohol beleuchtete Gesellschaft bieten einen ganz anderen Anblick dar, als wenn sie von der Sonne beschienen wären. Man erinnert sich gewifs noch der allgemeinen Unzufriedenheit des Publicums, welche sich laut äufserte, als man anfing, die Schauspielsäle durch Gas zu erleuchten; die Revolution, welche diese neue Beleuchtungsart in der Toilette der Damen hervorbrachte, wird in den Annalen der Mode ewig denkwürdig sein.

Fünfte Klasse.

§. 29.

Die zu dieser Classe gehörigen Individuen nehmen die fünf primitiven Farben wahr, d. h. Weifs, Gelb, Roth, Blau und Schwarz; aber diese Wahrnehmung ist mehr oder weniger scharf, und noch weniger werden von ihnen die vielen Nüancen erkannt und unterschieden, welche aus der Mischung jener Farben hervorgehen. Häufig scheinen diese Personen da eine einfache Farbe wahrzunehmen, wo sie es mit einer zusammengesetzten zu thun haben, so hervortretend diese letztere auch sein mögen; sie erkennen nur mit Mühe die bekanntesten und deutlichsten Farbenmischungen und verwechseln nicht selten eine mit der andern. Die Farbenwahrnehmungsfunctionen sind bei ihnen so erschlafft und unthätig, dafs sie uns von dem Einflufs welchen die farbigen Gegenstände auf unser Auge ausüben, nur auf eine grobe und plumpe Weise in Kenntnifs setzen, und dafs sie die wahrgenommenen Farben nur mit grofser Mühe und nur in ihrer gröfsten Einfachheit auf das Gehirn übertragen.

Diese Classe ist so reich an Beispielen, dafs es unmöglich sein würde, selbst nur die merklichsten Verschiedenheiten alle aufführen zu wollen. Wir werden uns daher hauptsächlich bei einer verweilen, welche das Resultat unserer eigenen Beobachtung ist.

Beob. 10. Reinhard St..., Buchbinder, aus Schlesien gebürtig und 33 Jahre alt, fand sich am 4. November 1837 in der Clinik des Herrn Dr. Sichel ein, und versicherte uns, dafs es ihm bei mehreren Farben unmöglich sei, sie zu unterscheiden, und dafs ihn diese Unvollkommenheit täglich eine Menge Fehler begehen liefse, welche ihn verhinderten, in seiner Profession zu arbeiten. Der Anblick dieses Mannes, seine mehr als mittlere Gröfse, seine kräftige Leibesbeschaffenheit, seine starken Glieder, eine gewisse Nachlässigkeit in seinem Wesen und seinen Bewegungen, seine finstere und unbewegliche Physionomie, seine dunkelblonden Haare, seine braunen Augen und seine gelbliche Gesichtsfarbe endlich, liefsen ohne Mühe bei ihm auf ein biliöses und melancholisches Temperament schliefsen, und unsere Vermuthungen wurden vollkommen bestätigt, als wir alle besonderen Eigenschaften genauer geprüft hatten, welche auf den moralischen und physischen Zustand dieses Menschen einiges Licht werfen konnten.

St... ist gegenwärtig gesund und erinnert sich nicht, jemals gefährlich krank gewesen zu sein, obgleich er häufig an Verstopfung und mitunter an Kopfschmerzen leidet. Aus der speciellen Geschichte dieser Unpäfslichkeiten und der Art und Weise, wie er uns dieselbe erzählte, liefs sich leicht schliefsen, dafs er von einer gewissen Trägheit in seinen Empfindungen behaftet ist, aber dennoch stark gegen die äufseren Einflüsse reagire. Es bedarf einer lebhaften und einer längere Zeit einwirkenden Ursache, um ihn krank zu machen, aber seine Krankheit erreicht alsdann einen Grad von Heftigkeit und eine Dauer, welche man von den sie hervorrufenden Ursachen nicht erwartet hätte.

Sein moralischer Zustand bietet dieselben Dispositionen dar. Er ist eben nicht sehr empfindlich, wenn aber irgend Etwas einmal einen Eindruck auf ihn gemacht hat, so bringt dies eine heftige Wirkung auf seinen Geist hervor: er analysirt dasselbe mit der gröfsten Sorgfalt und vermag sich nicht wieder davon loszumachen. Seine Gedanken bilden sich mit einer gewissen Langsamkeit durch ein vorheriges tiefes Nachdenken und eine bis in das Kleinlichste gehende Präcision, seine Ausdrücke sind mitunter gewählt, jedoch findet dies nur in Folge einer grofsen Geistes-Anstrengung, einer lange Zeit vorher durchdachten Combination statt. Seine ganze Aufmerksamkeit ist fast immer auf seinen Gesundheits-Zustand gerichtet, und nur selten verlassen seine Ideen den engen Kreis seines Denkens. Er hat vier Brüder, von denen nicht ein einziger an diesem Fehler leidet, auch hat er niemals gehört, dafs schon irgend ein Glied seiner Familie damit behaftet gewesen wäre. Schon während seiner Kindheit hat man oft bemerkt, dafs er gewisse Farben nicht unterscheiden konnte, und er selbst erinnert sich, von seinen Spielgenossen mitunter ausgelacht worden zu sein, weil er beim

Malen den Bäumen ein rothes und der Rose ein blaues Colorit gegeben hatte. Später fast gänzlich seinen Zustand vergessend, erlernte er das Buchbinder-Handwerk und erblickte hier leider zu spät, dafs sein Fehler ihm niemals erlauben würde, die Pläne auszuführen, welche er für sich und das Wohl seiner Familie entworfen hatte, indem er sich überredete, dafs der Zustand seines Gesichtes ihm dabei ein unübersteigliches Hindernifs entgegenstellte. Er malte sich seine Lage selbst mit den finstersten Farben aus, analysirte und übertrieb seinen Fehler, und verlor alles Vertrauen zu sich selbst. Wir waren über die Beredsamkeit und Wärme, mit welcher er uns seine Leiden schilderte, wahrhaft erstaunt und wurden es noch mehr, als er in die Details seiner Gesichts-Unvollkommenheit einging. Begierig, sich über seinen Fehler zu unterrichten, hatte er viele Bücher gelesen und eine grofse Menge Aerzte um Rath gefragt; aber Alles dies hatte zu weiter nichts gedient, als ihn in eine düstere Niedergeschlagenheit zu versetzen.

St... ist kurzsichtig, er liest und schreibt in beinahe gewöhnlicher Entfernung, aber die entfernten Gegenstände nimmt er nicht wahr. Er bedient sich niemals einer Brille, weil er fürchtet, seinen Fehler dadurch noch zu verschlimmern. Die Hornhaut seines Auges ist convexer als gewöhnlich, die Iris dunkelbraun und sehr beweglich. Die Augenbraunen sind stark gewölbt und mit dünnen braunen Haaren bewachsen. In der Nähe sieht er, wie schon gesagt, sehr gut und auch in der Ferne, wenn er sich einer Brille für Myopen bedient. Er erkennt vollkommen alle Nüancen des Lichtes und der Dunkelheit und sieht gleichmäfsig gut, sowohl in der Dämmerung als beim künstlichen Lichte.

Sein gröfster Fehler besteht in einer gewissen Unempfindlichkeit für die Farben. Die Verlegenheit in seinen Antworten und seine Widersprüche bei der Benennung verschiedener Farben, von denen wir ihm Proben zur Benennung vorhielten, waren für uns ein wahres Chaos (wobei wir mehr als jemals das Bedürfnifs einer systematischen Classification der Farben fühlten); und erst durch wiederholte und aufmerksame Beobachtungen sind wir zu den nachfolgenden Resultaten gelangt.

St... erkennt vollkommen Weifs und Schwarz und ist selbst für die verschiedenen Abstufungen des Lichtes sehr empfindlich. Als ich ihm verschiedene Farben zur Vergleichung vorlegte, sagte er sogleich, dafs diese Farbe dunkler als jene wäre, aber er war verlegen, sie zu benennen.

Er erkennt immer und ohne zu zögern die drei primitiven Farben Gelb, Blau und Roth, und der Fehler seines Gesichts-Organes macht sich nur bei den verschiedenen Mischungen und Nüancen dieser Farben bemerkbar, welche er nicht nur unter sich, sondern häufig auch mit den primitiven Farben verwechselt. Der Regenbogen z. B. bietet ihm nur drei Farben dar: Gelb, Blau und Roth; das letztere erkennt er weniger scharf als die beiden erstern, welche, wenn sie rein sind, selbst in den verschiedenen Graden ihrer Intensität ohne Schwierigkeit von ihm erkannt werden. Er verwechselt niemals Schwarz und Blau und findet selbst das Blafsblau unter allen blassen Dinten der übrigen Farben heraus. Zwei Mischungen von Farben, wo in der einen Gelb und in der andern Blau vorherrschend ist, unterscheidet er leicht, da diese Farben für ihn die gröfste Verschiedenheit darbieten, bei allen übrigen ist er sehr unsicher.

Grün und Violet sind für ihn fast gar nicht vorhanden, Dunkelgrün verwechselt er mit Dunkelroth und Dunkelbraun und zwischen Hellgrün und Hellgelb findet er nicht den geringsten Unterschied. Violet gleicht entweder dem Blau oder dem Roth jenachdem eine dieser beiden Farben vorherrschend ist. Carmoisin, Ponceau, Crabbroth und alle Mischungen, worin das Rothe sehr hervorstechend ist, sind für ihn nichts anders als einfaches Roth, und wenn man ihm die dunklen Nüancen dieser Farben vorlegt, so verwechselt er sie mit Braun oder Dunkelgrün. Einmal hat er sogar ein ihm zum Einbinden übergebenes Buch auf der einen Seite mit braunem und auf der andern mit rothem Papiere überzogen.

Eine Rose scheint ihm bläulich, eine Todtenblume gelblich

und in dem Stiefmütterchen nimmt er zwei Farben: Gelb und Blau wahr.

Wenn man ihm zwei verschiedene Farben gleichzeitig neben einander vorlegt, so nimmt er wohl wahr, dafs eine Verschiedenheit stattfindet, doch ist er nicht im Stande, anzugeben, worin sie besteht; wenn man ihm aber diese Farben eine nach der andern zeigt, so entgeht ihm die Verschiedenheit und er giebt beiden häufig denselben Namen. Beim künstlichen Lichte ist er noch weit ungewisser als bei Tage, und er hat uns wiederholentlich versichert, dafs er in diesem Falle sich ganz und gar nicht auf seine Augen verlassen könne.

Nach Begehung vieler Fehler und einer mühseligen Erfahrung hat er endlich die Farben der verschiedenen Gegenstände auswendig gelernt; man darf daher aus seiner oft genauen und bestimmten Antwort nicht auf die Beschaffenheit seines Gesichts-Organes schliefsen wollen. Als ich anfing, sein Gesichts-Organ zu studiren, brachte er mir eines Tages Maroquin-Proben von verschiedenen Farben, und ich war erstaunt, ihn diese Farben so richtig und bestimmt errathen zu sehen; meine Verwunderung verlor sich aber sogleich, als ich ihm verschieden gefärbte Papierstreifen vorlegte, um sie benennen zu lassen: seine vorherige so bestimmte Bezeichnung der Farben gründete sich nur auf die Gewohnheit, und den fortwährenden Gebrauch dieser Stoffe.

Wir versuchten durch Anwendung verschiedener Augen-Gläser ihn zur schärfern Unterscheidung der Farben zu befähigen: diese Gläser liefsen ihn zwar die ferneren Gegenstände deutlich erkennen und entfernten den Nebel, welcher fortwährend über dieselben verbreitet schien; sie liefsen ihn auch die Farben deutlicher von einander unterscheiden, ohne ihn jedoch ihre wahre Natur vollkommener wahrnehmen zu lassen. Indem nämlich die convexen Gläser die farbigen Strahlen concentriren, ermüden sie eher das Auge, als dafs sie die verschiedenen Wirkungen auf dasselbe besser unterscheiden lassen.

Ich liefs den Versuch, welchen Whittloch Nicholl mit dem von ihm beobachteten Individuum angestellt hat, mehrere Male von St... wiederholen. Ich liefs ihn während einiger Zeit einen

Schnitzel farbigen Papiers betrachten und dann die Complementär-Farbe, welche nach Wegnahme des erstern erscheint. Violet gab Gelb, Gelb aber Blau als Complementär-Farbe, welche, wie man weifs, Violet ist. Roth hinterliefs einen dunklen Flekken, dessen Farben er keinen bestimmten Namen zu geben wufste, und welcher gelb wurde, wenn er die Augen schlofs.

Was die andern Sinne St...'s anbetrifft, so ist sein Gehör scharf und musicalisch, in seiner Jugend galt er sogar für einen guten Sänger, und in Betracht der übrigen Sinne versichert er, niemals die geringste Unvollkommenheit bemerkt zu haben, so genau er sich auch fortwährend in dieser Hinsicht beobachtet hat. Auch wir haben nichts Bemerkenswerthes oder Abnormes wahrgenommen.

Beob. 11. Herr Dr. Sommer, von dem wir bereits in der dritten Klasse von Chromatopseudopsie gesprochen haben, erwähnt in dem bereits genannten Journale auch die Gesichts-Unvollkommenheit seines Bruders, worüber er Folgendes mittheilt:

»Mein Bruder, ein gesunder Mann von 36 Jahren, hat dunkelbraunes Haar, eine durch einen sehr eminirenden obern Rand bedeckte Orbita, dunkelbraune ziemlich gewölbte, sehr starke Augenbraunen und einen mittelmäfsig grofsen Augapfel von nicht bedeutender Wölbung. Die Farbe seiner Iris ist blau, mit gelben Punkten vermischt, und um die Pupille am innern Annulus befindet sich ein gelber Ring. Er sieht sowohl in der Nähe als in der Ferne vollkommen scharf, und seine Sehweite ist im Allgemeinen die gewöhnliche.«

»Das rechte Auge leidet bei ihm häufig, das linke seltener, an Mückensehen, besonders nach vorhergegangenen Anstrengungen oder nach Ueberreizung.«

»Er erkennt immer, auch Abends und bei künstlicher Beleuchtung, Gelb und Orange, bei Tage auch Blau, was ihm aber bei Kerzenlicht als Grün erscheint. Violet, Lila und Grün erkennt er fast immer, dagegen begeht er in Bezug auf die rothe Farbe sehr häufig Verwechselungen, hält Ziegelroth für Grün und Hellroth für Blau. Braun und Grün verwechselt er häufig. Der Regenbogen erscheint ihm bei schneller und oberflächlicher

Beobachtung als ein Gemisch von Gelb, Roth und Blau, wenn er sich aber bemüht, die Farben desselben zu analysiren, so gelingt ihm dies; doch wohl mehr deshalb, weil er die Farben des Regenbogens, ihre Ordnung und ihr Hervorgehen auseinander theoretisch inne hat, als wegen einer vorhergegangenen richtigen Anschauung.«

»Er hat früher öfters und nicht ohne Erfolg gemalt, mufste aber dabei mit sehr viel Vorsicht zu Werke gehen, und theils die übrigen körperlichen Merkmale der Farben, theils den Rath anderer Menschen zu Hülfe nehmen, um Verwechselungen zu vermeiden.«

Ein Onkel mütterlicher Seits des Herrn Dr. Sommer, ein fast sechzigjähriger Mann, leidet an demselben Fehler, doch theilt der Autor keine nähere Details darüber mit.

Die nachfolgende Beobachtung ist von dem Herrn Dr. G... über die Abnormität seines eigenen Sehvermögens angestellt und beschrieben worden:

Beob. 12. »Das Aeufsere meines Auges,« sagt er, »zeigt keine auffallende Abnormität. Die Farbe der Iris ist hellblau, etwas ins Blaugraue spielend, die Pupille normal, vielleicht relativ ein wenig grofs, die Cornea etwas stark gewölbt. Ich bin Myops, wiowohl nicht in bedeutendem Grade. In der Ferne sehe ich die Gegenstände undeutlich, ihre Ränder nicht scharf begränzt. Neigung zur Nyctalopie ist in so fern bei mir vorhanden, als ich bei einiger Dunkelheit besser sehe als Andere, die bei Tage mich an Schärfe und Weite des Gesichtes übertreffen. Am schärfsten sehe ich bei Tage, wenn die Sonne nicht blendend hell scheint, bei gemäfsigtem Lichte. Von Muscis volitantibus u. s. w. werde ich nicht heimgesucht, wenn das Licht mit sich gleichbleibender Intensität auf mein Auge oder auf die zu betrachtenden Gegenstände fällt. An Augenkrankheiten habe ich nie gelitten. Der mir eigene Mangel des Farbenunterscheidungs-Vermögens ist so alt, als ich mir meiner bewufst bin, und keinesweges nach einer Krankheit zurückgeblieben. Ich erinnere mich, dafs ich als Knabe beim Unterricht im Zeichnen und Malen keine Fortschritte machte, und es nichts Seltenes war, wenn ich bei nicht strenger Aufsicht, durch eine falsch aufgetragene Farbe meine mühsame Arbeit verdarb. Mein Fehler ist sonach wohl angeboren, — erblich nicht, denn meine Eltern und deren Verwandte sind frei davon. Unter meinen sechs noch lebenden Geschwistern leidet mein älterer Bruder etwa in dem Mafse daran als ich. Er hat schwarzes Haar und schwarze Augen, sieht in der Nähe sehr deutlich und in der Ferne ausnehmend scharf.«

»Das Unterscheiden der Farben betreffend, so getraue ich mir zwar, Roth, Gelb und Blau in ihrem grellen Lichte zu erkennen, und diese drei möchte ich in Bezug auf mein Auge Grundfarben nennen, doch mufs ich bemerken, dafs ich unter Roth nur das Scharlachroth meine, denn Rosenroth und seine Nüancirungen könnten mir wohl als Blau untergeschoben werden. Nächst den genannten sind Grün und Violet die weniger schwer zu unterscheidenden Farben. Orange verwechsele ich gewifs mit Roth oder Gelb, oder wohl gar mit Grün, Dunkelblau mit Himmelblau oder Violet.«

»Meistens ist das Bestimmen der Farben bei mir eine Verstandes-Operation; ich weifs, dafs dieser oder jener Gegenstand diese oder eine andere Farbe trägt; bei Betrachtung einer Sache stelle ich nun, wenn ich von ihr a priori weifs, was sie für eine Farbe hat, Vergleichungen an, z. B. mit dem Grün des Grases, dem Roth der Rose und dem Roth eines Soldatenkragens. Aber die Erinnerung, das Gedächtnifs ist mir auch hierin wenig treu, daher es mir häufig begegnet, dafs ich, unter Gefahr für simulirend gehalten zu werden, die gröbsten Fehler begehe.«

Die ein wenig engen Gränzen unserer Abhandlung erlauben uns nicht, noch mehr in die Details der unzähligen Verschiedenheiten dieser Art von Chromatopseudopsie einzugehen. Die diese Classe characterisirenden Merkmale sind so allgemein angenommen, dafs man fast alle Fehler im Farbenunterscheidungs-Vermögen, so gering und so wenig bemerkbar sie auch sein mögen, in dieselbe aufnehmen kann. Die vielen Nachforschungen, welche wir über die Gesetze und die Natur der Farben-Empfindungen angestellt haben, haben uns auch gleichzeitig die grofse Mannigfaltigkeit erkennen lassen, welche in dem Farbenunterscheidungs-Vermögen bei verschiedenen Menschen stattfindet. Alle von uns beobachteten Personen waren zwar bei den besonders hervorstechenden und sich unterscheidenden Farben, als: Gelb, Blau, Orange und Hellgrün übereinstimmend in ihrer Bezeichnung, wenn es sich aber darum handelte, feine und geringe Nüancen zu unterscheiden, und die verschiedenen Resultate ihrer Mischungen anzugeben; so fand eine solche Verschiedenheit in den Urtheilen und Meinungen Statt, dafs es uns unmöglich gewesen sein würde, uns in diesem Labyrinth von Widersprüchen zurecht zu finden, wenn uns dabei nicht eine gewisse Uebung, eine mit der Zeit erlangte Gewohnheit in der Beurtheilung solcher Fälle und das vorherige sorgfältige Studium der Schriftsteller, welche über diesen Gegenstand geschrieben haben, zu Hülfe gekommen wäre.

Im Allgemeinen haben wir gefunden, dafs besonders die rothe Farbe und noch mehr ihre verschiedenen Verbindungen mit Blau, Gelb und Schwarz zur Begehung der meisten Fehler Veranlassung gaben. Mit Blau ist dies weniger der Fall und die Wahrnehmung des Gelben war fast überall vollkommen. Mitunter ist es uns auch vorgekommen, dafs Personen die verschiedenen Grade von Intensität einer Farbe nicht unterscheiden konnten, namentlich fand dies bei den dunklen Nüancirungen von Gelb, Violet und Braun Statt. Die meisten von uns beobachteten Personen bezweifelten ihre Abnormität und vertheidigten oft mit Hartnäckigkeit ihre Urtheile, behauptend, dafs wir und nicht sie einen Fehler in der Benennung begingen. Wer von uns, sie oder wir, Recht hatte, ist schwer zu entscheiden, aber es genügt uns zu wissen, dafs sie anders sahen als wir.

§. 30.

Nachdem wir die Chromatopseudopsie in den verschiedenen Graden ihrer Entwickelung gezeigt und verfolgt haben, wollen wir aus den citirten und vielen andern uns vorliegenden Beobachtungen, welche uns als Basis zu den im Anfange dieser Abhandlung aufgestellten Grundsätzen gedient haben, einige Schlüsse zu ziehen suchen. Aufser den Beispielen, welche uns unsere eigene Erfahrung geliefert hat, haben wir in verschiedenen Schriftstellern mehr als hundert gefunden, welche auf die Mangelhaftigkeit in der Farben-Empfindung Bezug haben. Wir müssen jedoch gestehen, dafs diese Beobachtungen nicht selten der Schärfe und Genauigkeit ermangeln, welche die Aufstellung einer Theorie erheischt. Mehrere Autoren haben die von ihnen mitgetheilten Fälle nur als eine Art von pathologischer Curiosität betrachtet und sich damit begnügt, zu sagen, dafs diese oder jene Person die Farben nicht von einander unterscheiden konnte, und sie glauben schon ganz was Besonderes gethan zu haben, wenn sie einige comische Verwechselungen oder Irrthümer mittheilen, zu denen der Fehler der von ihnen angeführten Person Veranlassung gegeben hat. Eine grofse Anzahl dieser Beobachtungen sind von Phrenologen nur in der Absicht angestellt, um durch sie zu beweisen, dafs dieser Farben-Empfindungs-Mangel mit gewissen Vertiefungen zusammenfällt, welche sie in dem Theile des Gehirns, wo sie den Sitz des Farben-Organes placiren, bemerkten oder bemerken wollten. Für diese Beobachter ist die Art und Weise, wie jene Personen die Farben unterscheiden, nur eine Nebensache; es genügt ihnen, die fragliche Unvollkommenheit zu constatiren. Gall, Spurzheim, und viele ihrer Schüler haben eine grofse Anzahl von Fällen angeführt, aus denen wir für die Theorie auch nicht den geringsten Nutzen ziehen können, aus denen wir im Gegentheil mit Bedauern ersehen, dafs man eine Menge von Beobachtungen vernachlässigt hat, welche sehr geeignet gewesen wären, unsere Kenntnisse über diesen Gegenstand zu bereichern. Im Ganzen finden sich also nur wenig wohlangestellte und genau beschriebene Beobachtungen vor. Wir haben dieselben sorgfältig gesammelt, mit unseren eigenen Erfahrungen verglichen und hierauf die in den vorangegangenen §. §. aufgestellte Classification basirt: sie haben überhaupt als Anhaltspunkte auf dem Wege gedient, den wir uns für die Bearbeitung dieses Werkes vorgezeichnet haben. Es wäre sehr zu wünschen, dafs dieser so interessante und wichtige Gegenstand aus der Vergessenheit hervorgezogen werden möchte.

Die Chromatopseudopsie ist nicht so selten, als man vielleicht glaubt. Wie viele giebt es nicht unter den Personen unserer Bekanntschaft, welche noch keineswegcs über die passendste Bezeichnung dieser oder jener Farbe übereinstimmen. Diese geringen Differenzen können nun zwar zu unserer Theorie wenig nützen und eben deshalb haben wir uns bemüht, präcisere und abstechendere Beobachtungen zu sammeln und anzustellen; sie zeigen aber, welche Verschiedenheit in dem Farbenwahrnehmungs-Vermögen verschiedener Personen stattfindet. Wir hoffen, dafs diese Bemerkung dazu dienen möge, dafs man künftig mit mehr Sorgfalt und Genauigkeit bei der Beobachtung solcher Gesichts-Anomalien zu Werke gehen und nichts versäumen werde, um so viel Nutzen als möglich aus den merkwürdigen Fällen zu ziehen, welche, wie W a r d r o p so richtig bemerkt, *unendlich viel beitragen können, um uns über die Phänomene des Lichtes und der Farben und über die geheimnifsvolle Wirkung des Gesichts-Organes zu belehren* [1]).

§. 31.

Die Chromatopseudopsie, so wie wir sie bis jetzt betrachtet haben, ist eine angeborne Unvollkommenheit, welche augenscheinlich in die Cathegorie der angebornen Functions-Fehler gehört, wie z. B. die Taubheit, der Mangel oder die Verderbtheit des Geruchs, des Geschmacks u. s. w. Die mit diesem Fehler oder diesen Anomalien behafteten Menschen nehmen die verschiedenen Wirkungen äufserer Reitzmittel entweder gar nicht oder anders wahr, als die in jeder Hinsicht wohl organisirten Personen. Da, wo z. B. ein gesundes, wohlgebildetes Ohr einen lieblichen Accord vernimmt, wird eine der Empfindlichkeit für diese Art von Eindruck beraubte Person nur ein einförmiges oder verworrenes und oft gar ermüdendes Geräusch vereinigter Töne wahrnehmen. Ein feiner Schmecker findet ein Paradies von Genüssen in der Verschiedenheit der Schüsseln, zwischen denen die von der Natur minder begünstigte Zunge kaum einen

[1]) Essais of the morbid Anatomy of the human Eye. Vol. 2. p. 198.

geringen Unterschied findet. Wir wollen uns hier nicht auf die Frage des primitiven Sitzes aller dieser Unvollkommenheiten einlassen (auf welchen wir jedoch später noch einmal zurückkommen werden); es scheint uns indessen von Wichtigkeit, zu bemerken: wenn die in Rede stehenden Personen die von aufsen erhaltenen Eindrücke mifsdeuten, wenn sie eine Empfindung für eine andere nehmen, so läfst sich diese Mifsdeutung in der letzten Analyse auf ein falsches Urtheil reduciren.

Wenn eine Person eine von Jedermann für grün erkannte Farbe für roth hält, so ist es augenscheinlich, dafs sie falsch darüber urtheilt; ob sich dieser Irrthum auf eine Unvollkommenheit des Auges oder des Beurtheilungs-Vermögens gründet, ist uns gleichgültig; wir lassen uns noch nicht auf die Ursache ein; es kommt vielmehr vorläufig nur darauf an, den *Irrthum in der Beurtheilung* zu bestätigen. Nun aber haben wir im ersten Theile dieser Abhandlung dargethan, dafs unser Urtheil nichts anderes als das Resultat der Gehirns-Functionen ist, es mufs daher bei den fraglichen Personen eine wirkliche und beständige Unvollkommenheit in diesen Functionen stattfinden. *Die unmittelbare Ursache der Chromatopseudopsie besteht in dem Nichtgeschiedensein der Gehirns-Functionen*, welche den Farbenwahrnehmungen zu Grunde liegen.

Wenden wir jetzt unsern Blick auf die analogen Functions-Unvollkommenheiten, welche uns die Pathologie darbietet, so werden wir sehen, dafs sie immer mit der Verkümmerung ihrer resp. Organe verbunden sind. Die Verminderung irgend einer Secretion z. B. hat immer eine Atrophie der sie erzeugenden Drüse zur Folge, ein gelähmtes Glied magert ab, und eine platte niedrige und zurücktretende Stirn, welche eine unvollständige Entwickelung der vordern Gehirnpartieen anzeigt, läfst fast jederzeit auf die mindere Ausbildung der höhern Geistesfunctionen schliefsen. Auf ganz analoge Weise läfst sich vermuthen, *dafs bei den mit der angebornen Chromatopseudopsie behafteten Personen derjenige Theil des Gehirns, welcher den Gesichts-Functionen vorsteht, in seiner organischen Ausbildung aufgehalten worden ist.*

Die Richtigkeit dieses Satzes dürfte wohl keinem Zweifel unterworfen sein; wenn es aber darauf ankäme, den Ort im Gehirne anzuzeigen, wo der, die Gesichts-Functionen verwaltende Theil desselben seinen Sitz hat, so würden wir darüber keine befriedigende Antwort geben können. Wir wissen zwar sehr wohl, dafs die Phrenologen das Farben-Organ in der Mitte der Augenbraunenwölbung annehmen, wir können aber nichts destoweniger versichern, dafs bei mehreren mit der gröfsten Sorgfalt von uns beobachteten Personen, eine deutlich wahrzunehmende Vertiefung an jenem Orte stattfand, ohne dafs sie im Mindesten mit einer Unvollkommenheit im Farbenunterscheidungs-Vermögen behaftet wären.

§. 32.

Wir haben gesehen, dafs die Chromatopseudopsie sehr oft erblich ist, und dafs sie ein, zwei oder mehrere Glieder einer Generation befällt, während die übrigen Glieder derselben Familie gänzlich davon befreit bleiben. Von den sechs Kindern der Familie Harris (Beob. 1) waren nur zwei, und von den neun Kindern der Familie des Greises, welche Whittloch Nicholl (Beob. 6.) beobachtet hat, waren ebenfalls nur zwei mit dieser Anomalie behaftet. Welches ist denn nun aber die Ursache dieser nur theil- oder vielmehr vorzugsweisen Erblichkeit? Auf diese Frage können wir nur durch eine andere antworten: Warum gleichen von mehreren Kindern einer Familie vielleicht nur eins oder zwei ihren Eltern, während die übrigen öfters nicht einen einzigen Zug derselben tragen? Und warum erben nur einige Kinder die Muttermähler der Eltern? Gestehen wir es nur, wir wissen nichts davon; dieser Theil unseres Wissens, welcher die tiefsten Geheimnisse der Zeugung betrifft, ist so dunkel, dafs selbst die geistreichsten Hypothesen zu nichts anders dienen würden, als unsere Ideen über diesen Gegenstand zu verwirren.

Ein ganz merkwürdiger Umstand bei der Fortpflanzung der Chromatopseudopsie ist der, dafs sie weit mehr durch die Frauen, als durch die Männer stattfindet. Wir sehen z. B. in den Beobachtungen von Milne [1]), bei dem von Whittloch Nicholl [2]) citirten Kinde und in der von Butler [3]) mitgetheilten Beobachtung, dafs die Grofseltern mütterlicher Seits ihren Enkeln diesen Fehler mitgetheilt hatten, obgleich die Mütter dieser letztern davon befreit geblieben waren. Zwar findet man auch Beispiele der Fortpflanzung dieser Fehler durch Männer, wie z. B. in dem von Scott [4]) erwähnten Falle, in der ersten Beobachtung von Seebeck [5]) jedoch ist dieser Fall weit seltener, als die erst erwähnte Art, wie dies eine grofse Mehrzahl der bekannten Beobachtungen bestätigen.

§. 33.

Ungeachtet dieser Fortpflanzungs-Art der Chromatopseudopsie durch die Frauen scheinen dieselben diesem Fehler doch weniger unterworfen zu sein, als die Männer. Unter den 40 Fällen, welche der berühmte Dalton erwähnt, giebt es nicht eine einzige von dieser Krankheit befallene Frau, und in allen von den übrigen Autoren mitgetheilten Beobachtungen haben wir nur sehr wenige gefunden, welche auf Frauen Bezug hatten. So sagt z. B. das von Whittloch Nicholl [6]) beobachtete Individuum blofs:

Wenn ich mich nicht irre, so theilt eine meiner Nichten meine Unvollkommenheit. Scott sagt ebenfalls sehr unbestimmt, dafs eine Tante der von ihm beobachteten Person auch an der Chromatopseudopsie leide, und Butler erwähnt blofs, dafs eine gewisse Mifs M.., Tochter des General M., die Farben nicht unterscheiden könne.

Uebrigens hat ein von uns angestellter ganz einfacher Versuch uns über diesen Gegenstand ganz aufser Zweifel gesetzt. Man weifs, dafs die Verschiedenheit der Urtheile über die Far-

---

[1]) Beobacht. 8.

[2]) Beobacht. 5.

[3]) Transactions of the phrenological society of Edinburgh. London 1824. p. 290.

[4]) Philosophical transactions of the royal society of London vol. 6.

[5]) Poggendorff's Annalen B. 42. Beob. 2.

[6]) Beobacht. 6.

ben so grofs und so häufig ist, dafs sie sogar zum Sprichwort geworden, und es ist einleuchtend, dafs diese Meinungs-Verschiedenheit sich auf die mehr oder mindere Ausbildung der Beurtheilungsfunctionen begründet. Es handelte sich also darum, zu wissen, ob die Verschiedenheit der Urtheile bei den Männern oder bei den Frauen gröfser wäre. In dieser Absicht hatten wir eine Anzahl Frauen versammelt und jeder einzelnen eine Menge verschiedenfarbige Bandproben mit der Bitte vorgezeigt, uns die jedesmalige Farbe anzugeben: alle gaben merkwürdiger Weise genau dieselbe Antwort. Ganz anders war es bei den zu gleichem Zwecke versammelten Männern; kaum hatten wir ihnen dieselben Proben vorgelegt, als sich ein lebhafter Streit über die passendste Benennung der Farben erhob, obgleich diese Herren sich sämmtlich einbildeten, eine genaue Farbenkenntnifs zu haben.

Diese Abhandlung war bereits seit mehreren Monaten der Königlichen Academie der Wissenschaften zu Paris vorgelegt, als Cunier in seinen Annales d'Oculistique, T. I, p. 418 eine sehr merkwürdige Beobachtung mittheilt, welche in einem flagranten Widerspruche mit allen denen steht, welche wir bis jetzt gefunden haben. Dieselbe ist zu interessant, als dafs wir sie hier nicht wörtlich mittheilen sollten:

»Ich erhielt,« sagt Cunier, »eines Tages den Besuch eines Staabs-Officiers der Belgischen Armee, welcher mich bat, seine seit einiger Zeit an einer traumatischen Ophthalmie leidende Tante zu besuchen. Diese Dame, Namens von Th..., 58 Jahre alt, von guter Constitution und einem sanguinisch-erethischen Temperamente, hatte bereits vor dem 30ten Jahre sechs Kinder erzeugt, (worunter 5 Töchter), war stets gesund und gut menstruirt gewesen. Sie war acht Tage vor meiner ersten Visite von einem Esel auf einen spitzigen Stein so gefallen, dafs sie sich die Sklerotika auf der linken Seite, nahe bei ihrer Vereinigung mit der Cornea und aufserdem die Schläfe und die Augenlieder nahe am äufsern Augenwinkel verletzt hatte.«

»Den von einem herbeigerufenen Wundarzt vorgeschlagenen Aderlafs hatte man verweigert, und eben so wenig Blutegel gesetzt, deren Anwendung hinter den Ohren er angeordnet hatte; man hatte blofs 24 Stunden lang kaltes Wasser aufgelegt und hierauf Umschläge angewandt, die mit einer Auflösung von Kochsalz in Brandwein angefeuchtet waren. Die Entzündung war zunehmend und es bedurfte der kräftigsten Mittel, um ihrer Herr zu werden.«

»Als ich 14 Tage später die Kranke wiedersah, fand ich, dafs die Bewegungen der linken Pupille weit langsamer waren als die der rechten, auch bemerkte ich einen leichten Grad von Blepheroptosis. Ich fragte die Kranke, ob sie die verschiedenen Gegenstände wohl unterscheide, und sie sagte mir, dafs sie vor zwei Tagen die Formen noch schwierig unterschieden hätte, seit gestern sähe sie jedoch besser. Um mich zu überzeugen, ob sie auch die Farben gut unterscheide, hielt ich ihr nach und nach verschiedene Stränge Zwirn vor, welche sich, in verschiedener Färbung, in dem Arbeitskörbchen ihrer Nichte vorfanden. Die Mehrzahl dieser Stränge war blau und die Kranke erkannte davon nur die Nüancirungen, welche hellblau waren, die dunklern Nüancen schienen ihr kirschfarben zu sein.«

»Ich wollte noch einige andere Versuche anstellen, als die Tochter meiner Kranken, Frau Van Overw... mich unterbrach und mir sagte, dafs sie und ihre fünf Schwestern, so wie ihre Mutter schon fortwährend Dunkelblau und Kirschfarbe verwechselt hätten und dafs ihr Bruder allein von dieser Verwechselung frei sei. Durch Hin- und Herfragen erfuhr ich ferner, dafs die Grofsmutter von Frau von Th... niemals Roth und Blau von einander unterscheiden konnte, und dafs von ihren drei Kindern die beiden Töchter an demselben Fehler gelitten hatten, während der Sohn davon frei geblieben war. Beide Töchter hatten sich sehr jung verheirathet, die eine, Mutter der Frau von Th..., war im Wochenbette gestorben und die andere hatte nur einen Sohn, welcher, zwar verheirathet, ohne Kinder geblieben ist.«

»Auf die Frage, ob die Urgrofsmutter und die Grofstanten der Frau von Th... mit derselben Abnormität behaftet gewesen wären, glaubte sie versichern zu dürfen, dafs keine von ihnen die geringsten Symptome gezeigt habe.«

»Ich habe bereits weiter oben gesagt, dafs die fünf Töchter der Frau von Th... eben so wie sie Dunkelblau und Kirschroth nicht unterscheiden konnten, ohne die andern Farben und Nüancen zu verwechseln. Vier von diesen Töchtern sind verheirathet.«

»Die älteste, Frau Van Overw... hat zwei Söhne und zwei Töchter, wovon die jüngere 8 Jahre alt ist, keine von beiden unterscheidet Hellblau von Kirschroth.«

»Die zweite hat einen Sohn und eine Tochter, welche letztere den Fehler der Mutter darbietet.«

»Die dritte Schwester hat nur einen Sohn, 11 Jahre alt und frei von dem fraglichen Fehler.«

»Die vierte Schwester ist unverheirathet«.

»Die jüngste endlich war an einen Beamten des Ostindischen Gouvernements zu Surinam verheirathet und ist bereits vor 4 Jahren gestorben. Sie hat einen Sohn hinterlassen, welcher zwar sehr kurzsichtig ist, aber die Farben und ihre Nüancen sehr gut unterscheidet. Beim ersten Anblick bieten die Augen der Töchter und Enkelinnen der Frau von Th... nichts Besonderes dar. Sie und ihre sechs Kinder haben eine graubraune Iris, ebenso alle ihre Enkelinnen. Die Iris der Knaben ist bei dreien schwarz, bei den übrigen von einer mehr oder weniger blauen Färbung. Die tiefern Gebilde des Auges bei den männlichen Nachkommen der Frau von Th... bieten nichts Auffallendes dar, wohl aber bei den Töchtern und besonders bei Frau Van Overw... und ihrer ältesten Tochter. Die Pupillen derselben haben zwar die normale Form und ziehen sich auf gewöhnliche Weise zusammen, ihre Färbung jedoch ist nicht die gewöhnliche schwarze. Im Hintergrunde des Auges, etwas nach oben, zeigt sich ein gelblicher Flecken in Form einer Elipse, wovon jedoch der Mittelpunkt grün und etwas eingedrückt erscheint.«

»Das helle Tageslicht belästigt die Kinder so sehr, dafs sie die Sonne fliehen. Bei sehr hellem Lichte unterscheiden sie die Gegenstände nicht vollkommen und sein Glanz läfst sie zuweilen laut aufschreien, wenn sie z. B. aus einem dunklen Ort in die

Sonne treten, oder diese letztere plötzlich hinter den Wolken hervortritt.«

»Diese grofse Empfindlichkeit für das Licht, womit Frau von Th... und ihre Töchter behaftet waren, hatte sich mit dem Aelterwerden vermindert und bestand nur noch in einem geringen Grade bei ihnen. Die Einstellung der monatlichen Reinigung schien einen grofsen Einflufs darauf ausgeübt zu haben, und die Annäherung derselben rief sie zuweilen wieder hervor.«

»Kein Glied der Frau von Th'...schen Familie ist blind geworden; die Grofsmutter ist im 81ten, ihre Tante im 70ten und ihr Vetter im 62ten Jahre gestorben. Ihr Sohn erfreut sich eines vortrefflichen Gesichtes und hat niemals an den Augen gelitten.«

Diese Beobachtung, obgleich von einer grofsen Wichtigkeit für unsern Gegenstand, ist indessen die einzige ihrer Art und auf dem jetzigen Stande unserer Kenntnisse als eine Ausnahme zu betrachten: sie erschüttert zwar ein wenig die Meinung über die Prädisposition des Mannes für die Chromatopseudopsie, aber sie vermag noch lange nicht, dieselbe umzuwerfen. Wir glauben keineswegs, alle auf diesen Gegenstand bezüglichen Werke studirt zu haben, nach der grofsen Anzahl von Beobachtungen aber, welche zu unserer Kenntnifs gelangt sind, läfst sich mit Gewifsheit behaupten, dafs die Frauen der Chromatopseudopsie weit weniger unterworfen sind, als die Männer; und ein augenscheinlicher und fast unverwerflicher Beweis dieser Behauptung scheint selbst darin zu liegen, dafs die Frauen mit einer grofsen Fähigkeit begabt sind, die Farben wahrzunehmen und zu unterscheiden, und dafs diese Fähigkeit bei ihnen sogar vorherrschend ist. Dieses Resultat unserer Nachforschungen stimmt merkwürdigerweise auch mit der Ansicht überein, welche der berühmte Gründer der Phrenologie hierüber ausgesprochen hat. Gall versichert uns, dafs das Farben-Organ bei dem Weibe weit mehr entwickelt sei, als beim Manne; dafs es daher weit empfänglicher für angenehme Gesichts-Eindrücke wäre; und dafs hierin der Grund zu suchen sei, warum es eine so glückliche Wahl in den Farben trifft, warum es eine mehrfarbige Kleidung liebt, und warum es endlich weit mehr, als der Mann, Blumenfreund ist. Eine Frau wird immer ein colorirtes Gemälde einem einfarbigen vorziehen. Diese Disposition erklärt auch, warum die Künstlerinnen, obgleich sie an Geist den Männern, deren Griffel so oft unsere Bewunderung erregt, untergeordnet sind, sich dennoch durch die Anmuth und Lebhaftigkeit des Colorits ihrer Erzeugnisse zu jenen emporgeschwungen und dieselben mitunter gar übertroffen haben. So z. B. Angelika Kaufmann, Tochter des berühmten Ruysch [1]).

Wenn wir auf die Schöpfung einen philosophischen Blick werfen, so bemerken wir mit Leichtigkeit, dafs sie uns verschiedene Gruppen organischer und unorganischer Wesen darbietet, von denen ein jedes nach seiner Art und Weise, zur Erfüllung der Gesetze des unendlichen Ganzen beiträgt, das wir Weltall nennen. Seit vielen Jahrhunderten hat sich der menschliche Geist vergebens bemüht, diese göttliche Harmonie zu entziffern, diese geheimnifsvollen Gesetze der Schöpfung zu enträthseln; und was hat er erforscht? und welches ist das Resultat seines Sinnens und Grübelns? Statt dieses höhere Problem zu lösen, hat er immer mehr und mehr erkannt, dafs er nur ein Glied dieser gigantischen Kette, ein unendlich kleiner Theil dieses räthselhaften Weltorganismus ist und dafs er einem ihm unbekannten Ziele entgegen schreitet, das zu erkennen er sich vergebens anstrengt. Wenn er, seine Natur einen Augenblick vergessend, mit seinem Geiste den harmonischen Lauf der Sterne begleitet; wenn er sich als den Beherrscher der ganzen Natur erblickt: so wähnt er sich den Herrn der Schöpfung, die Erde scheint nur für ihn geschaffen zu sein; er gefällt sich in dieser Idee und ist glücklich in seinem Wahne. Wenn er aber aus dieser schwindelnden Höhe wieder in die Wirklichkeit hinabsteigt; wenn er einen Blick auf die Erde wirft, welche ihn ernährt und vielleicht in Kurzem sich öffnet, um seine sterbliche Hülle zu

---

[1]) Band IV, p. 74.

umfassen: so schwindet seine Gröfse, und einen andern als Herrn der Schöpfung erkennend, neigt er ehrfurchtsvoll und traurig sein Haupt.

Es giebt also zwei Richtungen in dem Menschen, die eine, welche ihm in der Mitte der Natur seinen Platz anweiset und welche sein universelles Princip ist, die andere, welche ihn von dieser Natur losreifsend, derselben gegenüber stellt: sein egoistisches Princip.

Das Weib, die Mutter der Menschheit, ist mehr als der Mann mit der Natur verbunden und in Uebereinstimmung mit der Welt; sie vereinigt in sich allein eine grofse und allgemeine Idee des menschlichen Geschlechtes: sie repräsentirt das universelle Princip. Der Mann, seiner physischen und moralischen Natur nach, als Culminationspunkt der Schöpfung, reifst sich von derselben los, isolirt sich von den ihn umgebenden Gegenständen und giebt uns somit eine richtige Idee von dem egoistischen Princip, welches in ihm vorherrscht. Eben so sehr wie in ihm die intellectuellen Fähigkeiten entwickelt sind, eben so sind bei dem Weibe die Wahrnehmungs-Functionen vorherrschend: es ist also in der Vereinigung beider Geschlechter, dafs wir die Idee der menschlichen Vollkommenheit zu suchen haben.

Diese Betrachtungen verfolgend, begreift man leicht, warum das Weib eine gröfsere und zartere Empfindlichkeit für die Farben besitzt. Die Entwickelung dieses Gefühls ist eines der stärksten Bande, um die Mutter der Menschheit mit der übrigen Schöpfung zu vereinigen. Man würde sich jedoch sehr irren, wenn man glauben wollte, dafs dieses das einzige Mittel der Natur sei, diesen erhabenen Zweck zu erreichen: sie hat noch viele andere Wege.

So anziehend dieser Gegenstand auch ist, so können wir ihn doch nur schnell vorübergehend berühren: um ihn wohl zu verstehen, würde es einer genauen Prüfung der physischen und moralischen Eigenschaften des Weibes bedürfen, und wir überlassen es dem philosophischen Beobachter, die Vollkommenheit der Sinne des Mannes und des Weibes zu vergleichen und einen prüfenden Blick auf den physischen, moralischen, physiologischen und pathologischen Zustand des einen und des andern zu werfen. Wir sind innigst überzeugt, dafs er noch unzählige Beweise zu der ausgesprochenen Meinung finden wird.

§. 34.

Bei einer aufmerksamen Betrachtung der zu unserer Kenntnifs gekommenen Beobachtungen ist uns ein sonderbarer Umstand aufgefallen: die mit der Chromatopseudopsie behafteten Personen waren nämlich alle germanischen Ursprungs d. h. Deutsche, Engländer, Schweizer u. s. w., während die von der romanischen Raçe abstammenden Völker kaum einen Repräsentanten in dem weiter oben citirten französischen Maler Collardeau darbieten. Wir halten dies Resultat keinesweges für den Beweis einer ganz besondern Farben-Empfindlichkeit der romanischen Völker, wir sind im Gegentheil sehr geneigt, dasselbe eher der Nachlässigkeit der französischen Beobachter oder auch wohl gar dem unglücklichen Zufalle zuzuschreiben, welcher trotz unserer eifrigsten Nachforschungen nicht gewollt hat, dafs wir auf die Spur von französischen Werken geriethen, welche diesen Gegenstand berühren. Wenn wir daher dieses Resultat hier mittheilen, so behalten wir es der Zeit und Erfahrung vor, dasselbe zu bestätigen oder zu widerlegen. Man begreift aber, dafs es im ersten Falle ein klarer Beweis der seit langer Zeit ausgesprochenen Meinung sein würde; dafs die Perceptibilität (Auffassungs-Vermögen) bei den romanischen, und die Idealität (Schaffungs-Vermögen) bei den teutonischen Völkern vorherrschend ist. Hiernach wäre die Idee der menschlichen Vollkommenheit in der Vereinigung der Völker zu suchen, eben so wie wir die des einzelnen Menschen in der Vereinigung beider Geschlechter gefunden haben.

§. 35.

Die von uns von den verschiedenen Autoren mitgetheilten Beobachtungen reichen zwar hin, um uns einen deutlichen Begriff von der Beschaffenheit der Chromatopseudopsie zu geben, unglücklicher Weise hat man aber unterlassen, uns die Individualität, d. i. die Constitution, das Temperament, den physischen und moralischen Zustand derjenigen Personen mitzutheilen, welche damit behaftet waren. Wir sehen in diesen Darstellungen nur die isolirte Unvollkommenheit und suchen vergebens den individuellen Menschen. Diese Auslassung erlaubt uns nicht, die Beziehungen aufzufinden, welche zwischen der angebornen Chromatopseudopsie und dem physiologischen Zustand des Individuums stattfinden könnten; wir glauben jedoch bemerkt zu haben, dafs die Mangelhaftigkeit der Farben-Empfindung fast ausschliefslich nur bei Personen einer robusten Constitution und eines biliösen, melancholischen Temperamentes vorkommt, wie wir dies bereits in der St...'schen Beobachtung ausgesprochen haben. In den Versuchen, welche wir mit den farbigen Proben anstellten, ergab sich ebenfalls, dafs die, mit dem besprochenen Temperamente begabten Personen die meisten Fehler in der Benennung der Farben begingen. Zwei Beobachtungen, die eine über einen Seidenwaarenhändler in London, welche uns vom Herrn Dr. Coulen, ebendaselbst wohnhaft, und die andere über den ehemaligen polnischen Minister Malusewitz, welche uns von dem Grafen von Plater mitgetheilt ist, unterstützen diese Ansicht.

Alle unsere Bemühungen, die Chromatopseudopsie an anatomische oder functionelle Charactere des Auges zu knüpfen, haben uns zu keinem genügenden Resultate geführt. Die von Einigen aufgestellte Behauptung, dafs diese Anomalie denjenigen Personen eigen sei, deren graue Augen nahe am Rande der Pupille mit einem gelblichen Kreise versehen sind, hat sich nur in einigen Fällen bestätigt.

Der Dr. Sommer z. B. hat eine grünlich blaue Iris mit dunklem Kreis; die Augen seines Bruders sind beinahe schwarz, die des St... braun und die von Cunier beobachteten Damen hatten eine graubraune Iris. Bei mehreren anderen Personen ist sie dunkelfarbig. Was den fraglichen gelben Kreis betrifft, so habe ich ihn sehr oft bei Personen wahrgenommen, die nicht die geringste Spur von Chromatopseudopsie blicken liefsen. Dies dürfte, glaube ich, genügen, um dieses Zeichen nicht als ein charakteristisches Merkmal der Unempfindlichkeit für die Farben zu nehmen. Und eben so dürfte es sich mit dem dunklen Flekken verhalten, welchen man zuweilen hinter der Pupille bemerkt hat, wie z. B. in der Cunier'schen Beobachtung.

Mitunter findet man die Unempfindlichkeit für die Farben bei Personen, deren Gesichts-Organ sonst ganz vollkommen ist, wie es die Beobachtung von Harvey und Butler bestätigen. In anderen Fällen ist sie von Weitsichtigkeit begleitet, wie z. B. bei dem von Whittloch Nicholl beobachteten Greise. Endlich beweisen die Beispiele von Sommer, Stahl, vom Dr. G....r, dafs auch die Myopen nicht frei davon sind.

Eine andere ganz besondere Bemerkung ist aber die, dafs gemeiniglich die von der Chromatopseudopsie behafteten Personen, besser als andere, die Gegenstände in der Dunkelheit und in der Ferne unterscheiden. Dieser von Whittloch und dem Dr. G....r bestätigte Umstand verdient mit Recht unsere Aufmerksamkeit, und wir glauben, die Ursache davon nicht besser erklären zu können, als wenn wir eine mit dieser Abnormität behaftete Person selbst reden lassen:

„Alle möglichen Gegenstände verlieren, wenn ich sie in einiger Entfernung betrachte, ihre örtliche Farbe und nehmen mehr oder weniger eine blafsblaue oder azurblaue Farbe an, wie sie durch die Luftschicht entsteht, welche zwischen dem Beobachter und dem entfernten Gegenstande liegt, und welche die Maler mit Luftfarbe' bezeichnen. Keine Farbe bildet mir einen so mächtigen Gegensatz zur schwarzen Farbe, als dieses Azurblau, und da bekanntlich die Schatten aller Gegenstände schwarz erscheinen, so nehme ich diejenigen Gegenstände am Deutlichsten wahr, die durch ihre Entfernung mehr oder weniger die Azurfarbe angenommen haben und die zugleich im Besitz scharfer Schatten sind. In der Nähe und bei hochfarbigen Gegenständen sind diese letztern für mich unsichtbar, und ich erblicke häufig nur confuse und formlose Farbenmassen. Diese Eigenschaft ist so stark bei mir, dafs sie die Wirkung der Perspective überwindet. Die Schattirung in der Form und in der Kleidung menschlicher Wesen tritt mit der Zunahme der Entfernung bis zu einem gewissen Punkte immer deutlicher hervor, so dafs die Gegenstände in der Ferne an Klarheit gewinnen, was sie an Gröfse verlieren; und sehr häufig kann ich nicht angeben, ob ich ein Kind in der Nähe oder eine erwachsene Person in einer gewissen Entfernung erblicke« [1]). (Medico-chir. Transactions. vol. IX. p. 361.)

Man würde sich jedoch sehr irren, wenn man glauben wollte, dafs diese Eigenschaft allen mit einer theilweisen Farbenunempfindlichkeit behafteten Personen eigen sei. Dalton z. B. ver-

---

[1]) Derselben Unvollkommenheit hat man die Beobachtungen zuzuschreiben, welche man über gewisse Individuen gemacht hat, die die Verhältnisse der Perspective nicht auffassen konnten. Combes hat z. B. einen solchen Fall beobachtet, der zu interessant ist, als dafs wir ihn hier nicht erwähnen sollten. (Transact. of the phrenological Society of Edinburgh 1823.)

S..., Vormund der Familie Mackenzie gesteht, dafs er niemals ein Gemälde begreifen konnte, welches eine Landschaft darstellt und mit einem farbigen Colorit versehen ist, weil ihm alle Gegenstände als in ein und derselben Vertical-Ebene liegend, erschienen, und er erklärt sich dies dadurch, dafs er in seiner Jugend niemals die Perspective studirt hat. Er versichert, dafs er die Formen der Gegenstände weit deutlicher sieht, als ihre Farben und von diesen letztern nimmt er wieder die hellern und blässern schärfer wahr, als die dunklern, wodurch es sich erklärt, dafs er die, durch verschiedene Nüancirungen ausgedrückten Entfernungen nicht zu beurtheilen vermag. Er verweilte gern in Rossolin, einer schönen Gegend in Schottland, und erfreute sich des angenehmen Contrastes der Hügel, Wälder, Wiesen und Bäche.

Eben so ergötzte er sich sehr an dem Anblick der schottischen Gebirge, welche er sehr oft besuchte, aber es waren nur die Seen, die Bäume, die Wiesen und die Saaten, welche seinem Auge schmeichelten.

Sobald er jedoch die Augen schlofs, oder der so eben bewunderten Landschaft den Rücken zukehrte, verlor er augenblicklich die Vorstellung derselben, und es ist ihm unmöglich, sich ihr Bild so wie die gegenseitige Beziehung der gesehenen Gegenstände zurückzurufen. Rossolin, so wie S... sich dessen erinnert, ist nur ein confuser Haufen von Felsen, Wiesen und Bächen, welche ein uncultivirtes Land, bunt durcheinander fliefsen, und dennoch gewährt es ihm eine süfse Erinnerung, wenn er des Vergnügens gedenkt, das er in dieser reizenden Gegend genossen hat.

sichert im Gegentheil, dafs er bei sehr hellem oder bei dunkelem Wetter nur mit Mühe die äufseren Gegenstände unterscheide.

§. 36.

Man wird uns jetzt ohne Zweifel fragen, welches die Ursache der Chromatopseudopsie sei. Nach den im Anfange unseres Werkes ausgesprochenen Principien kann es aber nicht schwer fallen, diese Frage zu beantworten. Bevor wir jedoch unsere Meinung hierüber aussprechen, möge es uns erlaubt sein, einen Blick auf diejenigen Meinungen zu werfen, welche man über diesen Gegenstand bisher gehegt hat. Wir werden dieselben in zwei Klassen theilen: 1tens die Meinung derjenigen, welche den Augapfel als den Sitz der Chromatopseudopsie betrachten; 2tens die Meinnng derjenigen, welche diese Anomalie einer Abnormität der Gehirns-Functionen zuschreiben.

1. Dalton, um die Unempfindlichkeit für gewisse Farben, womit er behaftet war, zu erklären, nimmt für sich und die ihm hierin gleichenden Personen an, dafs der Glaskörper des Auges gefärbt sei. Er stützt sich hierbei auf die von den Physikern ausgesprochene Meinung, dafs die farbigen, durchsichtigen Körper nur die Strahlen derjenigen Farbe durchlassen, welche mit der ihrigen correspondirt, und dafs sie alle übrigen Strahlen zurückhalten. Er meint, dafs z. B. bei einer grünlich blauen Farbe des Glaskörpers, dieser letztere die rothen Strahlen verhindern würde, bis an die Retina zu gelangen, und dafs folglich die Empfindung des Rothen nicht Statt haben könne, während die blauen und gelben Strahlen den grünlichen Glaskörper ungehindert passiren und natürlicher Weise die ihnen eigenthümliche Empfindung auf der Retina hervorrufen. Diese obgleich sehr geistreiche Theorie hat indessen weniger Glück gehabt, als die in der Chemie von demselben Autor aufgestellte Theorie der Atome. Wardrop, Mackenzie und andere Gelehrte haben mit Recht bemerkt, dafs man beim Sehen durch ein farbiges Glas, die eigentlichen Farben der Gegenstände sehr gut unterscheidet, nur scheinen sie mit einem gewissen durch das Glas hervorgebrachten Schatten umgeben. Uebrigens weifs man, dafs

die Augenlinse bei dem Greise gelblich wird, und ungeachtet dieser Verwandlung bleibt derselbe gleich empfindlich für die Farben. Eben so wenig bestätigt sich die Meinung dieses gelehrten Chemikers durch die Anatomie. Man weifs, dafs die Farben-Nüancen des Glaskörpers so wenig markirt sind, dafs es durchaus unmöglich ist, daraus die geringste Folgerung zu ziehen.

2. Wardrop meint, dafs die Ursache der Chromatopseudopsie in dem Umstande liege, dafs die betreffende Retina für die blauen und gelben Strahlen empfindlicher sei, als für die übrigen. Er erklärt diese Empfindlichkeit durch die verschiedene Brechbarkeit der verschiedenfarbigen Strahlen in der Augenflüssigkeit, vermöge welcher die blauen und die gelben Strahlen weit directer als alle übrigen auf die Retina fallen, und die Bilder der blauen und gelben Gegenstände daher weit deutlicher und schärfer aufgefafst werden. Wenn der dem Auge dargebotene Gegenstand verschiedene Farben besitzt, so hält er es für wahrscheinlich, dafs die Empfindungen von Blau und Gelb überwiegend seien und dafs die Meinung der von dieser Anomalie affectirten Personen nothwendigerweise von der Meinung aller übrigen verschieden sein müsse.

Wäre diese Theorie richtig, so würde nichts leichter sein, als jenem Fehler vermittelst zweckmäfsiger Gläser abzuhelfen, eben so wie wir der Kurz- und Weitsichtigkeit auf diese Weise zu Hülfe kommen, zwei Fehler, die, wie Jedermann weifs, ihren Grund in dem zu grofsen oder zu geringen Brechungsvermögen der durchsichtigen Theile des Auges haben. Man erinnert sich indessen, dafs Whittloch's Greis niemals dergleichen Brillen ausfindig machen konnte und eben so wenig ist es uns gelungen, für den weiter oben erwähnten Buchbinder St... entsprechende Gläser aufzufinden.

3. Ein anonymer Autor [1]) bemerkt, dafs es die rothen Strahlen sind, welche am häufigsten verkannt werden und er erklärt dieses Phänomen auf die folgende Weise:

„Angenommen, dafs das schwarze Choroïdal-Pigmentum eine

---

[1]) Edinburgh Journal of Science vol. 4. p. 86.

wichtige Rolle in den Gesichts-Phänomenen spiele, so schreiben wir die Unempfindlichkeit für die rothe Farbe der Retina zu, welche in diesem Falle blau gefärbt sein mufs. Es geht hieraus nothwendiger Weise hervor, dafs das Licht, welches auf das Pigmentum fällt, durch die absorbirende Kraft der Retina der rothen Strahlen beraubt ist, und dafs das vom Pigmentum auf die Retina zurückgeworfene Licht nur noch blaue Strahlen enthalten kann.«

Hieraus läfst sich leicht ersehen, dafs dieser Schriftsteller zwei Hypothesen aufstellt: 1) Es lassen sich nur diejenigen Strahlen empfinden, welche von dem Pigmentum auf die Netzhaut zurückgeworfen werden; 2) bei denjenigen Individuen, welche die Farben nicht unterscheiden können, ist die Netzhaut bläulich. Diese beiden Hypothesen stehen jedoch mit den heute zugelassenen Meinungen so sehr in Widerspruch, dafs es unnütz sein würde, uns auf eine Widerlegung derselben einzulassen.

Es ist jedoch curios, von diesem anonymen Schriftsteller über Dalton's Theorie sagen zu hören, »dafs dieselbe nichts als eine Vermuthung sei, die keine anatomische Untersuchung bestätige und welche man daher nicht zulassen könne, um die Phänomene der Achromatopsie zu erklären.« Und nun tritt er selbst mit noch weit weniger gegründeten und so zu sagen aus der Luft gegriffenen Muthmafsungen auf.

4. Young schreibt die Unempfindlichkeit für die rothe Farbe einer Lähmung derjenigen Fibern der Netzhaut zu, welche die Empfindung dieser Farbe bewirken. Er theilt die Ansicht von Schörfer und Darwin, welche das Auge bei der Hervorbringung der Farbengefühle nicht als passiv, sondern wesentlich activ ansehen und er scheint der Meinung, dafs jede Farbe ihre entsprechende Fiber in der Netzhaut habe.

Wir befürchten, dafs er hierin zu weit geht, und halten es für einfacher, die Farbe als *Modification der Thätigkeit* eines und desselben nervösen Filaments zu halten. Es ist gewifs noch Niemanden eingefallen, zu sagen, dafs es verschiedene nervöse Fibern geben mufs, um z. B, eine Verbrennung, einen Stich oder einen Stofs zu fühlen. Und warum wollte man eine Ausnahme bei den Empfindungen der Netzhaut machen?

5. Hartmann behauptet, dafs wir nur durch die Analyse zur Erkennung der Gegenstände gelangen, welche sich unseren Blicken darbieten, und dafs unsere Wahrnehmung nicht augenblicklich, sondern nach und nach stattfindet, indem wir die Form, Entfernung und Farben prüfen. Diese Prüfung beruht nach ihm auf einer Reihe von Veränderungen, welche in der Retina, den Ciliar-Nerven und den bewegenden Ocular-Nerven vorgehen; und wir erkennen nur erst dann mit Leichtigkeit die Gegenstände, wenn die Reihe von Veränderungen zur Gewohnheit geworden ist und sich fast augenblicklich ausführt. Aus diesem Raisonnement geht hervor, dafs die Personen, welche gewisse Farben nicht von einander unterscheiden können, diesen Mangel nur einem gewissen Zustande von Trägheit oder Erstarrung in der Netzhaut und den bewegenden Nerven des Auges zuzuschreiben haben.[1]

6. Sir Brewster[2] meint, dafs die Ursache der Chromatopseutopsie in der Unempfindlichkeit der Netzhaut für die farbigen Strahlen zu suchen sey, mögen diese letzteren auf der einen oder andern Seite des prismatischen Spectrums liegen. Zur Unterstützung seiner Meinung führt er als analog die von Wollaston[3] beobachteten Individuen an, die unempfindlich für die über oder unter der musicalischen Tonleiter befindlichen Töne sind.

Dieser Vergleich des so verdienstvollen Edinburger Professors ist allerdings etwas geistreich, wir können jedoch nicht begreifen, wie man ein dunkles Phänomen durch ein anderes noch weit dunkleres erklären kann. Sir Brewster schreibt die Unempfindlichkeit für die Farben der unvollkommenen Organisation der Netzhaut oder irgend einer andern zufälligen Ursache zu, welche einen Einflufs auf die Netzhaut ausübt und welche bewirkt, dafs das Auge eines Individuums empfindlicher für die

---

[1]) Geist des Menschen, Wien 1820 p. 153.

[2]) Edinburgh philosophical Journal.

[3]) Transactions of the royal Society of London 1820.

Farben sey, als das eines andern. Wir bedauern von Herzen, dieser Meinung von Sir Brewster nicht gänzlich beipflichten zu können und glauben, dafs es uns gelingen werde unsere abweichende Ansicht in der Folge genügend zu rechtfertigen.

§. 37.

Die im vorhergehenden §. besprochenen Theorien nehmen die Ursache der Chromatopseudopsie als im optischen Apparate des Auges befindlich an. Wir wollen jetzt einen Blick auf die Meinung derjenigen Autoren werfen, welche diese Anomalie in dem Gehirn, als dem Central-Organe aller Perceptionen, aufsuchen, oder, wenn man lieber will, in dem Theile des Gehirnes, welcher die Sehfunctionen versieht.

Herschel [1]) glaubt sich bei der von ihm beobachteten Person überzeugt halten zu dürfen, dafs die prismatischen Strahlen die Empfindung des Lichtes hervorrufen und die Gegenstände unterscheiden lassen können, und dafs ihr Fehler weder von der Unempfindlichkeit ihrer Augen für die Strahlen einer gewissen Brechbarkeit, noch von irgend einer farbigen Materie abhängig sey, die sich in der wässrigen Flüssigkeit der Augen verbreitet haben und den Durchgang gewisser farbigen Strahlen unterbrechen könnte, wie dies von mehreren angenommen ist; er behauptet vielmehr, dafs diese Unvollkommenheit von einem Fehler des Sensorium herrühre, welcher diese Person unfähig mache, die verschiedenen Wirkungen der Strahlen genügend zu würdigen.

Eine aufmerksame und vorurtheilsfreie Prüfung der Harvey'schen Versuche dürfte einen Jeden von der Richtigkeit dieser Meinung leicht überzeugen und die Autorität dieses berühmten Schriftstellers fast unnöthig machen.

Gall und Spurzheim, die Urheber einer so oft verkannten Lehre, haben augenscheinlich dargethan, dafs alle unsere Empfindungen, alle unsere Kenntnisse und alle unsere geistigen Verrichtungen einzig und allein von der Thätigkeit des Gehirns abhängen, welches gleichsam das materielle Werkzeug alles des-

---

[1]) Metrop. Encyclopädie §. 507. Artikel: Ueber das Licht.

sen ist, was das geistige Wesen des Menschen constituirt. Ohne hier auf eine Prüfung der Gehirnsorgane, auf die Localisirung der intellectuellen Fähigkeiten und die Topographie der Seelenkräfte (Fragen, welche von den berühmten Gründern der Phrenologie weitläufig behandelt sind, und worüber Zeit und Erfahrung den richterlichen Ausspruch thun mögen), einzugehen können wir indessen diese Gelegenheit nicht vorübergehen lassen, um die im Anfange dieser Abhandlung bereits ausgesprochene Meinung noch einmal in's Gedächtnifs zurückzurufen; nämlich:

1) Wir nehmen durchaus nur das wahr, was in unserem Gehirne vorgeht, weil dieses das unmittelbare Organ ist, von dem alle unsere Perceptionen abhängig sind.

2) Eine Veränderung, welche in irgend einem Punkte unseres Organismus statt findet, wird von uns nur wahrgenommen, wenn sie uns durch eine Operation des Gehirns mitgetheilt wird, im entgegengesetzten Falle haben wir durchaus keine Empfindung davon.

Hieraus geht hervor, dafs die Nichtkenntnifs irgend einer Farbe jederzeit dem Gehirn zuzuschreiben ist, in welchem nämlich die Functionen, worauf die Perception der Farben beruht, entweder gestört oder unentwickelt geblieben sind. Bei der Cerebral-Amaurose findet nicht die geringste Empfindung des Lichtes statt, und es wird Niemanden einfallen, die Schuld davon einer Abnormität des Auges zuschreiben zu wollen, vielmehr ist dieselbe in der Vernichtung der perceptiven Function des Gehirns zu suchen. Die Chromatopseudopsie gehört in dieselbe Cathegorie; bei ihr ist es die perceptive Function einer oder mehrerer Farben, welche unentwickelt geblieben oder gestört worden ist, was nothwendiger Weise die Nicht-Perception dieser Farben herbeiführen mufs, so vollkommen und thätig auch sonst das Auge sein mag.

Dies als feststehend angenommen, so bietet sich uns eine andere Frage dar. Ist diese Unvollkommenheit der Gehirnsfunktion primitiv oder secondär? Sie wird primitiv seyn, wenn die Ursache derselben ihren Sitz im Gehirn hat; und die vollkommenste Thätigkeit der Retina würde in diesem Falle immer nur ungenaue Perceptionen geben, eben defshalb, weil das unmittelbare Perceptionsorgan seine Functionen schlecht verrichtet. Hat die Ursache dieser Unvollkommenheit aber ihren Sitz in der Retina, so konnten sich die Cerabralfunctionen für die Farben nicht vollständig entwickeln, und der Fehler ist secondär. Die Netzhaut reagirt alsdann falsch auf die erhaltenen Eindrücke, und das Gehirn läfst uns diese letztern nur so empfinden, wie sie ihm von der Retina mitgetheilt sind. Ist diese z. B. unempfindlich für die rothen Strahlen, so wird auch dem Gehirne die Function mangeln, welche dieselbe fühlen läfst.

Welcher von diesen beiden Fällen aber statt findet, ist schwer, und bis jetzt meistens unmöglich zu entscheiden. Wie kann man wissen, ob ein Nerv fühlt, wenn uns das Gehirn von diesem Gefühle nicht in Kenntnifs setzt? Alles was wir daher von der Chromatopseudopsie wissen, beschränkt sich darauf, daf die Perceptions-Functionen des Gehirnes nicht normalmäfsig statt finden, ob aber der Fehler ursprünglich dem Gehirn oder der Retina zuzuschreiben ist, müssen wir fast immer dahin gestellt sein lassen.

§. 38.

Wir können diesen Gegenstand nicht verlassen, ohne vorher noch der wichtigen Untersuchungen des Dr. Seebeck über den Mangel des Farben-Unterscheidungsvermögens zu erwähnen, welche vor Kurzem im 42. Bande der Poggendorff'schen Annalen veröffentlicht worden sind. Hr. Seebeck hat die seltene Gelegenheit gehabt, 16 Individuen, welche mit dieser Unvollkommenheit behaftet waren, näher beobachten zu können. Er hat sich bei seinen Untersuchungen des Sonnenspectrums, farbiger Papiere u. s. w. bedient, und hat seine Individuen durch verschieden gefärbte Gläser sehen lassen, bei verschiedenartiger Beleuchtung geprüft und ihre Antworten und Meinungen verglichen. Seine Beobachtungen sind daher unstreitig die scharfsinnigsten und genauesten von allen, welche in dieser Beziehung bekannt gemacht worden sind. Wir bedauern jedoch, dafs dieser verdienstvolle Beobachter die Entwickelung der consecutiven Farben und die Art und Weise unberücksichtigt gelassen hat, in wie fern Electricität, mechanische Einflüsse, congestive Zustände u. s. w. bei seinen Individuen im Stande sind, Farben-Empfindungen zu erwecken. Die Beantwortung dieser Fragen würde uns Aufschlufs über die Beschaffenheit jener vitalen Activität gegeben haben, von der die Farbenempfindungen abhängig und zu denen die äufsern Agenten, wie Luft, Electricität u. s. w. nur Gelegenheits-Ursachen sind. Wir wünschten daher wohl, dafs Herr Seebeck bei seinen zukünftigen Beobachtungen nicht verabsäumen möchte, auch in dieser Beziehung den Anforderungen der Wissenschaft zu entsprechen.

Herr Seebeck hat sich ebenfalls nicht auf den primitiven Sitz der Achromatopseudopsie eingelassen, und spricht nur von der Unempfindlichkeit für die Farben im Allgemeinen; er theilt die von ihm beobachteten Individuen in zwei Classen, jenachdem sie für die mehr oder weniger brechbaren Strahlen des Sonnenspectrums unempfindlich waren. In seine erste Classe stellt er Diejenigen, bei denen die Empfindlichkeit für Violet, Blau, Indigo und Grün wenig ausgebildet ist, und in die zweite diejenigen, welche die weniger brechbaren Strahlen des Sonnenspectrums als Roth, Orange u. s. w. unvollkommen fühlen. Obgleich diese Eintheilung den Vortheil einer grofsen Einfachheit für sich hat, so müssen wir ihr doch vorwerfen, dafs es Fälle giebt, welche, wie der von Harris z. B., weder in der einen noch in der anderen Classe ihre Stelle finden können, so wie mehrere ähnliche, welche das Resultat eines krankhaften Zustandes sind, und die wir in unserem dritten Theile weitläufiger besprechen werden. Ferner findet die Seebeck'sche Eintheilung in der Objectivität der Farben ihre Principien; wie wenig interessirt aber der Grad der Brechbarkeit der farbigen Strahlen, wenn es sich um die Empfindung handelt, welche auf einer vitalen Function beruht, die in ihrer Ausbildung zurückgeblieben ist. Was geht es uns an, ob dieser Mangel der Ausbildung diesem oder jenem Grade der Brechbarkeit der Strahlen des Sonnenspectrums entspricht. Diese Lichtstrahlen sind ja nur einige von den Ursachen, welche die Farbengefühle erwecken. Sie allein können die Eintheilung daher nicht begründen.

Da dieses Werkchen nur von den Farben-Empfindungen, keineswegs aber den Mitteln zu ihrer Hervorrufung handeln soll, so haben wir die Chromatopseudopsie den allgemeinen Grundsätzen unterzogen, welche wir im ersten Theile auseinandergesetzt haben. Sie soll bei uns, wie bisher, nicht eine isolirte Gruppe der angebornen Uebel bilden, sie dient uns vielmehr theils als Beleg früher ausgesprochener Sätze, theils bildet sie einen zum ganzen Werke gehörigen und unentbehrlichen Theil. Wir haben jedoch defshalb die verschiedenen Fälle derselben nicht etwa in apriorische Cathegorie eingezwängt, sondern zunächst zu gewissen Gruppen aneinander genähert und hierauf unsere Eintheilung begründet. Wenn daher fernere Beobachtungen noch Fälle auffinden lassen sollten, die in keine unserer Classen zu stellen wären, so dürfte nichts im Wege liegen, eine neue Familie daraus zu bilden.

Die von uns angenommene Eintheilung characterisirt die einzelnen Classen derselben folgendermaafsen:

In der *ersten Klasse* waren nur zwei Arten von Activität vorhanden, nämlich die, welche die Empfindungen von Weifs und Schwarz gaben. Alle übrigen Nüancen, welche das normale Auge wahrnimmt und welche mit verschiedenen Farbennamen belegt sind, waren unentwickelt geblieben, oder höchstens durch die Function ersetzt, welche das unvollkommene Weifs oder vielmehr grau empfinden läfst.

In der *zweiten Klasse* sehen wir schon drei Functionen, nämlich die für Weifs, Gelb und Schwarz. Alle Einflüsse, welche auf das unmittelbare Gesichtsorgan einwirken, können nur eine von diesen drei Functionen anregen und folglich nur eine dieser drei Farben fühlen lassen.

Die *dritte Klasse* bietet uns aufser den drei vorhergehenden vollkommen entwickelten Functionen, noch eine vierte dar, welche die Empfindungen für Blau und Roth anderer Personen zusammenfafst, oder mit andern Worten, Blau und Roth zusammen nur eine einzige Function.

In der *vierten Klasse* fehlt die Function, welche uns die Empfindung der rothen Farbe giebt. Die Confusion zwischen Roth und Grün, welche sich schon in den andern Klassen zuweilen zeigte, findet hier im höchsten Grade statt; sie erklärt sich durch die vorausgeschickten Principien.

Die *fünfte und letzte Klasse* bietet uns zwar alle fünf Functionen dar, worauf die Empfindungen der primitiven Farben beruhen, aber es findet eine Confusion in ihren verschiedenen Combinationen statt. Statt einer combinirten Operation des Gehirns, durch welche das gewöhnliche Auge eine zusammengesetzte Farbe sieht, fühlen die zu dieser Klasse gehörigen Individuen nur eine einfache Operation, welche ihnen die Empfindung einer primitiven Farbe gibt. Deshalb verwechseln diese Personen Gelb mit Orange, Violet mit Blau u. s. w. und können überhaupt die Farben-Mischungen nicht unterscheiden, obgleich sie von den primitiven Farben genaue und richtige Begriffe haben. Die fast unmerklichen Uebergänge der Farben finden für sie nicht statt, sie unterscheiden nur die kräftig hervorstechenden Nüancen. Man könnte ihr Sehorgan mit einer ungeschickten, steifen Hand vergleichen, die obgleich sie die verschiedenen, normalmäfsigen Bewegungen ausführen kann, doch nicht im Stande ist, die zarten und feinen Verzierungen eines Kunstwerkes hervorzubringen; oder besser noch, mit einer grobgearbeiteten Flöte, die nur volle und ganze Töne angibt und trotz aller Anstrengung des Künstlers die süfsen und melodischen Nüancen nicht ausdrücken läfst, welche der Musik einen so angenehmen Reiz verleihen.

§. 39.

Es ist wohl unnütz, glaube ich, hier noch anzuführen, dafs die Prognostik der Chromatopseudopsie immer sehr mifslich ist; wir besitzen, so viel ich weifs, auch nicht ein einziges Beispiel der Heilung dieser Unvollkommenheit, deren Bedeutung und die häufigen Unannehmlichkeiten, welche sie herbeiführt, indessen wohl eine gröfsere Aufmerksamkeit der Aerzte verdienen dürfte.

Indem wir weiter oben über die Empfindlichkeit für die Farben sprachen, haben wir gleichzeitig besagt, dafs dieselbe einer Vermehrung fähig sei und die Fälle von Himly, Brewster und unsere eigenen Versuche haben dargethan, dafs eine fortgesetzte Uebung dieselbe so erhöhen kann, dafs sie im höchsten Grade lästig wird. Sollte man hiervon nicht eine Anwendung bei den, von der Chromatopseudopsie behafteten Personen machen können? Das beste Mittel, bei ihnen die Operationen des Gehirns, worauf die Perception der Farben beruht, wieder zu beleben, wäre vielleicht, die Empfindungen der successiven Farben hervorzurufen, indem man das Auge nach und nach auf verschiedene farbige Flächen fixiren und dann auf eine weifse oder schwarze Fläche richten liefse. Es ist gar nicht unwahrscheinlich, dafs eine längere Fortsetzung dieses Verfahrens endlich die ungeübten oder eingeschläferten Perceptionsfunctionen wiedererwecke. Wir bedauern sehr, dafs wir dieses Verfahren bei dem Herrn St..., dessen Zustand wir beschrieben haben, nicht anwenden konnten. Da es uns jedoch das einzige rationelle Mittel (wenn es überhaupt ein Mittel gibt) zur Heilung der Chromatopseudopsie zu sein scheint, so können wir, im Interesse der Wissenschaft, die vorsichtsweise Anwendung desselben, den Herren Praktikern nicht dringend genug empfehlen.

In Froriep's Notizen 1837, Bd. 2, S. 248 befindet sich ein Bericht über die Abhandlung des Dr. Seebeck von der Unempfindlichkeit für die Farben, worin gesagt ist, dafs derselbe einige Fälle davon durch Anwendung farbiger Gläser geheilt habe. Wir waren hierüber nicht wenig betroffen, und konnten nicht unterlassen, in der ersten französischen Ausgabe dieses Werkchens unseren Zweifel über die glücklichen Resultate jener Behandlungsweise auszusprechen. Aus der uns später zu Gesichte gekommenen Abhandlung ersahen wir jedoch, dafs darin von der Heilung der fraglichen Unvollkommenheit gar nicht die Rede, und dafs die erwähnte Berichterstattung ganz anders zu deuten ist. Der Verf. behauptet vielmehr nur, dafs die mit der Achromatopseudopsie behafteten Personen bei Sehen durch farbige Gläser zwischen zwei Farben, Roth und Grün z. B., die sie mit blofsen Augen für gleich halten, einen Unterschied wahrnehmen, und er fügt wörtlich hinzu: »Dieses, schon von meinem Vater seit zwanzig Jahren angewendete Verfahren, dient nicht nur, solche Personen von der Unvollkommenheit ihrer Augen zu überzeugen, sondern kann von ihnen sehr gut gebraucht werden, um einigermafsen mittelbar zu den Unterscheidungen zu gelangen, welche das normale Auge durch den unmittelbaren Sinneseindruck bemerkt. Mit einem oder einigen farbigen Gläsern versehen, können solche Individuen, nachdem ihnen die nöthigen Erläuterungen gegeben sind, mit einiger Ueberlegung und Uebung leicht dahin gelangen, um gröbere Verstöfse zu vermeiden.« (Poggendorff's Annal. Bd. 42 S. 192.)

Die angeführte Stelle giebt deutlich zu verstehen, dafs von der eigentlichen Heilung gar nicht die Rede ist, sondern nur von der Erringung eines Mittels zur Unterscheidung der Farben, welche das blofse Auge für gleich hält. Dr. Seebeck ist ohne Zweifel eben so gut, als wir überzeugt, dafs einem Individuum wie Dalton oder Harrys keine Brille in der Welt das Grüne als Grün erkennen läfst, und dafs sie nur dazu dienen kann, einen Unterschied zwischen zwei Farben zu machen, die sie mit blofsen Augen nicht zu unterscheiden vermögen.

§. 40.

Angeborne Amblyopie.

Wir haben in dem vorhergehenden Kapitel die Unempfindlichkeit der eigentlichen Farben: d. i. Gelb, Roth und Blau speciell behandelt, und man wird ohne Zweifel bemerkt haben, dafs alle Schlüsse, welche wir aus unseren Beobachtungen zogen, sich ausschliefslich auf diese drei Farben beziehen. Wenn man indessen einen Blick auf das Tableau wirft, welches wir im Anfange unserer Abhandlung über die Farben gegeben haben, so sieht man, dafs Weifs und Schwarz, d. h. die volle und gänzliche Wahrnehmung des Lichtes, so wie der absolute Mangel dieser Wahrnehmung nichts anderes sind, als die äufsersten Stufen unserer Farbenleiter, oder mit anderen Worten, die beiden absoluten Punkte, zwischen denen sich die drei andern Farben einreihen, und wir schliefsen daraus und werden sogleich darzuthun suchen, dafs jene beiden Punkte denselben Gesetzen unterworfen sein müssen, als die dazwischen liegenden. Es fragt sich also, ob die Natur in Betreff der weifsen und schwarzen Farbe eine, mit der vollständigen oder theilweisen Unempfindlichkeit der andern Farben correspondirende Anomalie darbietet? Es wäre ohne Zweifel eine merkwürdige Erscheinung, wenn diese Unvollkommenheit der Farben-Empfindungen nur eine theilweise Activität des Farbenorgans als Basis hätte, während die Gränzen der Activität, d. h., einmal die vollständige und dann die ganz und gar null seiende Activität davon frei wären. So ist es ganz gewifs nicht, die Natur bleibt sich stets consequent, sowohl in ihren Unvollkommenheiten, wie in ihren Wundern und das ist es, was wir in den folgenden §. §. zu beweisen suchen werden.

§. 41.

In den über die Chromatopseudopsie angeführten Beobachtungen wird man bemerkt haben, dafs die mit dieser Abnormität behafteten Personen häufig die weifse mit den hellen, und die schwarze mit den dunklen Farben verwechselten. Diese blofse Bemerkung dürfte schon genügen, um darzuthun, dafs die Empfindung von Weifs und Schwarz ebenfalls einer Anomalie unterworfen sein kann, wenn uns nicht noch kräftigere und einleuchtendere Beweise zu Gebote ständen.

Wir haben die seltenen Fälle angegeben, wie die, von der Chromatopseudopsie behafteten Personen die verschiedenen Nüancirungen einer und derselben Farbe nicht zu unterscheiden vermochten. Diese Personen machten zwar einen Unterschied zwischen hell- und dunkelblau ohne jedoch die Verschiedenheit der zwischen beiden Nüancen liegenden Abstufungen aufzufassen. Derselbe Fall findet vollkommen und selbst noch häufiger in der Empfindung der weifsen und schwarzen Farbe seines Gleichen. Es gibt Personen, welche die verschiedenen Abstufungen zwischen Weifs und Schwarz nicht unterscheiden können: für sie findet ein nur plötzlicher Uebergang von Tag zur Nacht, vom Lichte zur Finsternifs Statt.

Man kennt diese Unvollkommenheit in der Wissenschaft unter den Namen *Hemeralopie, Nyctalopie,* Nachtblindheit u. s. w.; die Etymologie und die eigentliche Bedeutung dieser Ausdrücke sind jedoch so schwankend und verworren, dafs wir es vorziehen, diese Anomalie schlichtweg mit dem Namen: *angeborne Amblyopie* zu bezeichnen.

Um die Reihe von Phänomenen, welche wir sogleich beschreiben werden, richtig aufzufassen, darf man nicht aus dem Auge verlieren, dafs die einzige Quelle der angebornen Amblyopie in der Torpidität und Apathie des Gesichts-Organes besteht, woraus gleichzeitig erhellt, dafs die damit behafteten Personen eines starken Lichtes zur Unterscheidung der Gegenstände bedürfen.

Bei hellem und heiterem Wetter sehen die mit dieser Unvollkommenheit behafteten Individuen am Tage sehr gut, aber ihr Seh-Vermögen nimmt bedeutend ab, sobald es dunkel oder nebelich wird. Es genügt, ein solches Individuum aus der Sonne in den Schatten, aus der Strafse in den dunkelen Eingang eines Hauses zu führen, um es auf einige Zeit fast gänzlich erblinden zu lassen. Dergleichen Personen unterscheiden bei einbrechender Dunkelheit noch die, dem Lichte zugewendeten Bäume, Häuser und andere Gegenstände im Grofsen; die Einzelheiten aber nehmen sie nicht wahr, vielmehr erscheint ihnen das Ganze häufig wie Schattenrisse auf dem hellen Hintergrunde des Himmels. Ein wenig später ist es denselben unmöglich, selbst die gröfsern Gegenstände zu erkennen, während das vollkommnere Auge noch die kleinern Sachen unterscheidet. Die Nacht beginnt für sie fast zwei Stunden früher, als für die andern Menschen und es scheint possierlich (— man wolle diesen Ausdruck verzeihen —) diese Unglücklichen mit ausgestreckten Armen in der Luft umherfühlen und unsichern Schrittes und mit suchendem Auge sich eben so fortbewegen zu sehen, wie wir in der Dunkelkeit umherzutappen pflegen. Die gewöhnliche künstliche Erleuchtung genügt ihnen selten zur deutlichen Erkennung der Gegenstände, sie bedürfen öfters mehrerer Lampen oder Kerzen. Es giebt keine Sterne für sie und vom hellsten Mondscheine nehmen sie häufig nur einen schwachen Schimmer wahr.

Die angeborne Amblyopie zeigt sich in verschiedenen Graden. Richter [1] hat uns die Geschichte eines jungen Hemeralopen mitgetheilt, der nicht einen einzigen Stern wahrnehmen konnte, während sein etwas weniger mit dieser Anomalie behafteter älterer Bruder deren sieben erblickte.

Als Militärarzt in der Polnischen Revolutions-Armee war ich genöthigt, einige Conscribirte der Stadt Ostrolenka vom Kriegsdienst frei zu sprechen, welche nach dem Zeugnisse der Ortsbehörde seit ihrer Kindheit an dem in Rede stehenden Uebel litten. Mein Stiefvater, der Divisions-Arzt Dr. Kowszewicz, welcher in demselben Districte häufig als Mitglied der Militär-Recrutirungs-Commission commandirt war, hat nicht selten wegen desselben Fehlers sonst ganz gesunde und kräftige Landburschen vom Militärdienste ausstofsen müssen, bei denen er grofse Mühe hatte, sich von dem wahrhaften Zustand ihres Gesichts-Organes zu überzeugen. Aber nicht blofs die Sandebenen Polens allein liefern uns Beispiele dieser Abnormität: auch in Paris haben wir kürzlich einen solchen Fall in der Person des Buchhändlers Hrn. Hénaux, Quai Voltaire 17 wohnhaft, angetroffen, welcher uns folgende Beschreibung von seinem Fehler macht:

„Meine Grofseltern, sagt er, hatten sehr gute Augen; sie hatten drei Kinder, einen Sohn und zwei Töchter, wovon die älteste meine Mutter ist. Der Sohn, (mein Onkel) war Hemeralop bis zu seinem 42ten Jahre, wo er erblindete; doch glaube ich, war seine Blindheit niemals ganz vollkommen.

Meine Mutter und meine Tante waren von Geburt Myopen; beide verheiratheten sich; ihre Ehemänner hatten sehr gute Augen, ich aber und der Sohn meiner Tante kamen als Hemeralopen zur Welt.

Meine beiden noch unerwachsenen Töchter zeigen von dieser Abnormität gar keine Spur.

Bis zum 32ten Lebensjahre nahm ich nicht die geringste Veränderung an meinen Augen wahr, bei hellem Tageslichte sah ich sehr gut, undeutlich bei bedecktem Himmel und gar nicht zur Nachtzeit. Beim Eintritt ins Theater und des Abends auf der Strafse bedarf ich, selbst beim hellsten Mondschein, eines

---

[1] Radius, scriptores ophthalmologici minores, vol. 3.

Führers. Wenn ich am hellen Tage ausgehe, so unterscheide ich alle Gegenstände ganz deutlich, beim Rücktritt in meine Wohnung schwächt sich mein Gesichts-Vermögen aber plötzlich so sehr, dafs ich eines Führers nöthig haben würde, wenn mir die Lage der verschiedenen Gegenstände durch die Gewohnheit nicht genau bekannt wäre. Bei einem sehr grellen künstlichen Lichte las ich bis zum bezeichneten Jahre mit Leichtigkeit und anhaltend, das Schreiben jedoch wollte mir nicht recht gelingen.

Wenn ich mich zur Frühjahrszeit in der Mitte einer graden, etwas breiten Strafse befinde, deren eine Reihe Häuser vollkommen von der Sonne beschienen ist, während die andere ganz und gar im Schatten liegt, so sehe ich nur die eine Hälfte der Strafse d. h. die erleuchtete Seite deutlich; die andere Seite bietet mir nichts als grobe Schattenrisse dar, die ich nur im Ganzen und Grofsen wahrnehme, ohne die einzelnen Theile als Fenster, Thüren u. s. w. zu unterscheiden.

Seit 1834 (ich war damals 33 Jahre alt) hat sich mein Gesicht bedeutend geschwächt; das mir beim Arbeiten fortwährend erforderliche, sehr helle Licht mag hierzu wohl nicht wenig beigetragen haben; und wegen der seit dieser Zeit sich häufig einstellenden Blendungen wird mir das Lesen sehr erschwert: die gedruckten Buchstaben erscheinen mir wie angefressen, halbdurchgeschnitten und verstümmelt. Dieser Zustand, der seit dem bezeichneten Jahre sich fortwährend zu verschlimmern schien, scheint jetzt stationär zu sein und mehr dem rechten als dem linken Auge anzugehören. Jenes nämlich scheint mir immer mit einem feinen Flore bedeckt, während dieses in seinem ursprünglichen Zustande geblieben ist.

Mein Vetter, Zuschneider in einer grofsen Schneiderwerkstätte, hat weniger an seinen Augen gelitten, was er vielleicht seiner Beschäftigung verdankt; jedoch fängt er jetzt auch schon an, eine Abnahme seines Sehvermögens zu bemerken.“

Hr. B.... aus Neustrelitz über den uns der Hr. Prof. Sichel eine Beobachtung mitgetheilt hat, nimmt die Sterne deutlich wahr und sieht sehr gut beim Mondscheine, wenn die Erde mit Schnee bedeckt ist; sobald sich jedoch die Sonne hinter den Wolken verbirgt, erblindet er gänzlich. Bei einbrechender Nacht hat er zuerst ein Flimmern vor den Augen, dann verschwinden die Gegenstände plötzlich, und er sieht sich mit einem Male in die Dunkelheit versetzt. Er möchte wohl wissen oder vielmehr empfinden, wie einem fehlerfreien Auge der Uebergang von Tag zu Nacht vorkommt.

Vor Kurzem haben wir einen jungen Mann, Hemeralop von Geburt, beobachtet, der bei Einem Kerzenlichte durchaus nicht arbeiten konnte, der aber ganz deutlich sah, wenn er sich deren drei bediente. Der Director des Instituts, in welchem er aufgenommen war, hielt dies anfänglich für Eigensinn und befragte uns darüber; eine aufmerksame Prüfung überzeugte uns jedoch von der Torpidität des Gesichts-Organes.

Fast alle Schriftsteller, welche diese Anomalie erwähnen, betrachten dieselbe nur von dem pathologischen Gesichtspunkte aus, d. h. als einen, durch irgend einen feindseligen Einflufs hervorgebrachten krankhaften Zustand des Auges; nur höchst selten findet man erwähnt, dafs diese Amblyopie auch angeboren sein kann, während sich dieser Fehler sehr oft als angeboren vorfindet, und ich selbst könnte wenigstens ein Dutzend solcher Fälle anführen, die mir in meiner medicinischen Carrière vorgekommen sind. Ein glücklicher und merkwürdiger Zufall hat dem Herrn Dr. Cunier gestattet, diese Lücke in der Wissenschaft auszufüllen, und wir verdanken diesem verdienstvollen Schriftsteller nicht blofs eine Menge von Beobachtungen über die angeborne Amblyopie, sondern auch noch die positiven und unbestreitbaren Beweise dafür, dafs diese Unvollkommenheit sich von Generation auf Generation fortpflanzt und somit eine wahre Plage der damit behafteten Familien ist.

Während seiner Anwesenheit in Montpellier fand sich im Hôtel Dieu St. Etoy ein Rekrut ein, um daselbst constatiren zu lassen, dafs er nachtblind und folglich zum Militärdienst unbrauchbar sei. Der Militärarzt Dr. Gasté, welcher mit der Untersuchung des jungen Mannes beauftragt war, hielt jedoch in Betracht, dafs der erwähnte Rekrut beim Kerzenlichte deutlich sehen konnte, den angeblichen Fehler für erdichtet.

Dem Dr. Cunier fiel die Aussage des jungen Mannes auf,

und er unterwarf denselben einer genaueren Beobachtung, welche er dem Prof. Serre mittheilte, und beide Herrn überzeugten sich, dafs Gasté über das Gesicht des jungen Mannes im Irrthume sei. Der junge Mann hatte ausgesagt, dafs er einer Familie zu Vendemian angehöre, die beinahe bis zur Hälfte mit der angebornen Amblyopie behaftet wäre, und Cunier, begierig, sich von dieser Aussage zu überzeugen, begab sich, mit Empfehlungsbriefen an den Maire des Ortes und an den Alterthumsforscher Hrn. Chauvet versehen, nach der genannten Stadt. Durch die Vermittlung dieser beiden Männer lernte er bald eine grofse Menge Hemeralopen kennen und überzeugte sich zugleich, dafs sie alle einem und demselben Stamm angehören, und ihre Unvollkommenheit angeboren und erblich ist. Beinahe alle, welche damit behaftet sind, schienen sich ihres Zustandes zu schämen; auch wissen sie selbst sehr gut, dafs sich ihr Fehler gröfstentheils auf die Nachkommen fortpflanzt. Um sich bei den Kindern von der Gegenwart dieser Unvollkommenheit zu überzeugen, pflegen ihnen die Mütter im Dunkelen Spielsachen vorzuhalten, und schliefsen aus dem Benehmen des Kindes, jenachdem es darnach hascht oder nicht, ob das Kind von dem fraglichen Fehler frei oder behaftet ist.

Die fernern Nachforschungen des Herrn Dr. Cunier haben das folgende Resultat ergeben:

1. Nach der Tradition des Landes kam vor 190 Jahren ein gewisser Nougaret mit dem Zunamen: der Provençal, nach Vendemian, um sich daselbst zu etabliren; derselbe war mit der angebornen Amblyopie behaftet und diese letztere hat sich seit jener Zeit nicht nur in der Gemeinde Vendemian, sondern überall fortgepflanzt, wo sich Nachkommen des Nougaret befinden.

2. Sobald ein Individuum dieser Familie von dem genannten Fehler frei geblieben war, so hat es ihn auch nicht mehr auf seine Nachkommen fortgepflanzt.

3. Diese Unvollkommenheit hat sich weit mehr durch die Frauen als durch die Männer verbreitet.

4. Endlich ist noch Niemand in der Gemeinde Vendemian von diesem Fehler behaftet gewesen, der nicht zu der bezeichneten Raçe gehört hätte.

Wenn die Tradition mitunter zur Entdeckung der Wahrheit führen kann, so hat sie doch auch schon zu Irrthümern verleitet, und Cunier hat sich daher soviel als möglich, authentische Beweise zu derselben zu verschaffen gesucht. Herr Chauvet ist ihm hierin sehr behülflich gewesen und hat selbst eine Genealogie dieser grofsen Hemeralopen-Familie bearbeitet, wozu er sich der authentischsten Akten und Documente bedient hat. Die Resultate seiner Darstellung bestätigen die aus der Tradition entnommenen und so eben aufgezählten vier Punkte vollkommen und erläutern dieselben noch folgendermaafsen:

1. Ein gewisser Johann Nougaret mit dem Zunamen: der Provençal, ist der Stammvater der ganzen Raçe der zu Vendemian befindlichen Hemeralopen. Er war Fleischer und hinterliefs eine Tochter und zwei Söhne, welche alle drei mit dem genannten Fehler behaftet waren.

2. Bei mehr als Sechshundert von Nougaret abstammenden Individuen und von denen $^1/_8$ bis $^1/_7$ Hemeralopen sind, findet sich in beinahe zweihundert Jahren auch nicht ein einziges Beispiel, dafs Kinder von dem fraglichen Uebel getroffen seien, deren Eltern frei davon waren. Selbst die zahlreichsten Familien haben während sechs Generationen keine Abweichung hiervon dargeboten.

3. Die Aussage, dafs die angeborne Amblyopie sich mehr durch die Frauen, als die Männer fortpflanzt, hat sich ebenfalls bestätigt. Man sieht in der Zusammenstellung des Hrn. Chauvet ganz deutlich, dafs in denjenigen Familien, wo sich diese Unvollkommenheit durch die Frauen mitgetheilt hatte, relativ mehr Individuen damit behaftet waren, als in denen, wo die Fortpflanzung durch die Männer stattgefunden hatte.

4. Die genauesten Nachforschungen haben, weder in Vendemian noch in der Umgegend, ein mit diesem Fehler behaftetes Individuum auffinden lassen, das nicht Nachkomme von Nougaret wäre. Es ist also nur die Nougaret'sche Familie allein, bei der sich dieses Uebel befindet und sich bisher von dem Vater auf den Sohn fortgepflanzt hat [1].

---

[1] Wir erlauben uns, zu diesen vier Punkten noch die Bemerkung hinzuzufügen, dafs die Frauen weniger als die Männer zur angebornen

Cunier hat ferner das Verhältnifs aufgesucht, in dem sich die Hemeralopie entwickelt und bei den verschiedenen Generationen der genannten Familie fortgepflanzt hat.

Die erste Generation bestand aus drei Kindern, alle drei waren Hemeralopen, wie ihr Vater. Das Verhältnifs war also 3 zu 3, oder 1 zu 1.

Die zweite Generation zählte 16 Individuen, wovon 10 Hemeralopen: Verhältnifs 2 zu 3.

Dritte Generation: 81 Individuen, 14 Hemeralopen, also im Verhältnifs von 1 zu 6.

Die vierte Generation zählte unter 208 Individuen nur 23 Hemeralopen, also im Verhältnifs von 1 zu 9.

Die fünfte Generation, deren Geschichte Cunier übrigens nicht ganz vervollständigen konnte, bot 24 Hemeralopen unter 218 Individuen dar. Das Verhältnifs bleibt also wie 1 zu 9.

Die sechste Generation endlich zählt bereits 102 Personen, worunter sich 11 Hemeralopen befinden: Verhältnifs also wieder 1 : 9.

Es scheint mithin, als wenn das Verhältnifs der Hemeralopen zur ganzen Generation sich auf 1/9 festgestellt hätte, und wenn man bedenkt, dafs die Zahl der Geburten von Generation zu Generation zunimmt, so dürfte mit der Zeit eine grofse Zahl von Personen an diesem Uebel leiden.

Cunier hat die Augen aller Glieder der Nougaret'schen Familie untersucht und weiter nichts Merkwürdiges gefunden, als dafs die Pupille immer sehr ausgedehnt ist und sich selbst dann nicht zusammenzieht, wenn ein bezügliches Individuum am vollen Mittage starr in die brennende Sonne von Languedoc sieht.

Bemerkenswerth ist es, dafs die Hemeralopen von Vendemian beim Kerzenlichte und bei hellem Mondscheine sehen können, nachdem sie sich einige Zeit an diese Beleuchtung gewöhnt haben, jedoch unterscheiden sie die Gegenstände nur schwach und unvollkommen. Wenn sie bei Tage in einen Keller hinabsteigen, oder sich überhaupt an einen dunklen Ort begeben, so verlieren sie augenblicklich die Eigenschaft zu sehen.

Die Zusammenstellung des Herrn Chauvet ist das kostbarste

Amblyopie disponirt sind. Unter 85 Hemeralopen, welche in Chauvet's Zusammenstellung aufgeführt sind, zählen wir 48 Männer und 37 Frauen.

und vielleicht das einzige Document, welches die Physiologen und Pathologen über die uns beschäftigende Unvollkommenheit zu Rathe ziehen können.

§. 42.

Indem wir diesen kurzen Auszug von der interessanten Arbeit des Herrn Cunier mittheilen, können wir nicht unterlassen, die Resultate desselben mit denen zu vergleichen, welche wir sowohl aus der Literatur als aus der eigenen Erfahrung über die Chromatopseudopsie gezogen haben, und man wird erstaunen, hierin eine grofse Uebereinstimmung zu finden.

Die Hemeralopie und die Chromatopseudopsie sind beide angeboren und erblich; beide pflanzen sich mehr durch die Frauen als durch die Männer fort, obgleich im Allgemeinen die erstern weniger damit behaftet sind, als die letztern. Beide scheinen vorzugsweise biliöse urd melancholische Temperamente zu befallen und beide sind von den übrigen anatomischen und physiologischen Characteren des Auges unabhängig; denn man trifft sie bei Myopen, Weitsichtigen u. s. w.; man trifft sie auch bei Personen an, welche Augen von verschiedener Farbe und Beschaffenheit haben. Wir haben in der Theorie den Punkt gesehen, wo sie sich berühren und die Beobachtung zeigt ebenfalls eine vollkommne Uebereinstimmung derselben.

Diese Uebereinstimmung der Resultate zwischen der Theorie und Beobachtung, glaube ich, dürfte eine genügende Rechtfertigung sein, diese beiden Zustände des Auges neben einander zu betrachten. Wir glauben uns daher berechtigt, die folgenden beiden Sätze aufzustellen:

1. Die angeborne Chromatopseudopsie und die angeborne Amblyopie sind zwei ganz analoge Zustände des Auges; beide beruhen auf der Torpidität des unmittelbaren Gesichtsorganes.

2. Der Unterschied dieser beiden Zustände besteht darin, dafs die Chromatopseudopsie auf eine qualitative, die angeborne Amblyopie hingegen auf eine quantitative Abnahme der Thätigkeit des unmittelbaren Gesichts-Organes schliefsen läfst.

Es ist zu vermuthen, dafs sich diese beiden Unvollkommenheiten im angebornen Zustande auch bei einem und demselben Individuum antreffen können, wie wir im pathologischen Zustande diese Verbindung sehr häufig wahrnehmen; es mangelt uns jedoch an genügenden Beweisen, um diese Meinung zu bestätigen.

Dritter Theil.

Pathologie der Farbenempfindungen.

§. 43.

Im ersten Theile unserer Abhandlung haben wir unsere Aufmerksamkeit nur auf die Natur der Farben, auf die verschiedenen Arten ihrer Wahrnehmung u. s. w. gerichtet, und wir glauben genügend dargethan zu haben, dafs dieselben nur auf den verschiedenen Functionen des unmittelbaren Gesichts-Organes beruhen. Es ist wesentlich, dafs sich der Leser die daselbst aufgestellten Principien in's Gedächtnifs zurückrufe, bevor er zu den weitern Betrachtungen dieses dritten Theiles übergeht.

Im zweiten Theile haben wir dargethan, dafs es Personen gibt, die einer oder mehrer Farben-Wahrnehmungs-Functionen ermangeln, und wir haben die verschiedenen Nüancen dieser Unvollkommenheit, sowohl bei der Chromatopseudopsie, als auch bei der angebornen Amblyopie gezeigt.

Wir halten dafür, dafs diese beiden angebornen Fehler keinesweges zu den pathologischen Zuständen des Organismus zu rechnen seien, und dafs man bei ihnen die Benennung »Krankheit« eben so wenig als bei den angebornen Fehlern irgend einer andern Function anwenden darf. Wäre es logisch, die Taubstummen, die Kurzsichtigen u. s. w., welche diesen Fehler mit zur Welt bringen, als krank ansehen zu wollen? Und gehören die Chromatopseudopsie und die angeborne Amblyopie nicht in dieselbe Cathegorie?

Indessen können diese beiden Fehler auch als pathologische Affectionen existiren, d. h. sie können durch schädliche Einflüsse hervorgerufen werden. Selbst das vollkommenste Auge kann die Fähigkeit verlieren, die Farben zu unterscheiden und die Quantität und Qualität der empflangenen Eindrücke gehörig zu würdigen. Und dies wird jedesmal dann stattfinden, wenn irgend eine Ursache zerstörend auf die Functionen einwirkt, von denen die Gesichts-Wahrnehmungen abhangen. Diese so durch schädliche Einflüsse entstandenen Anomalien sind es, welche wir jetzt untersuchen wollen, und um unseren bereits ausgesprochenen Meinungen eine neue Stütze zu geben, werden wir sie denselben Gesetzen unterwerfen, welche das Auge in seinem gesunden Zustande regieren. Wir werden unsern Zweck erreicht haben, wenn es uns gelingt, zu zeigen, dafs die von uns aufgestellten Sätze wirklich zur Erkennung der verschiedenen Augenkrankheiten beitragen, indem sie viele bisher noch dunkle Phänomene gehörig würdigen lassen.

Wir haben den zweiten Theil mit der Betrachtung der angebornen Amblyopie beschlossen, und um die noch hierauf gerichtete Aufmerksamkeit nicht abzuwenden, wollen wir diesen neuen Theil mit der krankhaften Amblyopie beginnen. Und wir werden später die krankhafte Chromatopseudopsie, die Achromatopsie, die Chromopsie, die Myopsie und die Myodesopsie einer ähnlichen Betrachtung unterwerfen.

§. 44.

Krankhafte Amblyopie.

Wenn man die ophthalmologischen Werke durchgeht, um sich über diese Krankheit zu belehren, so findet man eine solche Menge und Confusion der Symptome, welche man ihr zuschreibt, dafs es unmöglich erscheint, dafs die beginnende, einfache Lähmung des Sehvermögens sich unter so verschiedenartigen Gestalten äufsern könne. Und wenn man nur ein wenig über die semiologische Bedeutung eines jeden dieser Symptome nachdenkt, und seine Erfahrung zu Hülfe nimmt, so sieht man ohne grofse Schwierigkeit; dafs sie häufig pathologische Zustände andeuten, die mit der Abstumpfung des Sehvermögens nicht das Geringste gemein haben. So findet man z. B. unter den Symptomen der Amblyopie: die *Photophobie* d. h. die erhöhte Empfindlichkeit für das Licht; die *Chrupsie* oder *Chromopsie,* das farbige Sehen, die *Oxyopie,* die übermäfsige Schärfe des Sehvermögens; die *Photopsie,* die Erscheinung von Flammen und Funken; die *Gal-leropie,* die hellere Erscheinung der Farben, als sie es in der

Wirklichkeit sind; die *Metamorphopsie*, die Gestaltsveränderung der Gegenstände u. s. w. Alle diese Phänomene haben das Gemeinschaftliche, dafs sie gewöhnlich von einer Abnahme des Sehvermögens begleitet sind, und dies genügte den Nosologen, um sie alle in eine und dieselbe Cathegorie zu werfen. Man hat sie sogar in ein Krankheitsbild zusammengestellt und ein Mosaik von Symptomen daraus gebildet, welches man mit dem allgemeinen Namen Amblyopie bezeichnete, welches aber in der Natur nicht existirt und nicht existiren kann.

Dieses Beispiel von Confusion in der Classificirung ist jedoch nicht das einzige, was die Pathologie darbietet. Man wolle nur die verschiedenen nosologischen Systeme ein wenig prüfen, und man wird fast überall finden, dafs die meisten Schriftsteller, — anstatt ihre Eintheilungen auf die Gesammtheit der Symptome, wodurch sich die Krankheiten offenbaren, zu basiren, — sich begnügt haben, ein einziges vorherrschendes Symptom und mitunter sogar nur das gemeinschaftliche Ende mehrerer pathologischer Zustände zur Feststellung ihrer Krankheitsgruppen oder Familien anzunehmen. Auf diese Weise hat man z. B. die Familien der *Asthmen*, der *Spasmen*, der *Coliken*, *Diarrhöen* u. s. w. gebildet.

Aber der gröfste und auffallendste Mifsbrauch dieser Classifications-Methode hat bei der Amaurose stattgefunden. Man hat in dieselbe Classe alle diejenigen Zustände geworfen, welche sich durch die Blindheit endigen, und man hat unter der Benennung *Paralysie des Sehvermögens* eine grofse Familie gebildet, als wenn die Paralysie eine Krankheit wäre, sie, die nichts anders ist, als das Abgestorbensein der nervösen Thätigkeit in der Netzhaut, das unglückliche Ende einer vorangegangenen Krankheit. Ist es denn logisch, das Ende, das Resultat einer Krankheit als die Krankheit selbst zu betrachten? — Auf diese Auseinandersetzung gestützt, streichen wir also die Amaurose in der Liste der pathologischen Zustände des Auges, sie ist für uns nichts als der Tod dieses Organes, keinesweges aber eine Krankheit.

Man betrachtet noch allgemein die Amblyopie fast wie einen, mit der Amaurose identischen Zustand, während sie, nach unserem Dafürhalten, davon wesentlich verschieden ist. Die Amblyopie verhält sich zur Amaurose wie eine Krankheit zum Tode; sie ist für uns nur eine Tendenz zur Amaurose, d. h. zum Tode des Gesichtsorganes; sie läfst uns auf die Gegenwart einer schädlichen Einwirkung und der organischen Gegenwirkung schliefsen und erlaubt uns noch auf einen Erfolg der ärztlichen Wirksamkeit zu rechnen, während bei der Amaurose das in der Amblyopie noch rege Lebensprincip ganz erloschen ist: eben so unmöglich das Sehvermögen wieder herzustellen, als es unmöglich ist, einem todten Körper Leben einzuhauchen, oder ein vom Brande verzehrtes Glied neu zu beleben.

§. 45.

Aus dem Gesagten läfst sich ohne Schwierigkeit voraussehen, dafs wir die *Amblyopie* nur als *eine einfache Abnahme des Sehvermögens* betrachten. Das amblyopische Auge bedarf einer gröfsern Licht-Quantität, als das gewöhnliche Auge, um deutlich zu sehen; der mäfsige Eindruck der Lichtstrahlen erweckt noch nicht genügend diejenige Wirkung des Gehirns, von der die Wahrnehmung der Helligkeit abhängt. Hiernach ist die Erscheinung der Hemeralopie nur eine directe Folge der Amblyopie und wir sehen mit Vergnügen, dafs die Erfahrung mit unserem Raisonnement vollkommen übereinstimmt.

Man kennt eine Art von Amblyopie, welche von aller Complication frei ist und welche uns erlaubt, diesen pathologischen Zustand in seiner gröfsten Einfachheit zu betrachten. Diese Art von Amblyopie ist die, welche man *torpide* nennt. Nun aber können wir versichern, diese Krankheit beständig in Begleitung der Nachtblindheit gesehen zu haben, so dafs wir diese letztere mit aller Sicherheit für das pathognomonische Symptom derselben erklären können.

§. 46.

Um die krankhafte Hemeralopie in ihrer vollkommenen Einfachheit zu untersuchen, mufs man die von der torpiden Amblyopie befallenen Personen sehen und beobachten. Ein blofser Blick genügt dem Praktiker, um diese Individuen zu erkennen, von denen einige Schriftsteller so treffend gesagt haben, dafs sie Lichthunger hätten. Ihre fast unbeweglichen weitgeöffneten, das Licht suchenden Augen; ihre erweiterten Pupillen; der Ausdruck von Unsicherheit und Suchen, auf dem Gesichte; ihre zweifelhaften und ungewissen Bewegungen, fallen beim ersten Anblick auf. Eine auf diese Weise affectirte Person sieht am hellen Tage noch ziemlich gut, besonders des Morgens, wenn die Ruhe der Nacht der Empfindlichkeit des Auges erlaubt hat, sich zu sammeln. Aber der Kranke bedarf eines starken Lichtes zur Erkennung und zur Unterscheidung der Gegenstände; er hört fast gänzlich auf zu sehen, sobald der Himmel sich bezieht, des Abends sieht er folglich gar nichts, und die Nacht stellt sich für ihn bald nach dem Untergange der Sonne ein. Beim Lichte einer gewöhnlichen Wachskerze sieht er ebenfalls nichts, dieselbe erscheint ihm vielmehr als ein kleiner Lichtpunkt in der Mitte einen tiefen Finsternifs; bei einem starken grellen Lichte jedoch, vermag er die Gegenstände zu unterscheiden. Es ist nicht schwer, hierin sogleich ein fast gänzliches Zusammentreffen mit denjenigen Symptomen wahrzunehmen, welche wir bei der angebornen Amblyopie angeführt haben.

Dieses Bild der Hemeralopie ist jedoch keineswegs immer dasselbe, es ist vielmehr verschiedenen Veränderungen unterworfen, welche von dem Grade und den Complicationen der Amblyopie abhängig sind, wovon die Nachtblindheit nur eine einfache Folge ist. Die Amblyopie kann mit einem entzündlichen oder mit einem nervösen Zustande der Retina verbunden sein. Aus dieser Verbindung geht hervor, dafs zu den Symptomen, welche die Verminderung des Sehvermögens anzeigen, noch neue krankhafte Erscheinungen hinzutreten können.

Wir wollen jetzt eine kurze Betrachtung der nervösen und der entzündlichen Hemeralopie anstellen.

Das Auge, welches die nervöse Hemeralopie darbietet, ist aufserordentlich empfindlich für das Licht, und erschöpft sich sehr leicht durch das Sehen, so dafs es sein Sehvermögen gegen das

Ende des Tages gänzlich verliert. Wenn ein solches Auge einem starken Lichte ausgesetzt ist, so nimmt der Beobachter alle Zeichen der Blendung auf dem Gesichte wahr. Die Augenlieder sind spasmatisch geschlossen, die Wangen und die Stirn in Falten gezogen, die Augen thränen bei der geringsten Anstrengung, die Pupille ist zusammengezogen, das helle Licht thut dem Auge weh, und der Kranke sucht es fortwährend zu vermeiden. Er sieht am Besten im Halbdunklen, wo sein Sehvermögen öfter eine solche Schärfe erlangt, dafs ihm die Farben der Gegenstände viel heller erscheinen, als sie wirklich sind. Das Bild eines, einige Zeit starr angesehenen Gegenstandes schwebt ihm selbst bei geschlossenen Augen noch einige Zeit vor. Gegen Abend schwächt sich sein Gesicht, die Gegenstände scheinen sich in Wolken einzuhüllen und werden der Farbe und Gestalt nach, immer unkenntlicher, bis sie endlich ganz und gar verschwinden. Das gewöhnliche Licht genügt nicht, um sie wieder wahrnehmen zu lassen, ein grofses und lebhaftes Licht aber, blendet und ermüdet die Augen. Und wenn die auf diese Weise gleichsam erblindeten Augen sich während des Schlafes wieder gestärkt haben, wiederholt sich am folgenden Tage dieselbe Reihe von Erscheinungen.

Ein Blick auf diese Phänomene genügt, um sich sofort zu überzeugen, dafs sie ihren Ursprung in der leichten Erschöpflichkeit der Retina haben. Dieselbe reagirt weit stärker, als im Normalzustande, die Fähigkeit des Empfindens erschöpft sich, und sie hört auf, der Vermittler für die äufsere Welt zu sein.

§. 47.

Die entzündliche Hemeralopie bietet uns eine Reihe von Symptomen dar, welche von den vorhergehenden gänzlich verschieden sind. Die Retina befindet sich hier in einem Zustande von Subinflammation, woraus sich ergiebt, dafs die Symptome dieses Zustandes zu denen der Amblyopie hinzutreten. Wenn ein Kranker, der von einer auf diese Weise complicirten Amblyopie behaftet ist, sich in der Dunkelheit befindet oder die Augen schliefst, so erscheinen ihm weifse und farbige Flammen und Funken vor den Augen. Diese Flammen und Funken persistiren, folgen allen Bewegungen des Auges und vermehren sich unter der Einwirkung aller erregenden Einflüsse. Wenn der Kranke dagegen die Augen öffnet und sich im Hellen befindet, so verwandeln sich jene Funken und Flammen in dunkele Flecken, die um so schwärzer werden, je greller das Licht ist und je lebhafter sie in der Dunkelheit erschienen, und welche die angesehenen Gegenstände umhüllen und undeutlich machen; die Photophobie nimmt in demselben Verhältnisse zu, und die Charactere der Blendung marquiren sich schärfer auf dem Gesichte. Der Kranke sieht alsdann weder bei Tage noch bei Nacht; am Tage sieht er wegen der dunkelen Flecken nicht, und des Nachts, wegen der ihm vorschwebenden glänzenden Funken und Flammen. Woher kommt nun aber diese Veränderung der Funken und Flammen in schwarze Flecken? Man findet die Antwort in dem, im § 4 beschriebenen Versuche und in alle dem, was wir darüber gesagt haben.

Dies sind die drei Charactere, welche die Hemeralopie bei der Beobachtung darbietet. Beauftragt, täglich eine grofse Menge Augenkranke zu untersuchen, haben wir unsere Aufmerksamkeit besonders auf die Amblyopie und vorzugsweise auf ihr Hauptsymptom, die Nachtblindheit, gerichtet. Und wir haben gleichzeitig gefunden, dafs dieses Symptom verschiedenen Modificationen unterworfen ist, welche den 3 verschiedenen, von uns angenommenen Arten von Amblyopien, nämlich der *torpiden, nervösen* und *entzündlichen* Amblyopie, vollkommen entsprechen.

Es liegt aufser unserem Plane, uns noch weiter in die Geschichte der Amblyopie einzulassen, bevor wir jedoch den uns vorgezeichneten Weg wieder einschlagen, sei es uns erlaubt, hier noch einmal zu erinnern, *dafs die Amblyopie für uns weiter nichts ist, als eine einfache quantitative Reduction des Sehvermögens* und dafs jede qualitative Reduction desselben der Idee fremd ist, welche wir uns von dieser Krankheit gebildet haben.

§. 48.

Wir wollen jetzt einen kurzen Blick auf die qualitativen Veränderungen des Sehvermögens werfen. In den Handbüchern finden wir diese Erscheinungen unter den Namen Achromatopsie, Chrupsie, Scotomen u. s. w. verzeichnet; aber was davon am meisten interessirt, die Ursachen, der Gang, die Folgen und der semiologische Werth dieser Phänomene, findet sich nirgends. Diejenigen, welche darüber geschrieben oder vielmehr ihre Beobachtungen mitgetheilt haben, stellen diesen Gegenstand als eine pathologische Merkwürdigkeit dar, aus der, wie sie mit Bedauern hinzufügen, man sich umsonst bemüht, für die Wissenschaft einigen Nutzen zu ziehen. Wir haben daher lange Zeit Anstand genommen, eine systematische Erklärung darüber zu geben, da wir jedoch bei jeder neuen Beobachtung uns von Neuem überzeugten, dafs sich diese Phänomene von selbst der Theorie unterzogen, welche wir in unserem ersten Theile aufgestellt haben, so glaubten wir der Wissenschaft durch die getreue Mittheilung unserer Erfahrungen einen wahrhaften Dienst zu leisten. Wir haben den pathologischen Fehler der Farben-Empfindungen in zwei Cathegorien getheilt: in die erste stellen wir den Mangel der Farbenwahrnehmung, *die Achromatopsie*, und in die zweite die freiwillige Erscheinung der Farben, die *Chrupsie* und die *Scotomata* (Mückenschen, Myodesopsie).

§. 49.

Achromatopsie.

Wir haben weiter oben dargethan, dafs die Farben-Perception in der folgenden Reihe stattfindet:

Weifs, Gelb, Roth, Blau, Schwarz.

Gleichzeitig haben wir gezeigt, dafs die drei eigentlichen Farben: Gelb, Roth und Blau von den Partial-Functionen des unmittelbaren Gesichtsorganes abhängig sind und dafs diese Functionen in ihrem Zusammenwirken, die Empfindung des Grauen erzeugen.

In Folge eines schädlichen Einflusses kommt es häufig vor, dafs diese Farben-Functionen ihre individuelle Thätigkeit verlieren, und es kann sich in diesem Falle ereignen, dafs ein Stimulus, welcher im Normalzustande der Seh-Functionen diese oder jene Farbe fühlbar gemacht hätte, die volle Function spielen und statt irgend einer besondern, die graue Farbe empfinden läfst. Sind auf diese Weise alle Farben-Empfindungen verloren gegangen, so entsteht die *Achromatopsie*, haben sich aber nur einige davon verwischt oder geschwächt, so bildet sich die *Chromatopseudopsie*.

Wir werden diese beiden pathologischen Zustände durch Beispiele noch näher kennen lernen, und wir wollen zu diesem Zwecke mit einer Beobachtung anfangen, in welcher eine gänzliche Unterdrückung der Farben-Perception stattfindet. In dieser Observation werden wir sehen, dafs das unmittelbare Gesichtsorgan so unbeweglich geworden ist, dafs es nur in seiner Gesammtthätigkeit reagirt.

Beob. 1. Der Schumacher Fr..., 45 Jahre alt, und rue du faubourg Poissonnière 78 zu Paris wohnhaft, ist seit 3 Jahren mit einer amaurotischen Amblyopie behaftet, welche er sich in Folge einer Erkältung zugezogen hat. Diese im Anfange irritative Amblyopie war wechselsweise von rheumatischen Schmerzen in den Gliedern und Knochen begleitet, bald aber hörten die Erscheinungen auf, welche auf Reizung deuten liefsen, und die Amblyopie nahm einen torpiden Character an. In der Halbdunkelheit sahe der Kranke wenig, das Licht verursachte ihm keine Schmerzen mehr, die Photopsie war verschwunden und es schien ihm, als sei er fortwährend von einer Wolke umhüllt. Dessen ungeachtet setzte er sein Geschäft fort, und unterschied nach seiner Aussage auch noch die Farben, eine Fähigkeit, die sich aber, anscheinend in Folge eines Aderlasses, gänzlich verlor. Seit dieser Zeit sieht und unterscheidet er nur noch Weifs, Grau und Schwarz. Er vermag nicht, ein colorirtes Gemälde von einem schwarzen zu unterscheiden, und statt eines Stückes weifsen Maroquins, kaufte er eines Tages ein solches in gelber Farbe. Indessen bediente er sich seiner Augen noch so viel es gehen wollte, um in seiner Werkstatt zuzuschneiden. Einige Monate später nahm sein Sehvermögen noch bedeutender ab. Er fragte die geschicktesten Aerzte in Paris um Rath, alle angewandten Mittel blieben jedoch ohne Erfolg. Als wir diesen Kranken zum ersten Male sahen, konnte er noch einen auf dem Fufsboden liegenden Schlüssel wahrnehmen, rücksichtlich der Farben aber, war die Empfindlichkeit seines Sehvermögens so sehr geschwächt, dafs er nicht eine einzige von den farbigen Proben unterschied, welche wir ihm vorhielten.

Die vorstehende Beobachtung ist ein treffendes Beispiel zur vollständigen Achromatopsie, und die, welche wir sogleich citiren werden, bietet eine Chromatopseudopsie dar, welche mit den, in der dritten und vierten Classe (s. Th. 2) angeführten, angebornen Fehlern dieser Art genau identisch ist.

Beob. 2. Herr Ma... loff, rue St. Benoit 2 zu Paris wohnhaft, 39 Jahre alt, ist mit einer irritativen nervösen Amblyopie behaftet von der ihm die Ursache unbekannt ist. Seine Iris, von einer dunkelblauen Farbe, ist zusammengezogen, das helle Tageslicht thut ihm wehe, die Gegenstände erscheinen ihm nur undeutlich und es ist ihm, als sei er fortwährend von einem weifsen Nebel umgeben. Er sieht jedoch noch deutlich genug, um die Zeiger einer Wanduhr zu unterscheiden, obgleich sie ihm mehr wie die Schatten dieser Zeiger, als wie die Zeiger selbst vorkommen. Was die Farben anlangt, so unterscheidet er Weifs, Schwarz, Gelb und Blau. Die hellen Farben sind für ihn nichts anders als Nüancen von Weifs, so wie die dunkleren ihm nur als verschiedene Nüancirungen von Grau erscheinen. Er verwechselt Roth mit Grün, Orange mit Gelb, Purpur mit Violet u. s. w. Er vermag eine grüne Brieftasche nicht von einer rothen zu unterscheiden, und zwischen drei Papierstreifen, wovon der eine weifs, der andere hellrosenroth und der dritte blafsgrün ist, findet er keinen Unterschied.

Beob. 3. Eine ähnliche Beobachtung haben wir über den Schneidermeister S., 37 Jahre alt und zu Paris rue Poissonnière 37 wohnhaft, angestellt, welcher in Folge einer übermäfsigen Arbeit bei künstlichem Lichte von einer nervösen Amblyopie behaftet ist. Seine blaue Iris ist wie im vorhergehenden Falle zusammengezogen; das helle Tageslicht blendet ihn und im Schatten sieht er so wenig, dafs ich genöthigt war, ihn bei der Hand zu nehmen, um ihn in mein Zimmer zu führen. Es war im Frühlinge 1838 als er anfing, das Gefühl für die Farben zu verlieren, namentlich hatte er bei Roth und Grün die meiste Schwierigkeit. An das so häufig citirte Beispiel von Kirschen denkend, fragte ich ihn unter andern auch, ob er die rothen Kirschen von den grünen unterscheiden könne, was er mit der Bemerkung verneinte, dafs er sich beim Kirschenessen, die Kirschen von einem anderen sortiren liefse, weil er nicht im Stande sei, die reifern von den grünen zu unterscheiden. Im Monat August verlor er alles Farbengefühl und unterschied nur noch Weifs und Schwarz. Die Anwendung von ferrum carbonicum, Einreibungen von Spiritus rosmarinus und Schwefeläther auf Stirn und Schläfen besserten jedoch sein Sehvermögen wieder etwas, die Empfindungen von Blau und Gelb stellten sich wieder ein, das Rothe erkannte er jedoch noch nicht wieder und verwechselte die Nüancen davon mit Grün, und eben so das Gelb mit Braun.

Sechs Tage später, am 15. September, sah der Kranke besser, er erkannte die Buchstaben auf den Anschlagezetteln und die Nummern der Häuser, er fing an die Farben zu unterscheiden, er erkannte die rothe Farbe der Aderlafsbinde, die er einige Tage vorher für grün hielt, und bemerkte sogar die darauf befindlichen Blutflecken. Ich schreibe diese Verbesserung den kalten Umschlägen, den Fufsbädern, den Einreibungen von Belladonna und dem Gebrauche von Selterserwasser zu, welches die Hauptmedicamente in der Behandlung waren.

§. 50.

Indem wir jetzt zur zweiten Classe der Fehler in den pathologischen Farben-Empfindungen übergehen, d. h. zu derjenigen, welche sich durch die freiwillige Erscheinung der Farben characterisirt, wollen wir mit der Chromopsie, d. i. dem farbigen Sehen anfangen. Die hiermit affectirten Personen sehen Farben, wo die übrigen Menschen nur Weifs erblicken; die weifsen Vorhänge ihrer Betten, die Blüthen der Lilien und der Schnee z. B. erscheinen ihnen gelb, roth oder unter irgend einer anderen Farbe. Dieser Zustand persistirt mitunter hartnäkkig und längere Zeit ohne irgend eine Modification, häufig ist er jedoch verschiedenen Veränderungen unterworfen. So ist es nicht selten, dafs der Kranke die Gegenstände, welche er vorher roth sah, nach und nach unter einer grünen, dann unter einer blauen Färbung u. s. w. sieht. Jede dieser Veränderungen kann einige Tage dauern, um alsdann in eine andere überzugehen. Keineswegs ist jedoch diese Art der Chromopsie immer dieselbe. Es ereignet sich manchmal, dafs diese Zustände einen remittirenden Typus annehmen und dafs der Kranke nur eine bestimmte Zeit des Tages farbig sieht, während er in den Zwischenräumen dieser Anfälle, seine Umgebungen unter den natürlichen Farben erblickt. Diese Anfälle können einige Stunden dauern, zuweilen gehen sie auch schon nach einigen Minuten vorüber. Meist zeigt sich in den nächstfolgenden Anfällen wieder dieselbe Färbung, indefs giebt es auch Beispiele, wo die Färbung im zweiten Anfalle eine andere als im ersten war. Zuweilen nehmen die Rückfälle einen regelmäfsigen, periodischen Typus an, und die Krankheit affectirt alsdann die intermittirende Form.

Wir hätten uns gern noch auf die Art und Weise, wie die Chrupsie erscheint, eingelassen, die Beispiele in den Schriftstellern, worauf man seine Meinung stützen könnte, sind jedoch so selten und in unsern eingenen Beobachtungen haben wir noch so wenig Glück gehabt, dafs wir uns begnügen müssen, diesen Gegenstand nur zu berühren.

Zum besseren Verständnifs und zur leichteren Beurtheilung dieser Phänomene wollen wir jedoch noch einige Beobachtungen mittheilen.

Beob. 1. Hr. Dr. Lenoir, Professor an der medicinischen Facultät zu Paris, machte mich im Winter 1837 auf ein junges Mädchen, Namens Franzisca Chovet, (welche sich in der Klinik von Julius Cloquet befand), aufmerkam, welches seit mehreren Wochen alle Gegenstände roth sah. In einer Nacht verwandelte sich diese Anomalie plötzlich dergestalt, dafs die Kranke zu ihrem gröfsten Erstaunen am andern Morgen Alles grün sah. Leider erlaubten meine, damals etwas aufgehäuften Geschäfte nicht, meine Beobachtungen über den Zustand dieser Kranken fortzusetzen.

Beob. 2. Der Tagelöhner Constant zu Paris, rue du Cherche-Midi 69 wohnhaft, 54 Jahre alt, grofs, mager, von einer kräftigen und musculösen Constitution und einem biliösen Temperamente, hatte 10 Monate vorher, ehe er in unsere Behandlung kam, in Folge einer Blutcongestion nach den Augen, das linke Auge verloren. Die Pupille dieses Auges ist sehr ausgedehnt, die Empfindung des Lichtes ist gänzlich vernichtet und die Iris folgt auch nicht den Bewegungen der des rechten Auges, welches der eigentliche Gegenstand dieser Beobachtung ist. Einige Monate vorher hatte der Kranke ein gewisses Flimmern und Funkeln vor den Augen und empfand auch die übrigen Symptome einer Irritation der Retina. Sein, obgleich schwaches Auge, liefs ihn die Gegenstände in den Morgenstunden vor dem gänzlichen Eintritt der vollen Tageshelle noch ziemlich deutlich erkennen, die spätere grofse Helle des Tages jedoch, that dem Auge wehe und ermüdete es leicht. Gegen 10 Uhr des Morgens scheint ihm alles gelb zu sein, namentlich die grauen Gegenstände. Bald verschwindet jedoch diese Farbe wieder, der Kranke sieht einige Stunden Alles in seiner natürlichen Farbe und hierauf erscheint ihm Alles blau. Der Kranke hatte sich bereits an diese verschiedenen Veränderungen gewöhnt und war ziemlich sorgenlos, als mit einem Male neue Modificationen seine Besorgnifs von Neuem erweckten. Er erblickte nämlich gegen Abend während einer ganzen Viertelstunde alle Gegenstände in einer schwarzen Färbung und erstaunte das erste Mal, wo er diesen Zustand bemerkte, nicht wenig, die Omnibus und die vorgespannten Pferde schwarz und die Kutscher im Traueranzuge zu sehen.

Die Anwendung aufregender Mittel hemmte nicht blofs die Fortschritte dieser Krankheit, sondern liefs auch noch, leider jedoch nur für eine kurze Dauer, die bezeichneten Zustände verschwinden. Am 28. December 1838 sahen wir diesen Kranken wieder und fanden ihn beinahe blind.

Beob. 3. Herr L..., königl. Beamter, 40 Jahre alt, wohnhaft Place de la Justice Nro. 1, ein grofser, hagerer Mann mit schwarzen Augen und Haaren, einer ziemlich robusten Constitution und einem biliösen Temperamente, litt lange Zeit an Hämorrhoiden und Blutcongestionen nach dem Kopfe und namentlich nach den Augen.

Seit mehren Jahren mit einer glaucomatösen Cataracte des rechten Auges behaftet, bemerkte er im April 1838, dafs sein linkes Auge merklich schwächer wurde; er empfand eine beständige Cephalalgie und Schwindel, wenn er Treppen stieg, sich bückte oder sich schnell bewegte. Im Anfange schien es dem Kranken, als befände sich ein Spinnengewebe vor seinen Augen, welches er mehr als ein Mal mit der Hand zu zerstören suchte. Bald veränderte sich diese Erscheinung in eine Wolke, welche sich fortwährend zwischen ihm und dem zu betrachtenden Gegenstande befand; die Formen der Gegenstände waren verunstaltet, die geraden Linien derselben schienen krumm und höckerig. Aufserdem litt er am Tage an dem sogenannten Mückensehen und des Nachts sah er weifse und farbige Funken. Dieser Zustand verschlimmerte sich fortwährend, der Kranke wurde Hemeralop und von 7 Uhr des Abends an (im Monat Mai) konnte er nicht mehr allein auf der Strafse gehen. Am 5. Mai schienen ihm mit einem Male alle Gegenstände roth und namentlich trat diese Farbe bei denjenigen Gegenständen sehr hervor, welche er von weifser Farbe wufste. Er schrieb anfänglich diese Erscheinung der Blendung zu, welche ihm die untergehende Sonne wohl verursacht haben könnte. Am folgenden Tage sah er jedoch zu seinem gröfsten Erstaunen alle Gegenstände blau, eben so noch am 7. Mai, wo ich den Kranken untersuchte und folgende Resultate erhielt:

Die affectirte Stelle nimmt den Hintergrund der Retina ein, während diese letztere um jene Stelle herum noch ihre normale Empfindbarkeit hat: denn der Kranke sieht nach oben, nach unten und zur Seite noch alles unter denselben Farben. Ich hielt ihm ein Blatt weifses Papier vor, welches er für blau hielt; als er jedoch die Augen niederschlug und das Papier von unten herauf ansah, erkannte er die natürliche Farbe. Ein Blatt hellblaues Papier schien ihm dunkelblau, aber eben so wie vorhin angesehen, erkannte er die richtige Farbe, und gab genau den Unterschied der beiden Farben an, welche er in den beiden Fällen sah. Ein Blatt citronengelbes Papier hielt er für ein Blatt Pergament.

Da der vom Unglück niedergebeugte Kranke, wegen seiner beschränkten Mittel unseren Vorschriften nicht nachkommen konnte, so riethen wir ihm in ein Hospital zu gehen. Er folgte unserem Rathe und wir sahen ihn später im Hospitale Pitié, in der Behandlung des Herrn Sanson. Man hatte ihm zu wiederholten Malen Blutegel am After angesetzt, ein Haarseil in's Genick gezogen und mittelst drastischer Abführungs-Mittel kräftig auf den Darmkanal eingewirkt. In Folge dieser Behandlung verwandelte sich der Flecken, welchen der Kranke blau sah in eine weifsliche Wolke, die sogleich verschwand, wenn der Kranke die Augen schlofs. Er sahe immer noch besser von der Seite als gerade aus; er erkannte jedoch die Farben besser, litt nicht mehr am Mücken- und Funken-Sehen; wenn er aber die Augen auf eine brennende Wachskerze richtete und dieselbe einige Zeit starr ansahe, schienen ihm rothe und grüne Kugeln vor den Augen herum zu schweben. Dies war der Zustand des Kranken im Monat September, wo ich ihn aus dem Gesichte verlor.

Beob. 4. Eines Sommers im Monate Juli (18..) kam eine Dame nach dem südlichen Theile der Grafschaft Kent (England) und bewohnte daselbst ein Zimmer, dessen Fenster nach dem Meere hinausgehend, der untergehenden Sonne zugekehrt waren. Fenster- und Bettvorhänge waren weifs und erhöhten noch die grofse Helle des Zimmers. Kaum bewohnte diese Dame 10 Tage das beschriebene Zimmer, als ihr gegen Abend zuerst die Fransen der Vorhänge, bald darauf aber auch das ganze Zimmer roth erschienen, und besonders waren die sonst weifsen Gegenstände von kräftiger rother Farbe. Dieses Phänomen dauerte die ganze Nacht und hörte gegen Morgen auf. Die erstaunte und besorgte Kranke blieb nur noch acht Tage in Kent, während welcher dieser Zustand alle Abend wiederkehrte. Sie ging hierauf nach London, und liefs sich dort vom Dr. Heberden behandeln.

Ihre Zufälle stellten sich noch 14 Tage periodisch ein, dann verschwanden sie aber gänzlich. Seit dieser Zeit unterscheidet die Kranke die Farben weniger gut als früher, obgleich sie sie erkennt. (Medical Transactions of the College of Physicians, vol. IV. p. 56.) [1])

Die ophthalmologische Literatur enthält noch mehrere Beobachtungen, welche in die Cathegorie des farbigen Sehens gehören.

Heermann (Ueber die Bildung der Gesichtsvorstellungen aus den Gesichtsempfindungen p. 158) hat wiederholentlich die Bemerkung gemacht, dafs die Kranken in Folge heftiger Geistesbewegungen gelb sahen, und er versichert, dafs er sich ganz und gar nicht autorisirt glaube, die Gelbsucht als die Ursache dieses Phänomens zu betrachten.

Hufeland (Hufeland's Journal für die praktische Heilkunde 4. Band p. 152) hat einen Kranken beobachtet, welcher mit Intestinalwürmern behaftet war und Alles gelb sahe, so lange er nüchtern war. Dieser sonderbare Zustand verschwand und erschien von Neuem, und zwar von fünf zu fünf Minuten, ohne dafs der Kranke an Gelbsucht litt, oder dafs man irgend eine abnorme Färbung in dem durchsichtigen Theile des Auges bemerkt hätte.

Der Dr. Patouillet versichert, dafs die Personen, welche die Früchte vom Bilsenkraute essen, zuerst alle Gegenstände in rother und in den folgenden Tagen in scharlachrother Färbung wahrnehmen. (Midlemore vol. II. p. 237.)

Mackenzie hat einen Kranken behandelt, welcher eine Wunde in der Hornhaut hatte, und bei dem ein Vorfall der Iris statt fand. Dieser Kranke sahe alle Gegenstände grün.

Eine junge von einer Choroditis affectirte Dame, welche

---

[1]) Dieser Fall erinnert mich an die Geschichte eines künstlich intermittirenden Fiebers, welches sich Dr. Brachet zu Lyon dadurch erzeugte, dafs er alle Abende ein Flufsbad nahm, kurze Zeit im Wasser blieb und beim Ankleiden ein hitziges Getränk genofs, um die Nachwirkung der Kälte zu vermehren. Auf diese Weise immittirte er 8 Tage lang die Anfälle eines kalten Fiebers, die sich nach dem Aufhören dieser Lebensweise noch eine ganze Woche lang zur gewöhnten Stunde von selbst wieder einstellten.

dieser berühmte Arzt ebenfalls behandelte, sah gleichzeitig die blaue, grüne und rothe Farbe auf allen Gegenständen, welche sie betrachtete; z. B. auf einem weifsen Taschentuche, auf dem Gesichte eines Menschen u. s. w. (Treatise on the diseases of the eye. Siehe Chrupsie.)

Ein alter General sah jeden Morgen fast eine ganze Stunde lang alle weifsen Gegenstände orangenfarbig; dieselbe Erscheinung hatte er des Abends. (Dr. Parry, Collections from the impublished medical Writings p. 560.)

Herr Professor Sichel hat seine Zuhörer wiederholentlich auf eine Erscheinung aufmerksam gemacht, welche man häufig in den ersten Augenblicken nach der Depression einer Cataracte beobachtet (hauptsächlich, wenn man sich ungeschickt dabei benimmt und zu lange ein Auge bearbeitet,): die Kranken sehen alle Gegenstände blau und sie fangen erst nach einiger Zeit an, die Farben zu unterscheiden. Dieses Phänomen erklärt sich durch den Einflufs, welche die Verrückung der Krystallinse auf die Empfindbarkeit der Retina ausübt.

Die Beobachtung hat öfters gezeigt, dafs das Auge seinen achromatischen Zustand verlieren kann, und dann erscheinen ihm die Gegenstände, welche es fixirt, mit farbigen Kreisen umgeben. Dieser Fehler darf jedoch keineswegs mit der Chrupsie verwechselt werden, was unserer Ansicht nach bei einiger Sorgfältigkeit im Krankheits-Examen auch wohl zu vermeiden sein dürfte. Das Verschwinden dieses achromatischen Zustandes im Auge haben wir sehr oft in Begleitung der *Mydriasen*, der musculösen *Strabismen* und der *Diplopien* bemerkt. In einem interessanten Falle des Doppelsehens mit einem Auge, welchen wir zum Gegenstande unserer Inaugural-Dissertation genommen haben (Sur la diplopie unioculaire, Paris 1839), fand sich nur eines von den Bildern mit einem farbigen Kreise umgeben.

Die Chrupsie, wovon wir sprechen, ist auch von demjenigen farbigen Sehen wohl zu unterscheiden, welches in Folge des Ergusses eines farbigen Fluidums im Auge stattfindet. Es ist z. B. wohl bekannt, dafs die Kranken roth sehen, wenn sich Blut in die Augenkammer ergiefst, dafs sie gelb sehen während der Gelbsucht. — In manchen catarrhalischen Augenentzündungen scheint den Kranken, dafs die leuchtenden Körper mit prismatischen Farben umgeben sind. Dies ist aber wohl einer Schichte von Schleim zuzuschreiben, welche von Zeit zu Zeit die Hornhaut überzieht und dann das in das Auge einfallende Licht in farbige Strahlen zerlegt.

§. 51.

Aber die einfache Mittheilung der Thatsachen kann unsere Wifsbegierde noch nicht genügend befriedigen, und man wird uns ohne Zweifel auch nach der Ursache des farbigen Sehens fragen. Was uns anbelangt, so hegen wir über diesen Gegenstand folgende Meinung:

Die oben mitgetheilten Versuche und Beobachtungen haben nach unserer Ansicht genügend dargethan, dafs die Perception der weifsen Farbe sich in die der gelben verwandelt, sobald ein Theil der Function für das Weifse die Wirkungssphäre verläfst. Wir haben z. B. ein Stückchen weifses Papier gelb erscheinen sehen, wenn man es mit fixem Blicke betrachtete (§. 4. 1ter Versuch). Dieses Papierstückchen wurde hierauf grün, dann blau und nahm zuletzt eine schwarze Färbung an. Wir haben dieses Phänomen der Ermüdung gewisser Functionen zugeschrieben, welche nach und nach aufhören zu handeln, so wie der Fortdauer gewisser anderer, und wir haben auf diese Weise den Wechsel in den Perceptionen erklärt, welcher, ungeachtet der Identität des Einflusses auf das Auge, stattfand.

Mit diesen Elementen ist es nun aber leicht, die Erscheinung des farbigen Sehens zu erklären. Angenommen z. B., ein Theil der Function des Weifsen (oder des Grauen, wenn man will) sei, anstatt ermüdet zu sein, durch irgend einen schädlichen Einflufs gelähmt, was würde daraus entstehen? Wird der Kranke nicht statt der eigentlichen weifsen (oder grauen) Farbe eine andere wahrnehmen und wird er die Farben überhaupt nicht anders sehen, als Jemand mit gesunden Augen? Und dieses wird gerade deswegen stattfinden, weil nicht die ganze Function in Wirksamkeit tritt, sondern nur einige partielle Functionen, welche diese oder jene Farbenempfindungen entstehen lassen.

Nach dieser Auseinandersetzung ist es leicht, die Beziehungen der beiden Zustände aufzufassen, von denen der eine die Achromatopsie, der andere die Chromopsie zur Folge hat. In der Achromatopsie werden die Farben-Functionen torpide und verlieren ihre individuelle Thätigkeit bis zu dem Grade, dafs sie nicht mehr isolirt wirken können: es folgt hieraus, dafs die Kranken Alles unter einer weifslichen Färbung sehen und die Farben nicht mehr unterscheiden können. Bei der Chrupsie im Gegentheil ist es eine unterdrückte Function, welche unterläfst, das Weifse empfinden zu lassen. In diesem Falle sieht der Kranke die Gegenstände nur mit den noch thätig bleibenden Functionen: er sieht sie nothwendiger Weise gefärbt.

Fast alle Autoren stimmen darin überein, dafs die Achromatopsie und die Chromopsie beinahe immer Vorläufer der Amaurose sind. Diese Beobachtung ist sehr richtig, und es kann nicht schwer fallen, mit Hülfe des Gesagten diese Erscheinung zu erklären. Die eine dieser Affectionen nämlich beruht auf der Verminderung und die andere auf der Veränderung der visuellen Thätigkeit. Und wenn der sie hervorrufende Einflufs nicht aufhört zu wirken, so mufs dies nothwendiger Weise die gänzliche Vernichtung des Sehvermögens zur Folge haben. Was die Ursachen der Achromatopsie und der Chrupsie anbetrifft, so sind sie genau dieselben, wie bei der Amblyopie.

§. 52.

Wenn wir jetzt diesen Fehler der Farbenwahrnehmung, welcher einerseits die Achromatopsie und andererseits die Chromopsie zur Folge hat, mit der Verminderung des Sehvermögens in der Amblyopie vergleichen, so finden wir, dafs alle diese krankhaften Zustände in einem Fehler, einem Mangel oder einer Thätigkeits-Verminderung der Sehfunctionen ihren Grund haben, dafs aber die Veränderung dieser Function bei allen dreien eine andere ist.

Bei der Amblyopie erlischt ebenfalls das Sehvermögen in allen Nüancen seiner Perceptions-Functionen. Der Kranke kann die zartern Nüancen des Lichtes nicht unterscheiden; um die Perception der Helligkeit zu haben, bedarf er eines starken Eindrucks; die Farben erkennt er ebenfalls nur dann, wenn sie kräftig und hell beleuchtet sind. Mit einem Worte, die Perception des Gesichts-Organes ist vermindert, aber nur in quantitativer Beziehung, die Qualität dieser Empfindungen bleibt dabei unangetastet. Der Kranke erkennt also alle Farben, aber er sieht sie weniger genau und bedarf zu ihrer Unterscheidung einer stärkern Beleuchtung als andere Personen.

Bei der Achromatopsie und Chromopsie ist es ganz anders, wie wir gesehen haben: die Verminderung der Thätigkeit ist keinesweges so gleichmäfsig auf alle Farben-Functionen verbreitet, als in der Amblyopie, sie erstreckt sich nur auf einzelne Partial-Functionen. Der Kranke sieht hell und scharf genug, aber er irrt sich in Hinsicht der Farben: es ist also hier mehr die Qualität der Farben, welche ihm entgeht. Die Abnahme des Sehvermögens ist also *qualitativ* in der Amblyopie und *quantitativ* in der Achromatopsie und Chrupsie.

§. 53.

Wir haben bei einer grofsen Menge von Augen-Kranken, welche wir zu behandeln hatten, fortwährend die gröfste Aufmerksamkeit auf die Phänomene gerichtet, welche sich bei der Abnahme ihres Sehvermögens beobachten liefsen. Es ist uns keinesweges unbewufst, dafs die subjectiven Symptome, die nur in gewissen Empfindungen bestehen, und welche der Arzt nur in so fern erkennen und würdigen kann, als sie von dem Kranken angegeben werden, von viel geringerm Werthe sind, als die von ihm selbst beobachteten objectiven Symptome. Da aber diese letztern bei der Abnahme des Sehvermögens beinahe Null sind, so müssen uns die erstern d. h. die subjectiven Symptome als Richtschnur in der Beurtheilung der Krankheit dienen. Wir haben die Resultate unserer Beobachtungen sorgfältig gesammelt, und wollen jetzt sehen, in wie fern sie hinreichend sind, die folgende Frage zu beantworten.

Auf welche Weise erlischt das Sehvermögen und wie findet die Rückkehr desselben Statt?

Jede Amaurose tritt zuerst auf eine der folgenden drei Arten auf:

1. Entweder durch die Amblyopie, d. h. durch die gleichmäfsige (quantitative) Abnahme der Thätigkeit in allen Perceptions-Functionen des Gesichtsorganes. Ihr directes Resultat und

das hervorstechendste Symptom dieser Krankheit ist die Hemeralopie.

2. Oder durch die Chromopsie d. h. die gänzliche Unterdrückung einer der Partialfunctionen, die ins Gesammt die Empfindung des Grauen erwecken.

3. Oder endlich durch die Achromatopsie d. h. durch die Störung, welche die Functionen in ihrer individuellen Thätigkeit erleiden. Es ist selten, diese Thätigkeit mit einem Male für alle Farben-Empfindungen gänzlich vernichtet zu sehen; meistens findet eine stufenweise Abnahme dieser letztern statt. Ist dies der Fall, so geht dem gänzlichen Verluste der Farben-Empfindungen ihre Confusion voran, die beständig mit der Verwechselung von Roth und Grün beginnt und sich im ersten Anfange bei den hellen und dunklen Nüancirungen dieser beiden Farben zeigt. Hierauf vermindert sich auch das Vermögen, diese Farben zu unterscheiden, wenn sie kräftig ausgedrückt sind; die Perception des Blauen fängt an unsicher zu werden und auszugehen, und zuletzt verschwindet die Empfindung der gelben Farbe. Dies ist so wahr, dafs man bei einem Kranken sicher auf den Mangel aller Farbenempfindungen schliefsen kann, sobald ihm die Perception des Gelben mangelt. — Die Perception der rothen Farbe scheint die zarteste von allen. Wir haben weiter oben in unserm ersten Theile gesehen, dafs nur die Stellen der Retina das Rothe empfinden lassen, welche der Achse des Sehens zunächst liegen; wir haben ferner im zweiten Theile gesehen, dafs selbst in den schwächsten Graden der angebornen Chromatopseudopsie, die Empfindung des Rothen immer am meisten leidet, und jetzt sehen wir, dafs die krankhafte Achromatopsie mit der Unempfindlichkeit für Roth beginnt, und wir werden noch in der Folge sehen, dafs bei einer Rückkehr des Sehvermögens die Empfindung der rothen Farbe sich zuletzt retablirt. Und aus dieser Zartheit der Empfindung für das Rothe läfst sich auch erklären, warum die rothe Farbe am meisten das Auge ermüdet.

Diese drei Reductionsarten des Sehvermögens zeigen sich jedoch beinahe niemals ausschliefslich und im Zustande ihrer

Reinheit, sie sind im Gegentheil fast immer eine durch die andere complicirt und bieten eine grofse Anzahl von Nüancen dar. Am häufigsten ist die Verbindung der Amblyopie mit der Chromatopseudopsie: der Kranke ist Hemeralop und verkennt zu gleicher Zeit die Farben. Häufig bleibt alsdann die Amblyopie stationär, während die Chromatopseudopsie fortschreitet und in Achromatopsie übergeht. Auch ist es nicht selten, die Reduction einer einzigen Function Statt haben oder den übrigen vorhergehen zu sehen, d. h. die Krankheit geht in die Chromopsie über. Wenn z. B. nur die Function für Roth gelähmt ist, so wird der Kranke die Gegenstände und besonders die weifsen in schmutzigem Grün sehen. Es ist leicht zu begreifen, dafs die Function der rothen Farbe, als die zarteste aller Functionen, am meisten dieser Affection unterworfen sein mufs, und dieses Phänomen erklärt uns, warum in den vorgeschrittenen Amblyopien die Kranken alle Gegenstände in Meer- oder Flaschengrün sehen. Dieser Gang der Reduction ist wenigstens der am häufigsten vorkommende, obgleich er nicht unveränderlich ist. Man hat zuweilen die Reduction von Weifs in Gelb, in Roth oder Blau beobachtet, wie wir es in der Beobachtung §. 49 gesehen haben. Es würde zu weitläuftig werden, wenn wir hier alle Bemerkungen mittheilen wollten, welche wir in unseren Beobachtungen gemacht haben. Das Gesagte wird jedoch genügen, um den semiologischen Werth der Empfindungen der verschiedenen Farben im pathologischen Zustande des Auges darzuthun. Wir hegen keinen Zweifel, dafs ein tüchtiger Practiker, indem er mit Sorgfalt diese Phänomene, ihren Gang, ihre Aufeinanderfolge und ihre verschiedenen Nüancen beobachtet, darin nicht einen sichern Führer für die Anwendung seiner therapeutischen Mittel finden sollte, der gewifs um so angenehmer ist, als über diesen Gegenstand bisher noch ein gewisses Dunkel und eine grofse Ungewifsheit verbreitet lag. Die Verminderung des Sehvermögens ist eine von den Krankheiten, worin der Arzt selbst nur höchst wenig wahrnehmen kann, und wo er genöthigt ist, die oft unvollständigen und irrigen Angaben des Kranken als Richtschnur zu nehmen. Es ist also wichtig, dafs er im Stande ist, die Mittheilungen, welche ihm der Kranke macht, zu würdigen und gehörig zu beurtheilen.

Nicht weniger ist es für die Heilkunst wichtig, die Art und Weise zu kennen, auf welche bei einem glücklichen Ausgange der Krankheit das verlorne Sehvermögen sich wieder einstellt. Es läfst diese Kenntnifs den Arzt über die Zeit der Krankheit, die Wirksamkeit der anzuwendenden Mittel, urtheilen und erlaubt ihm somit, eine sichere Diagnostik zu stellen und hernach eine richtige Prognostik zu etabliren. Mit Rücksicht auf diese Idee und besonders auf die Vortheile, welche daraus hervorgehen, wollen wir Schritt vor Schritt den Gang verfolgen, welchen die Rückkehr des Sehvermögens nimmt, und wenngleich die Resultate unserer Beobachtungen noch nicht ganz vollkommen sind, so wird es dem geschickten Practiker dennoch nicht schwer fallen, daraus gewisse Folgerungen zu ziehen.

Im Jahre 1837 fanden sich beinahe gleichzeitig drei junge Mädchen in der Clinik des Professor Sichel ein, welche sämmtlich von einer Cerebral-Amaurose affectirt waren. Sie waren alle drei, bei einem Alter von 18 bis 21 Jahren, fast von demselben habitus, einer lymphatico-sanguinischen Constitution, und alle drei waren in Folge von Cerebral-Congestionen, welche sich als Vorläufer der Menstruation eingestellt hatten, plötzlich des Gebrauches ihrer Augen beraubt worden. Ihre Augen boten aufser einer grofsen Erweiterung der Pupille nichts Abnormales dar, und sie waren seit dem Verlust ihres Gesichtes sonst vollkommen gesund.

Die Kranken versicherten uns, dafs sie in den ersten Wochen nach dem Eintritt des genannten Uebels gar keine Empfindung des Lichtes hatten, sie sahen durchaus gar nichts und hatten auch keine Hallucinationen. Die eine dieser Mädchen jedoch nahm wie beim Normalzustande des Auges einen gelben Flecken vor dem rechten Auge wahr, wenn ich einen leichten Druck auf den äufseren Winkel des linken Auges ausübte, ein Beweis, dafs in dem unmittelbaren Gesichts-Organe die Farbenperceptionsfunctionen noch nicht erloschen waren, dafs vielmehr das äufsere Licht nur zu schwach war, um sie wirken zu lassen.

Unsere Kranken träumten viel und sie versicherten uns, dafs sie sich mit dem gröfsten Vergnügen schlafen legten, weil ihnen der Schlummer das Gesicht wiedergäbe. Sie erzählten ihre Träume: sie hatten in denselben Menschen von verschiedenen Trachten, Blumen von verschiedenen Farben und Nüancirungen u. s. w. gesehen, woraus sich schliefsen liefs, dafs das Central-Gesichts-Organ noch thätig sei und unter dem Einflufs anderer, als der von der Retina mitgetheilten Ursachen seine Functionen ausüben könne, und dafs die Blindheit nur als ein Mangel an Harmonie zwischen der Netzhaut und dem Gehirne anzusehen sei.

Etwas später fingen die Kranken an, Funken und Flammen wahrzunehmen, welche ihnen vor den Augen herum zu schweben schienen und gewisse Figuren bildeten, wie bei einem Kunstfeuerwerke. Diese im Anfange weifsen Hallucinationen fingen bald an, verschiedene Färbungen anzunehmen; die rothen Funken erschienen dabei zuletzt. Eine dieser Mädchen hatte Tag und Nacht das Gefühl einer grofsen Klarheit vor den Augen, die so stark war, dafs sie dem Auge unangenehm wurde und es ermüdete. Dabei war ihre Pupille sehr grofs, wie im Anfange der Krankheit, woraus wir schlossen, dafs das Gehirn seinen Einflufs auf den Augapfel gänzlich verloren haben müsse, weil im Normalzustande des Gesichts-Organes die Perception des Lichtes, so matt dies letztere auch sei, immer eine Contraction der Iris zur Folge hat.

Später schien diesen Kranken, als befänden sie sich in farbigen Atmosphären, und sie hatten unaufhörlich das Gefühl von Blau und Gelb vor den Augen. Die eine von ihnen, weit aufgeregter als die beiden andern, hatte starke Hallucinationen, die farbige Atmosphäre, in der sie sich nach ihrer Meinung zu befinden schien, hatte bald die Färbung des beim Untergange der Sonne feurig vergoldeten Himmels, bald die des schönen Azurblau des letztern in einer sternhellen Nacht.

Hierauf nahm der Gesichtskreis eine rothe Färbung an; die Kranken begannen damit, neben den blauen und gelben Flecken auch rothe wahrzunehmen, die sich nach und nach vervielfältigten, vergröfserten und nachdem sie die erstern ganz und gar verdrängt hatten, eine Atmosphäre bildeten, deren Farbe die eine von den Mädchen mit dem, durch eine grofse Feuersbrunst gerötheten Himmel verglich. Aber Alles, was sie bis dahin sahen, obgleich es eine gröfsere Activität des Gesichtsorganes anzeigte, gehörte noch zur Klasse der Hallucinationen; die Kranken konnten noch nicht Tag und Nacht unterscheiden.

Endlich fing die eine wieder an, zwischen Tag und Nacht einen gewissen uad zwar etwas sonderbaren Unterschied zu machen. Wenn es dunkel war, oder bei geschlossenen Augen, sahe sie nämlich klarer, die Atmosphäre schien ihr kräftiger und glänzender gefärbt. Das Blau z. B. war Azurblau und das Gelb erschien als Goldgelb. Sobald sie aber die Augen öffnete, und der Helle des Tages aussetzte, wurden jene Farben dunkler und schmutziger. Sie nahm die Gegenstände wahr, aber nur ihrer Form nach, ohne einen Unterschied in ihrer Färbung machen zu können: die Gegenstände schienen ihr vielmehr nur wie Schatten in dieser farbigen Atmosphäre. Aller angewandten Mittel und Sorgfalt ungeachtet, wollte es nicht gelingen, eine vollständigere Heilung herbeizuführen, und wir mufsten die Kranken in diesem Zustande ihres Sehvermögens entlassen.

Die zahlreichen Beobachtungen, welche wir im Laufe des letzten Jahres angestellt haben, haben die beschriebene Art und Weise der Rückkehr des Sehvermögens nicht nur gröfstentheils bestätigt, sondern auch noch einige Fälle einer weiter vorgeschrittenen Heilung dargeboten, wovon wir den folgenden mittheilen wollen.

Es war ebenfalls ein junges Mädchen, das in Folge einer rheumatischen meningitis blind geworden war. Während der ersten 3 Monate ihrer Blindheit sahe sie gar nichts und hatte selbst keine Hallucinationen. Später sahe sie Funken, Flammen, farbige Atmosphären u. s. w. Im 7ten Monate fing sie an, den Tag von der Nacht zu unterscheiden, und heute hat sie nur noch sehr wenig Hallucinationen, indem sie von Zeit zu Zeit rothe Funken sieht. Der Raum scheint ihr mit Nebel angefüllt, in dessen Mitte sie die nähern Gegenstände ihrer Form nach erkennt, obgleich ihr dieselben mehr als Schatten erscheinen, so dafs sie gar keine Farbe, selbst die gelbe nicht, erkennt. Dieser Zustand dauert schon seit mehreren Wochen, und alle seitdem angewandten Mittel wollen die Heilung nicht vorschreiten lassen. Im Allgemeinen hat die Erfahrung gezeigt, dafs in der Behandlung einer solchen Amblyopie, eben so, wie leider in noch so vielen andern Fällen, Zeit und Geduld die besten Mittel sind.

Diese Resultate unserer Beobachtungen sind durch mehrere andere Fälle von Amblyopie und ihrer Heilung bestätigt worden, und wir haben sie mit dem herzlichen Wunsche hier aufgezeichnet, dafs die spätere Erfahrung uns erlauben möge, den Anforderungen der Wissenschaft vollkommener zu genügen. Man begreift jedoch leicht, dafs die Natur nicht immer denselben Gang nimmt, und dafs sie uns nicht immer dieselbe Aufeinanderfolge von Phänomenen zeigt. Man findet eine grofse Menge von Modificationen, und es ist gerade die Verschiedenheit dieser Nüancen, welche die Hauptschwierigkeit, den wahren gordischen Knoten bildet, welcher sich in jedem besonderen Falle darbietet. Um aber diesen Knoten zu lösen, bedarf es einer genauen Kenntnifs in Beziehung der ihn zusammensetzenden Elemente, welche leider bis jetzt noch nicht aufgefunden ist.

§. 54.

Bevor wir diesen Gegenstand verlassen, wollen wir unsere Aufmerksamkeit noch einmal auf die Erscheinung von Funken und Flammen richten, welche mehrere Aerzte bei Anwendung des Strychnin in der Behandlung der Amblyopie beobachtet haben.

„Gleich nach dem Verbinden einer Blasenpflasterstelle, sagt Miquel (in seinem Bülletin der Therapie 15. Juni 1835) und vom ersten Tage an, empfindet der Kranke den Einflufs des Strychnin, und schon am 3. oder 4. Tage zeigen sich einige Anzeichen über das wahrscheinliche Resultat der Behandlung. Die erste Wirkung ist das Gefühl von Funken, welche mehr oder weniger zahlreich und activ in der Tiefe des Auges und namentlich nach der Seite hin empfunden werden, wo das Zugpflaster gelegt ist. Diese Funken sind von einer hohen Wichtigkeit, wenn sie sich nicht zeigen, hat man auch nichts Gutes von der Behandlung zu erwarten. Die Quantität der Funken ist ebenfalls bemerkenswerth; zuweilen sind sie schwärzlich, ein anderes Mal weifs oder roth. Die rothen Funken sind die vortheilhaftesten. Es würde jedoch nicht gut sein, wenn sie gleich im Anfange sehr glänzend wären: alsdann müfste man die Wirkung des Heilmittels mäfsigen, indem man entweder seine Quantität vermindert, oder täglich nur einmal verbindet.«

Dr. Cunier fügt dieser Mittheilung noch die folgende Bemerkung hinzu. (Annales d'Oculistique, T. I. p. 288).

»Wir haben das Strychnin in der Behandlung der Amaurose häufig angewendet und die Mittheilung des Hrn. Miquel bestätigt gefunden; gleichzeitig haben wir jedoch noch bemerkt, dafs von den rothen Funken diejenigen die günstigsten waren, welche später grün, blau u. s. w. wurden: denn in allen Fällen, wo wir nur rothe Funken erhielten, stellte sich die wirkliche Besserung erst bei dem erwähnten Farbenwechsel ein.« (Vergl. Nouveau Traité de l'amaurose et de sa guérisabilité par M. Pétréquun. Annales de la Société de Bruges 1841 p. 271).

Auf dem gegenwärtigen Standpunkte der Wissenschaft ist es unbestreitbar, dafs eine Reizung des fünften Nerven-Paares in gewissen Umständen eine Reizung der Retina hervorrufen kann. Von den vielen Beispielen, welche dieser Wahrheit als Belege dienen könnten, begnügen wir uns, auf eine sehr curiose Beobachtung hinzuweisen, welche wir bereits in den Annales d'Oculistique T. I. p. 327 mitgetheilt haben, und von der sich ein Auszug in Schmid's Jahrbüchern, Bd. 28, Heft 2, p. 205 befindet. Es ist dies die Beobachtung einer intermittirenden Nevralgie des nervus trigeminus, mit dem Typus von 30 zu 30 Tagen, und welche jedesmal eine heftige Photophobie und Photopsie hervorrief. Das Strychnin reizt diesen Nerven, und indem sich diese Reizung der Retina mittheilt, läfst sie sich unter der Form von Funken empfinden. Ist diese Reizung zu heftig, so sind die Funken weifs; ist sie gemäfsigter, so sind die Funken roth, grün, blau, u. s. w. Ihre Farbe läfst auf den Grad der Aufregung schliefsen und die Analogie zeigt uns, dafs dieser Grad in der Behandlung der Paralysien von grofser Wichtigkeit ist. Eine mäfsige verlängerte Aufregung ist nämlich weit besser, als eine zu starke Reizung, welche jederzeit die Erschöpfung der Retina zur Folge hat. Dieses Beispiel kann als Probe der Anwendung der in diesem Werke angegebenen Grundsätze zur Ophthalmotherapie dienen.

§. 55.

Mückensehen. (Myodesopsie).

Wir kommen jetzt zur Beschreibung der curiosesten und räthselhaftesten Phänomene, welche das kranke Auge bei der Beobachtung darbietet, nämlich zur Beschreibung des Mückensehens, welches man auch mit den Namen mouches volantes, Scotome, Photopsie, visuelle Hallucinationen, Myodesopsie u. s. w. benennt, und welches bisher die Aufmerksamkeit vieler Physiologen und Pathologen auf sich gezogen hat. Aber trotz der geistreichsten Hypothesen und der sorgfältigsten Beobachtungen weifs man über *die Natur und Ursache dieser Phänomene* fast noch gar nichts und das Mückensehen wird als eine reine Curiosität betrachtet. Von einer andern Seite hat jedoch die Beobachtung gezeigt, dafs gewisse Arten von Erscheinungen mit gewissen krankhaften Zuständen des Auges zusammentreffen, und dies ist schon ein Fortschritt, der wenigstens zur Hoffnung neuer Entdeckungen berechtigt.

Eine gute Theorie dieser Phänomene ist heute eine fast unentbehrliche Sache; sie gehört zu den Anforderungen unserer Zeit. Die bedeutenden Fortschritte der Anatomie und Physiologie erlauben uns jetzt, unsere Meinungen auf feste und bestimmte Basen zu stützen, und wir haben nicht mehr zu fürchten, uns in eitle Träumereien zu verlieren, worin nicht selten unsere wissenschaftlichen Eroberungen bestanden.

Das Mückensehen ist in der Praxis gar nichts Seltenes; wie viele an den Augen leidende Personen sehen nicht Flecken, Flocken, Wolken, kleine Kügelchen u. s. w., vor ihren Augen herumschweben, welche durch ihre hartnäckige Persistenz die Aufmerksamkeit und die Geduld der Kranken ermüden. Im Anfange glauben diese letzteren gewöhnlich, dafs sich fremde Körper auf der Hornhaut oder zwischen den Augenwimpern befinden und versuchen durch Reibung oder Blinzeln der Augen, sich davon zu befreien. Die Flecken persistiren jedoch, folgen allen Bewegungen des Auges und befinden sich immer zwischen dem Auge und dem betrachteten Gegenstande. Sie bewegen sich nach oben, wenn der Kranke das Auge erhebt, und entfernen sich, wenn der Kranke darnach greift, aber fortwährend in der Achse des Auges. Der Kranke hält sie häufig für Rauchflocken, Spinnegewebe, Fliegen, Insecten u. s. w. und bemüht sich lange vergebens, sie mit der Hand zu verjagen oder sich auf eine andere Art davon zu befreien, ehe er zu der traurigen Gewifsheit kommt, dafs diese Erscheinung ihren Sitz im Auge selbst hat. Mitunter haben diese Flecken auch eine gelbe, rothe oder irgend eine andere Farbe, zuweilen ereignet es sich sogar, dafs dieselben ihre Farbe ändern; die gelben z. B. werden blau, die blauen roth und die rothen schwarz. Bei einigen Personen verschwinden diese Erscheinungen, wenn sie die Augen schliefsen, bei andern nehmen sie im Gegentheil an Kraft und Glanz zu, so dafs sie von den Kranken mit Funken, Flammen und Kunstfeuerwerks-Gegenständen verglichen werden. Oft kommt es auch vor, dafs die Kranken beim Betrachten farbiger Gegenstände, weifse und halbdurchsichtige Kügelchen erblicken, welche ihnen wie Perlen, Thautropfen, Sternchen u. s. w. erscheinen; ein anderes Mal sehen sie Fäden mit glänzenden farbigen Körperchen bestreut oder Röhrchen mit kleinen Kügelchen angefüllt. Alle diese Erscheinungen bewegen sich fortwährend und wechseln ohne Aufhören, Farbe, Gestalt und Gröfse. Zuweilen jedoch nehmen sie einen feststehenden Character an und die Kranken sehen fortwährend einen schwarzen oder farbigen Flecken in der Mitte aller Gegenstände (Central-Amaurose), andere sehen nur die Hälfte derselben (Hemiopie); einige erblicken nur den Mittelpunkt, noch andere endlich erblicken einen schwarzen Strich, welcher sie in zwei Hälften theilt u. s. w. Wir würden nicht zu Ende gelangen, wenn wir alle die sonderbaren Gestaltungen hier aufzählen wollten, welche uns täglich von unsern Kranken beschrieben werden. Bei überspannten Personen leiht die Einbildungskraft den verschiedenen Erscheinungen nicht selten gewisse Formen. Ein bigotter Pole z. B., welcher den gröfsten Theil der Nächte mit dem Lesen der Kirchenväter zubrachte, versicherte uns eines Tages, dafs er sehr oft ein schwarzes in der Luft aufgehangenes Kreuz sehe. Ein hysterisches Mädchen, welches indessen schon ein gewisses Alter hatte, und deren Bräutigam bei der Eroberung von Algier gefallen ist, sagte mir, dafs sie beständig ihren Trauring sähe, wenn sie die Augen schlösse [1]).

§. 56.

Wenn man sich über den Sitz, die Natur und die semiotische Bedeutung dieser Phänomene belehren will, und wenn man in dieser Hinsicht die ophthalmologischen Werke zu Rathe zieht, so ist es unmöglich zu verkennen, dafs der gegenwärtige Zustand unserer Kenntnisse keinesweges als Richtschnur in der Ausübung der Kunst dienen kann.

De la Hire (Mémoires de l'Academie Tom. X. p. 571) nimmt an, dafs dem Mückensehen kleine dunkele Körperchen zu Grunde liegen, welche in der wässerigen Feuchtigkeit des Auges herumschwimmen und schwarze Schatten auf die Retina werfen. Um diese Hypothese zu prüfen, hat Demours (vol. III. p. 409,) bei einem mit dem Mückensehen behafteten Manne, die Cornea eröffnet und die wässerige Feuchtigkeit herauslaufen lassen. Da aber die Scotome nicht entfernt wurden, so schlofs er, dafs die fraglichen Körperchen nicht in der wässrigen, sondern in der unorganischen Feuchtigkeit ihren Sitz haben dürften. Nach Purkinje werden diese Bilder durch, in der wässrigen Feuchtigkeit frei herumschwebende Blutkügelchen hervorgerufen.

Neuber, welcher sich dieses Uebel durch eine übermäfsige Anstrengung seiner Augen zuzog, schreibt dasselbe den Augen-

---

[1]) Vergl. Maïtre Jan, Traité des maladies des yeux p. 279. — Delarue, Traité p. 418. — Richerand, Nosographie chirurgicale T. I. p. 357. — Saint-Yves, Traité des maladies des yeux. — Ware, Med. chirurg. Transact. vol. III. p. 274. — Demours, Mouches volantes, vol. III. p. 409.

Infusorien zu, die sich in der vordern und hinteren Augenkammer frei herumbewegen sollen. Er glaubte durch eine vorsichtige Anwendung des negativen Poles der galvanischen Säule ihre Tödtung zu bewirken. (Ueber schwebende Flecken im Auge oder den sogenannten Mückentanz. Hamburg 1836.) Später kam er jedoch von dieser Ansicht zurück (Pfaff's Mittheilungen 1840. 11 und 12.) und er versprach sich die Heilung durch eine Ablassung der wässrigen Feuchtigkeit.

Jüngken scheint diese merkwürdige Ansicht wenigstens für einige Fälle zu billigen, indem er sich in seinem Handbuch der Augenkrankheiten Seite 871 auf Nordmann's microscopische Untersuchungen über die Infusorien, die sich im Auge befinden sollen, beruft.

Steifensand erklärt das Mückensehen durch das Vorhandensein eigenthümlicher Körperchen in der Hornhaut, oder in der sie überziehenden Bindehaut.

Andreä placirt diese Körperchen in den Glaskörper und Weller giebt die vor der Netzhaut befindlichen Blutküchelchen als Ursache der Myodesopsie an.

Alle diese und ähnliche Hypothesen über die nächsten Ursachen des Mückensehens scheinen in der letzten Zeit durch die microscopischen Untersuchungen der durchsichtigen Medien des Auges, mit welchen Donné (Maiheft der Archives générales de médecine 1830) unsere Kenntnisse bereichert hat, eine gewichtige Bekräftigung gefunden zu haben. Diese Untersuchungen ergeben nämlich [1]), dafs die wäfsrige Feuchtigkeit der vordern und hintern Augenkammer, unter dem Microscope betrachtet, aufser einigen amorphen Körperchen, eine grofse Menge von Kügelchen darbietet, welche höchstens halb so grofs wie die des Blutes und dabei so blafs und durchsichtig sind, dafs sie sich beim Tageslichte nur sehr schwer erkennen lassen; nur bei der Beleuchtung einer Lampe, also einem schwächern Lichte, wird es möglich, sie in der umgebenden Flüssigkeit deutlich zu sehen.

---

[1]) Diese Stelle haben wir aus v. Ammon's Monatsschrift Bd. 3 p. 425, Artikel: Visio phantarmatum von Dr. Haumann, entlehnt.

Sie sind den Blutkügelchen ziemlich ähnlich, welche mit Wasser in Berührung gebracht worden sind und den in den Maschen ihres Gewebes enthaltenen Eiweifs- und Farbenstoff verloren haben. Sie sind im Wasser nicht auflöslich.

Die Faden ziehende, wie Eiweifs aussehende Feuchtigkeit des Glaskörpers bei Lampen-Erleuchtung unter dem Microscop untersucht, zeigt dieselben Kügelchen, nur in weit geringerer Menge, und sie scheinen der Masse des Glaskörpers selbst nicht anzugehören, sondern vielmehr, vielleicht durch äufserst feine durchgehende Gefäfse, aus der wäfsrigen Feuchtigkeit in denselben eingedrungen zu sein, indem ihre geringe Anzahl mit der Masse desselben in gar keinem Verhältnifs steht. Mit der Krystallinse verhält es sich ebenso. Jene Kügelchen aber, die in der wäfsrigen Feuchtigkeit fast eben so häufig und zusammengedrängt sind, wie im Blute, darf man nicht mit den ebenfalls in der wäfsrigen Feuchtigkeit bemerkbaren, oder ziemlich sparsam vorkommenden runden Körperchen verwechseln, welche nur aus Tröpfchen einer ölartigen Flüssigkeit zu bestehen scheinen.

Diese Kügelchen hindern das Sehen nicht im Mindesten, weil sie vollkommen durchsichtig sind. Man kann sie in seinem eigenen Auge bemerken, wenn man in eine Spielkarte mit einer sehr feinen Nähnadel ein Loch sticht, dieses dem Auge ganz nahe bringt und durch dasselbe nach dem Himmel schauet, besonders wenn man gegen eine weifse Wolke sehen kann; auch vor einer Kerzenflamme kann man einige solche Kügelchen bemerken. Sie gleichen genau den microscopischen an todten Augen, haben dieselbe Durchsichtigkeit und so weit es sich annähernd ermitteln läfst, denselben Durchmesser. —

Es schien nach dieser interessanten Mittheilung von Donné, dafs die wahre Ursache des Mückensehens in der Verdunkelung jener durchsichtigen Kügelchen zu suchen sei. Diese Idee lag so nahe und schien so einfach, so handgreiflich, dafs sie nicht ermangelte, in der Aetiologie dieser Krankheit einen grofsen Platz einzunehmen, und sogar zu manchen Mifsbräuchen zu führen, wie wir sie in einem Artikel von Dr. Andrieux (Recherches pratiques sur la myodepsie et son traitement, Bulletin thérapeutique vol. XIX. pag. 276. 1840) antreffen.

Wenn aber die Scotome nichts als Schatten wären, welche undurchsichtige Körper auf die Retina werfen, wie wollte man es erklären, dafs sie auch in der Dunkelheit erscheinen, dafs sie ihre Formen wechseln, dafs sie verschiedene Farben annehmen u. s. w.? In der Mehrzahl der Fälle liegt es daher wohl aufser Zweifel, dafs die nächste Ursache der Scotome weder in den Körperchen von Demours, in den Augen-Infusorien von Neuber, noch in den Blutkügelchen von Purkinje u. s. w. zu suchen ist.

Dafs diese Erscheinungen nicht von dunkelen Körperchen herrühren, welche sich in dem durchsichtigen Medium des Auges befinden und den Durchgang des Lichtes unterbrechen, hat Wallace (Lond. med. Gaz. Vol. 23, p. 109.) bereits genügend dargethan. Wir begnügen uns daher, nur noch beiläufig zu bemerken, dafs die kleinen undurchsichtigen scharf begränzten Körper fast gänzlich unfähig sind, einen Schatten auf die Retina zu werfen, wenigstens nicht in den Grenzen des deutlichen Sehens. Wenn man z. B. einen Stecknadelkopf auf die Mitte der Pupille, dicht an das Auge hält, so sieht man dessen ungeachtet die Gegenstände, welche uns umgeben, ganz deutlich.

Es ist bekanntlich anerkannt, dafs die Kranken bei der beginnenden harten Catarracte und die, welche kleine, scharf begränzte Hornhautflecken tragen, beinahe gar keine Störung im Sehvermögen erleiden, nirgends ist die Bemerkung gemacht, dafs sie von Mückenschen heimgesucht wären. Auch die nach der Staar-Operation manchmal bemerkten, in den Augen herumschwimmenden Flecken, stehen dem deutlichen Sehen nicht im Wege.

Um sich von dem eben Gesagten recht augenscheinlich zu überzeugen, darf man nur eine gewöhnliche Glaslinse zur Hand nehmen, auf ihrer Oberfläche irgend eine Stelle mit einem schwarzen Pflästerchen bedecken und sie zur Bildung des focus anwenden. Bei der eigentlichen Brennweite wird man alsdann im Brennpunkte keinen Schattenfleck wahrnehmen, sondern nur dann, wenn man die Linse von der Fläche, welche die Strahlen aufnehmen soll, entfernt oder sie derselben nähert. Nun nimmt man aber in der Theorie des Sehens an, dafs sich für jeden Punkt eines leuchtenden Gegenstandes ein Strahlenkegel bildet, dessen Spitze in dem Punkte selbst und dessen Basis in der Pupille liegt. Man nimmt ferner an, dafs diesem Kegel ein anderer im Auge entspricht, der mit ihm dieselbe Basis hat, und dessen Spitze sich in der Retina befindet. Es giebt also so viele Kegel und es zeichnen sich auf der Retina so viele Punkte ab, als sich leuchtende Punkte im Gegenstande befinden. Ein Flekken in der Krystallinse könnte daher wohl den Durchtritt einiger Strahlen eines dieser Kegel hindern, keinesweges aber einen Punkt des Gegenstandes gänzlich verdecken, da die übrigen ungehindert durchtretenden Strahlen immer noch genügen, um sein Bild auf der Retina abzuzeichnen. Das Gesagte läfst sich nicht blos auf die in der Krystallinse befindlichen, sondern auch auf alle diejenigen dunkeln Flecken anwenden, die sich vor oder hinter ihr befinden. Von den letztern machen jedoch diejenigen mehr oder weniger eine Ausnahme, welche dicht vor der Retina liegen [1]). Diese können allerdings ganze Kegel unterbrechen und somit eine Stelle des Gegenstandes verdunkeln. Es ist aber nur in diesem einzigen Falle, wo man die Scotome mit den Schatten der in dem Glaskörper befindlichen dunkeln Körperchen verwechseln könnte. Die pathologische Anatomie zeigt uns aber, dafs die Verdunkelungen im Glaskörper so selten sind [2]), dafs man sie vernünftigerweise keinesweges für die Ursache der Scotome anerkennen kann, die bekanntlich zu den gewöhnlichsten pathologischen Erscheinungen gehören.

Wir betrachten also das unmittelbare Gesichts-Organ als den eigentlichen Sitz aller dieser Visionen. Wir glauben, dafs die krankhaften Zustände der Retina selbst die Wahrnehmungen der Scotomen erwecken können.

---

[1]) Man vergleiche: Ueber die im Auge selbst befindlichen Gesichts-Objecte. v. Ammon's Monatsschrift Bd. I. Heft 3.

[2]) Schön Handbuch der pathologischen Anatomie des menschlichen Auges. Hamburg 1828. pag. 213.

§. 57.

Um unsere Meinung über die Natur und den Werth dieser krankhaften Zustände der Netzhaut, welche die Scotome erzeugen, zu begründen und ihr leichter Eingang zu verschaffen, wollen wir zuvor einen Blick auf die Art der Thätigkeit und den Bau der Retina werfen. Bisher haben wir dieses Organ nur in seiner Gesammtheit, in seiner Gesammtthätigkeit betrachtet, jetzt wollen wir auf die Einzelnheiten seiner Organisation eingehen. Es ist hier nicht der Ort, die unendlichen Fortschritte zu zeigen, welche die Anatomie seit der Anwendung des Microscopes zu ihren Forschungen, gemacht hat. Bewaffnet mit diesem Instrumente sind wir in die tiefsten Geheimnisse unserer Organisation eingedrungen. Die Entdeckung der Blutkügelchen, der Capillar-Circulation, der primitiven Nervenfasern, der Einrichtung der Secretionsorgane u. s. w. mit einem Worte, die Entdeckung aller dieser, wegen der aufserordentlichen Zartheit ihrer Structur bisher unbekannten Einzelnheiten, ist ein glückliches Resultat der microscopischen Nachforschungen, welches unserer Epoche Ehre macht. Vorzugsweise ist aber die Retina der Gegenstand dieser Nachforschungen gewesen, und das wohl wegen der Leichtigkeit welche sie bei den Forschungen über die Endungen der Nerven darbietet, ein Problem, welches schon lange das Genie unserer Physiologen beschäftigt.

Wir wollen hier die microscopische Anatomie des Auges so mittheilen, wie wir sie in unseren eignen Versuchen bestätigt gefunden haben, bei welchen Langenbeck [1]), Gottsche [2]), Treviranus [3]), J. Müller [4]), Arnold u. s. w. uns als Führer dienten.

Es ist bekannt, dafs die optischen Nerven aus primitiven Filamenten von einer aufserordentlichen Feinheit zusammengesetzt sind, und dafs von der Kreuzung jener Nerven an, diese

---

[1]) Monographia retinae.

[2]) Gottsche in Pfaff's Mittheilungen aus dem Gebiete der Medicin 1836. Heft 3. 4.

[3]) Beiträge zur Aufklärung des organischen Lebens. Bremen.

[4]) Physiologie des Gesichtssinnes. Leipzig 1826.

primitiven Fäserchen sich in Bündel vereinigen, von denen sich jede in einer besonderen Scheide von Nevrilem befindet. Beim Eintritt des optischen Nervens in das Auge enden diese Scheiden, und die nackten Fasern zerstreuen sich strahlenförmig auf die äufsere Oberfläche des Glaskörpers, durchlaufen in dieser Richtung eine gewisse Strecke, biegen sich dann nach dem Mittelpunkte des Auges hin etwas um, und endigen sich in kleinen, warzenartigen Anschwellungen. Diese Anschwellungen liegen so nahe an einander, dafs sie der innern Oberfläche der Retina ein körniges Ansehen geben. Nahe an ihrer Endung sind die Filamente sehr zerbrechlich, sie scheiden sich leicht von einander, und man erblickt unter dem Microscope kleine Kügelchen mit äufserst zarten Stielchen versehen. Wenn man die nervöse Ausbreitung betrachtet, welche diese Anordnung auf der äufseren Fläche darbietet, so sieht man die nervösen Filamente die einen durch die andern bedeckt, und sie haben, um uns des sehr passenden Vergleiches von Gottsche zu bedienen, das Ansehen eines Strohdaches.

Die äufsere Oberfläche der Ausdehnung des optischen Nervens ist mit einer Schicht einer körnigen Substanz bedeckt, die übrigens gar keine Spur von Organisation darbietet. Die Kügelchen dieser Schicht gleichen an Gröfse den Blutkügelchen und hängen vermittelst eines farbenlosen Schleimes aneinander.

Man nennt diese Schicht dem Entdecker zu Ehren, die Retina von Gottsche. Sie dient der nervösen Ausbreitung als Unterlage und ist deshalb die stärkste Schicht der Netzhaut. Zwischen dieser Schicht und der Choroidea findet man noch eine schleimige Substanz, welche aus sehr kleinen Kügelchen zusammengesetzt ist., die kaum $1/3$ der Gröfse der Blutkügelchen haben und den Kügelchen der primitiven organischen Substanz sehr ähnlich sind. Jacob hat diese Substanz für eine besondere Membrane angenommen, weshalb man ihr seither den Namen »die Jacob'sche Membrane« gegeben hat.

Die vierte Schicht bedeckt die innere Oberfläche der Ausdehnung des optischen Nervens, sie enthält viele Blutgefäfse und ist deshalb weit wichtiger für uns, als die zwei letztern. Die arteria centralis retinae theilt sich beim Austritte aus dem optischen Nerven in drei oder vier Arme, welche sich in verschiedene Zweige und diese noch einmal in aufserordentlich feine Capillarröhrchen theilen. Diese letztern gehen in die Capillar-Venen über, welche sich wieder zu gröfsern Venen vereinigen, die ihr Blut in die arteria centralis retinae zurückergiefsen. Die Venen der Retina sind viel zahlreicher, als die Arterien, und Langenbeck giebt ihr Verhältnifs wie 1 : 6 an. Die Venen nähern sich mehr dem Glaskörper, die Arterien mehr der Ausbreitung des optischen Nervens. Eine Membrane von aufserordentlicher Feinheit dient allen diesen Gefäfsen und ihren Verzweigungen als Bindungsmittel und scheidet den Glaskörper von der nervösen Ausbreitung des Sehnervens.

Man sieht aus dieser Beschreibung, dafs die empfindliche Oberfläche, welche die Retina der Wirkung des Lichtes darbietet, aus einer symmetrischen Anordnung der warzenartigen Endungen der Filamente des optischen Nervens besteht. Man sieht ferner, dafs die Retina kein einfaches Organ ist, sondern aus einer unendlichen Menge von Organen besteht, von denen jedes unabhängig von den andern seine Functionen ausübt. Diesem ganz besonderen Baue der Retina verdanken wir die Fähigkeit, die verschiedenen Lichtkörper einzeln zu erblicken, denn man begreift leicht, dafs bei jedem andern anatomischen Baue des Auges, irgend ein isolirter Lichtkörper wohl die Empfindung einer gewissen Helligkeit, keineswegs aber die einer bestimmten Form hervorrufen würde. Schon seit langer Zeit haben die Physiker, um uns die abgeschiedene und deutliche Erscheinung eines Gegenstandes zu erklären, angenommen, dafs jeder Punkt der Netzhaut für sich allein functionniren könne, aber die Ehre der Bestätigung dieser geistreichen Hypothese gehört der neuern Zeit an. Schmidt in seinem »*Lehrbegriff der Optik*« hat durch Rechnung bewiesen, dafs der kleinste noch empfindliche Punkt im Auge eine Gröfse von $\frac{1}{8000}$ Pariser Zoll habe, und lange Zeit nachher fand Weber, dafs diese Dimension mit der einer Pupille (d. i. der warzenwartigen Anschwellung einer primitiven Nervenfaser), genau übereinstimmt.

§. 58.

Alles, was wir über die Thätigkeit der Retina rücksichtlich des Lichtes und der Farben gesagt haben, läfst sich gleichmäfsig auf jeden Punkt, auf jedes einzelne Wärzchen (Papille) derselben anwenden. Die Thätigkeit einer jeden Papille wird die Empfindung der weifsen oder irgend einer andern Farbe hervorrufen (was jederzeit von der Art und Weise dieser Action abhängen wird); aber die Perception dieser oder jener Farbe wird immer auf einer begränzten Stelle der Retina stattfinden. Wenn diese Papille durch irgend einen Einflufs gereizt wird, so wird sie einen weifsen Funken, selbst dann wahrnehmen lassen, wenn sich das Auge in der Finsternifs befindet; ist dieselbe aber gelähmt, so wird sie, selbst wenn das Auge in das Helle sieht, einen dunkeln Flecken empfinden lassen. Eine einzige Papille kann abnormal gegen die äufseren Einwirkungen reagiren, sie kann zu viel oder zu wenig Empfindlichkeit dafür haben, sie kann sich in denselben Zuständen befinden, worin wir die ganze Retina bei der Achromatopsie und Chrupsie gesehen haben, mit einem Worte, die verschiedenen krankhaften Zustände der Papillen werden verschiedene Local-Empfindungen hervorbringen, und es ist auf diese Weise, dafs man die unendlichen Modificationen des Mückensehens, der weifsen oder farbigen Flecken, Funken u. s. w. wahrnimmt.

Das Mückensehen und alle Phänomene, womit wir uns in diesem Capitel beschäftigen, sind also weiter nichts, als Local-Affectionen der Retina und denjenigen ganz ähnlich, welche wir bei der Achromatopsie und Chrupsie besprochen, so wie auch in der Photophobie beobachtet haben. Alle diese krankhaften Zustände, wenn sie sich auf eine oder mehrere Papillen der Netzhaut beschränken, werden jederzeit Scotome empfinden lassen; die verschiedenen Arten dieser Scotome werden jedoch, wie schon gesagt, immer von den verschiedenen pathologischen Zuständen dieser Papillen abhängen.

Durch welche Symptome kann man in einem gegebenen Falle erkennen, ob die Scotome die Folge einer Local-Entzündung, einer Lähmung der Papillen, oder, ob sie die Folge einer nervösen Aufreizung oder einer übermäfsigen Empfindlichkeit der Retina u. s. w. sind? Eine wesentliche Frage, welche wir wegen ihrer practischen Wichtigkeit nicht mit Stillschweigen übergehen können. Wir werden sehen, dafs die verschiedenen Arten von Scotomen, jede eine besondere Gruppe von Symptomen darbieten, welche leicht ihre Natur und den krankhaften Zustand erkennen lassen, welcher sie erzeugt hat.

Die verschiedenen Arten und Modificationen des Mückensehens oder der Scotome lassen sich in 3, wesentlich von einander verschiedene Klassen eintheilen: 1tens die *paralytischen Scotome;* 2tens die *inflammatorischen Scotome* und 3tens die *nervösen Scotome*, von denen jede in den nächstfolgenden §. §. der Gegenstand einer besondern Betrachtung sein soll.

§. 59.

Paralytische Scotome.

Wenn eine oder mehrere Papillen der Retina gelähmt sind, so hat das Licht keinen Einflufs mehr auf sie, sie sind unthätig und das bezügliche Individuum nimmt schwarze Flecken wahr, welche die betrachteten Gegenstände theilweise bedecken. Diese Flecken sind nach der gröfsern oder geringern Entfernung des gesehenen Gegenstandes, auch an Gröfse verschieden. Ein Flekken z. B., der dem Kranken beim Lesen eines Buches vielleicht kaum einen Buchstaben bedeckt, kann in einer gröfsern Entfernung die Wahrnehmung des Zifferblattes einer Thurmuhr, oder einer mehr oder minder ausgedehnten Strecke einer betrachteten Landschaft verhindern.

Es kommt oft vor, dafs die Mitte der Retina d. h. der Punkt, welcher in der Augenaxe liegt, gelähmt ist. Der Kranke sieht alsdann nur die äufsern Theile oder Gränzen der Gegenstände, während die Mitte durch einen dunkelen Flecken bedeckt ist. Man kennt diesen Zustand unter der Benennung: Central-Amaurose. Eine Frau z. B., deren linkes Auge auf diese Weise affectirt war, sah, wenn sie den Satz: „*ich bin blind*“ lesen wollte und zunächst auf das erste Wort blickte, nur die beiden Wörter: *bin blind,* dann auf das zweite Wort blickend, las sie: *ich*

— *blind* u. s. w. (Transact. Philosoph. 1724 Art. 7). Ist die gelähmte Stelle nicht im Mittelpunkte der Retina, so befindet sich der dunkle Flecken fast unaufhörlich in Bewegung, worauf wir später zurückkommen werden.

Mitunter beobachten wir auch einen, dem vorigen ganz entgegengesetzten Zustand; es ereignet sich nämlich auch, dafs fast die ganze Retina gelähmt ist und nur einige Papillen ihre Sehkraft behalten haben. Ein Mönch litt während der Fastenzeit an sehr heftigen Kopfschmerzen, denen eine immer mehr zunehmende Schwäche des Auges folgte. Er konnte nur die ganz nahen Gegenstände, welche sich in der Richtung der Sehaxe befanden, sehen. Wollte er ein aus mehren Sylben zusammengesetztes Wort lesen, so nahm er zunächst nur die erste Sylbe und indem er seine Augen oder den Kopf entsprechend bewegte, die übrigen, eine nach der andern wahr. Von zwei oder mehreren neben einander gehenden Personen konnte er immer nur eine auf ein Mal sehen, und wenn er sich in dem Spiegel betrachtete, so sah er nur die Hälfte seines Auges und seiner Pupille. Dergleichen Fälle sind nicht so selten, als man vielleicht glaubt, wir selbst haben mehrere beobachtet und sind überzeugt, dafs ein aufmerksamer Practiker, wenn er die Verlöschung des Gesichtes bei der Amblyopie sorgfältig beobachtet, wenn auch nicht immer so deutlich hervortretende, doch wenigstens analoge Beispiele finden werde.

Seltener ist es, Beispiele zu finden, wo nur die obere oder untere Hälfte der Retina gelähmt ist. Man kennt diese Affection unter dem Namen Hemiopie und die damit behafteten Personen sehen von allen Gegenständen immer nur die Hälfte. Heinecke hat in seiner Dissertatio de visu duplicato et dimidiato, Wittenberg 1723, mehrere Fälle dieser Anomalie aufgeführt.

Bis jetzt haben wir die paralytischen Scotome nur mit Bezug auf ihren Sitz in der Retina betrachtet, und wir gehen jetzt zu den verschiedenen Farben-Nüancen über, welche sie darbieten. Bei einer vollkommenen Lähmung sind die Scotome immer schwarz, da die gelähmten Papillen unfähig sind, auch nur die geringste Reaction gegen den Einflufs des Lichtes auszuüben:

die entsprechenden Perceptions-Functionen des Gehirnes erhalten also keine Mittheilung von diesem Einflusse, und dieser Theil des Gesichts-Organes hat daher immer das Gefühl der Dunkelheit, die Dunkelheit aber ist schwarz.

Es kann auch vorkommen, dafs ein oder mehrere Punkte der Netzhaut, anstatt gänzlich gelähmt zu sein, nur hemeralopisch werden, dafs sie nur aufhören, das gemäfsigte Licht zu empfinden, während der übrige Theil der Retina noch ganz empfänglich dafür bleibt. Der Kranke sieht alsdann schwarze Flecken in der Dämmerung und in der Halb-Dunkelheit, wovon wir mehrere Beispiele beobachtet haben. Diese Scotome zeigen sich am Gewöhnlichsten unter der Form von Spinnegeweben, Filamenten, schwarzen Sternen, Netzen u. s. w.

Die rein paralytischen Scotome haben, wie wir bisher gesehen haben, immer eine schwarze Farbe, aber es kann auch vorkommen, dafs sich die Scotome in irgend einer anderen Färbung zeigen. Angenommen z. B. dafs die Function, welche unter dem Einflusse des weifsen Lichtes thätig ist, bei einer oder einigen Papillen reducirt, geschwächt sei, so werden diese Papillen nicht wie die übrigen die Empfindung von Weifs, sondern nach dem Grade ihrer Reduction, die Empfindung von Gelb, Roth oder Blau hervorrufen. Man wird jetzt leicht den bereits vorausgeschickten Satz verstehen, dafs die farbigen paralytischen Scotome gänzlich der Chrupsie entsprechen, d. h. dafs sie weiter nichts als eine Local-Chrupsie sind. Wenn diese Reduction stufenweise in einer und derselben Papille stattfindet, so werden die Scotome in demselben Mafse ihre Farbe verändern, die gelben werden roth oder grün, diese blau, und die blauen endlich schwarz werden. Die Farbe dieser Scotome zeigt uns also auch zugleich den Grad der Lähmung an und läfst uns den Gang und die verschiedenen Variationen dieser Krankheit erkennen.

Alle paralytischen Scotome mit ihren unzähligen Nüancen haben das Eigenthümliche und Gemeinschaftliche, dafs sie sich nur dann wahrnehmen lassen, wenn das Auge dem Lichte ausgesetzt ist, und dafs sie sogleich gänzlich verschwinden, wenn es sich in der Dunkelheit befindet. Diese pathognomonische Eigenschaft dieser Klasse von Scotomen erklärt sich durch die Natur des krankhaften Processes, welcher sie hervorruft. Denn alle diese Scotome haben ihren Grund in der Lähmung, die Lähmung aber läfst sich im Zustande der Ruhe, (worin sich doch das Auge in der Dunkelheit befindet), nicht wahrnehmen.

§. 60.

Inflammatorische Scotome.

Zu dieser Klasse rechnen wir diejenigen Scotome, welche durch eine theilweise Reizung der Retina entstehen. Die Art und Weise, wie diese Scotome erscheinen, und ganz besonders ihr Fortbestehen in der Dunkelheit ist für diese Klasse von Phänomenen ein wesentliches Unterscheidungszeichen. Die nervösen Scotome der dritten Klasse können auch in der Dunkelheit fortbestehen, aber wir werden sehen, dafs der Character dieser Persistenz ein ganz anderer als der ist, welchen die Klasse der inflammatorischen Scotome trägt, und welchen wir jetzt beschreiben wollen.

Wenn eine oder mehrere Papillen der Netzhaut durch irgend eine Ursache gereizt sind, so erwecken sie fortwährend die Wahrnehmung des Lichtes in dem Central-Gesichts-Organe; der Kranke sieht selbst bei geschlossenen Augen oder in der Dunkelheit glänzende Flecken, er erblickt Funken, Flammen, Feuerräder, Zickzacks u. s, w. Jede Bewegung des Geistes, jeder aufregende Einflufs, selbst der geringste Druck auf das Auge vermehrt diese Erscheinungen und macht sie lebhafter. Sobald aber der Kranke die Augen öffnet und sie dem hellen Tageslichte aussetzt, nehmen alle Phänomene eine schwarze Färbung an, er sieht schwarze Flecken, Flocken, Spinnegewebe, wie in der vorhergehenden Klasse; schliefst er hierauf die Augen wieder, so nehmen auch seine Erscheinungen den bezeichneten Glanz wieder an.

Die Theorie dieser inflammatorischen Scotome anlangend, so ist die Ursache jener Wechsel leicht zu erklären, wenn man bedenkt, dafs ein gereizter Punkt der Retina, welcher in dem Central-Gesichts-Organe fortwährend das Gefühl einer morbiden

Klarheit erweckt, unfähig ist, die Empfindung des wirklichen Lichtes auf dasselbe zu übertragen. Während daher die ganze Retina die Empfindung des wirklichen Lichtes auf das Gehirn überträgt, bleibt dieser Punkt in der Dunkelheit, d. h. er giebt die Wahrnehmung des Schwarzen. Wir haben diesen Gegenstand bereits so oft erklärt, dafs wir seine nochmalige Erläuterung hier für unnöthig halten.

Die so eben beschriebenen Scotome zeigen immer eine partielle Irritation, einen rein inflammatorischen Zustand der Papillen an. Sie folgen alle denselben Gesetzen, wie die Inflammationen aller übrigen Organe, Sie sind persistirend, aber der Vermehrung und Verminderung unterworfen, zwei Veränderungen, die man von Zeit zu Zeit bemerkt.

Bei der Heilung verschwinden sie stufenweise, sie scheinen weniger glänzend in der Dunkelheit, weniger dunkel am Tageslichte, aber ihr gewöhnliches Ende ist die Lähmung [1]. In diesem letztern Falle vermindert sich ihr Glanz in der Dunkelheit ebenfalls, ohne dafs sie jedoch heller bei Tage erscheinen sollten, die schwarzen Flecken bleiben vielmehr dieselben, und nehmen endlich den bei den paralytischen Scotomen beschriebenen Charakter an.

Bei den im Anfange unseres Werkes mitgetheilten Versuchen haben wir gesehen, dafs die Irritation sich auf die Function einer einzigen Farbe beschränken kann; man sieht alsdann successive Gelb, Roth oder Grün und dann Blau in der Dunkelheit und die Complementär-Farben davon bei Tage (§. 4. Vers. 4). Dasselbe Phänomen haben wir bei mehreren, von inflammatorischen Scotomen affectirten Personen beobachtet: sie sehen bei Tage gelbe Flecken, die blau in der Dunkelheit werden. Diese Fälle sind jedoch nicht so häufig, als man es nach der einfachen

[1]) Die entzündeten Netzhaut-Papillen können auch in ihrer anatomischen Bildung entarten. Langenbeck, der jüngere, (Hannövr. Annalen I. 4. p. 816) fand bei einem Menschen, der lange Zeit an Myodesopsie gelitten hatte, als er seine Retina mit dem Microscope untersuchte, viele schwarze zerstreute Pünktchen, welche er als Ursache der Scotome betrachtet.

Theorie vermuthen könnte. Bei unseren Beobachtungen wechselten zwar die farbigen inflammatorischen Scotome meistens ihre Färbung, jenachdem das Auge in der Helle oder in der Dunkelheit, offen oder geschlossen war, aber die Wechsel fanden auf verschiedene Arten statt. Die Scotome, welche bei Tage eine schmutzige Orangefarbe hatten, wurden bei geschlossenen Augen hellgelb, wie Goldtropfen (der eigene Ausdruck eines unserer Kranken). Die Function des Blauen war also vernichtet, und die Function von Orange, welches, wie wir wissen, Complementärfarbe zu Blau ist, befand sich in einem Zustande von Subinflammation, in deren Folge diese Farbe in der Dunkelheit gelber und bei Tage heller erschien.

Wir wünschen, dafs diese kurzen Bemerkungen den practischen Nutzen unserer Eintheilung zeigen möchten, und zweifeln nicht, dafs die genaue Kenntnifs der Scotome eines Tages noch eine grofse Rolle in den therapeutischen Indicationen bei der Behandlung des Auges spielen werde.

§. 61.

Nervöse Scotome.

Die dritte Klasse der Scotome sind die nervösen d. h. diejenigen, welche ihren Ursprung in einer Nevrose der Retina haben. Diese Phänomene gleichen ganz und gar denjenigen, welche man in der Nevralgie anderer Organe beobachtet; die nevralgischen Scotome sind also nichts anderes als Schmerzen, welche ihren Sitz in der Retina oder in den optischen Nerven haben: Alles, was wir von der Nevralgie wissen, läfst sich daher gleichmäfsig auf die Scotome dieser Klasse anwenden.

Wir wollen uns hier keinesweges in die Beschreibung der unzähligen Verschiedenheiten dieser Phänomene einlassen, nur die am meisten hervorstechenden und sich von andern unterscheidenden sollen der Gegenstand unserer Betrachtung sein.

Es kommt häufig vor, dafs einige Papillen der Retina empfindlicher als andere sind und stärker auf den Einflufs des Lichtes reagiren, der Kranke nimmt daher, wenn er in das Helle sieht, oder bei Betrachtung einer erleuchteten Fläche, hellere

Flecken auf derselben wahr, welche die Gestalt von Silberkügelchen, Silberfäden, Schneeflocken, Lichtflecken, weifsen Schmetterlingen u. s. w. haben. Und wenn der Kranke fortfährt, sein Auge dieser Helligkeit auszusetzen, so verändern diese Scotome ihre Farbe, sie werden nach und nach grau, dunkelgrau und endlich schwarz. Alle diese Phänomene sind durch eine Local-Photophobie in der Retina hervorgebracht. Sie haben die Eigenthümlichkeit, dafs sie nach dem Aufhören der Licht-Einwirkung noch längere Zeit fortbestehen. Dieses ist die am häufigsten vorkommende Art der nervösen Scotome.

Ferner findet man nicht selten Kranke, welche einen Augenblick vorher nicht die geringste Erscheinung hatten, und dann plötzlich in der Mitte des Tages Scotome wahrnehmen. Ein leichter Druck auf das Auge, ein Geräusch, eine Geistesbewegung genügen zuweilen, um sie hervorzurufen, oft erscheinen sie freiwilllig ohne eine bekannte Ursache: sie bestehen einige Zeit fort, und verschwinden dann wieder, ganz analog, wie die nevralgischen Schmerzen.

Diese Scotome zeigen bei ihrer Erscheinung eine unzählige Verschiedenheit an Farben und Formen, aber sie behalten dieselben nicht bei, wie die inflammatorischen Scotome, sondern erscheinen meist schnell nacheinander unter verschiedenen Gestalten und Farben. Sie verschwinden, zeigen sich auf anderen Punkten der Retina, entfernen sich und kommen zurück, um sich wieder zu entfernen u. s. w. Und es ist gerade diese Unbeständigkeit in ihrer Erscheinung, welche die rein nervöse Natur dieser Scotome erkennen läfst.

Es mangelt in der Wissenschaft nicht an Beispielen, und wir selbst haben einige beobachtet, wo die Scotome sich periodisch zeigten: es finden also selbst die typischen Nevralgien (bei Schönlein die intermittenten) ihre Analogie unter den Scotomen.

So kurz und unvollständig diese Beschreibung auch sein mag, so dürfte sie doch wohl genügen, um einen wesentlichen Unterschied zwischen den in Rede stehenden und den Scotomen der vorigen Klasse zu begründen. Die Scotome dieser dritten Klasse finden ihren Ursprung in der nervösen Irritation einer oder mehrerer Papillen, die der vorigen Klasse aber in der inflammatorischen Reizung jener Papillen. Die erstern stehen zu diesen in demselben Verhältnisse, wie eine Nevralgie zu einer Nevritis.

Als Beispiel der nervösen Scotome kann die folgende Mittheilung dienen:

Herr Savigny, Mitglied der französischen Academie der Wissenschaften, der, seit langer Zeit mit einer Amblyopie behaftet, den Sitzungen nicht mehr beiwohnen kann, überreichte der Academie unterm 9ten Juli 1838 ein interessantes Memoire über die Erscheinungen, welche er wahrnimmt. Er giebt diesen Erscheinungen den Namen Phosphane, und schildert die Charactère derselben folgendermafsen:

Er sieht von Zeit zu Zeit helle Flecken vor den Augen, die 6 bis 10 Zoll im Durchmesser und bald eine gradlinige, bald eine zackige oder krummlinige Begränzung haben. Manche davon erscheinen mit dem Glanze weifser seidener Stoffe, die bald mit einem goldgelben, bald mit einem silberweifsen Rande versehen sind; andere sind gelb, orangefarbig, roth oder schwarz und haben die vorhin beschriebene Einfassung; wieder andere sind aus farbigen concentrischen Zonen zusammengesetzt, mit wellenförmigen Rändern umgeben und mit feinen schwarzen Strichen schattirt. Diese Erscheinungen sind von einer solchen Feinheit, Eleganz und von einem solchen Glanze, dafs die Kunst schwerlich im Stande wäre, sie nachzuahmen. Die gröfsten und schönsten Phosphane erschienen gewöhnlich auf der Mariginalgegend des Sehfeldes.

Im Laufe der Krankheit haben die Phosphane den farbigen Glanz, die schöne Einfassung und das zarte Dessin verloren. Die Phosphane des rechten Auges, welche zuerst entstanden, waren immer etwas lebhafter, als die des linken; dieser Unterschied tritt jedoch seit der eben genannten Veränderung nur noch wenig hervor.

Anfänglich erschienen die Phosphane nur von einigen zu einigen Tagen, in der Folge aber wiederholten sie sich öfter, und gegenwärtig bedarf es nur der leisesten Aufregung, manchmal nur des Blinzelns der Augen, um sie hervortreten zu lassen.

Ihre Gröfse, ihre Form, ihr Colorit, ihr Glanz u. s. w. hängen von der unbeständigen Disposition des kranken Organes ab.

Wir haben die traurige Bemerkung gemacht, dafs die erwähnten Phänomene auf die Gemüthsstimmung und die Gesundheit dieses so verdienstvollen Mannes einen sehr zerstörenden Einflufs haben.

§. 62.

Bei der Beschreibung der Amblyopie, der Achromatopsie und der Chromopsie haben wir gesagt, dafs es äufserst selten sei, eine dieser Krankheiten isolirt, d. h. ganz frei von den andern beiden anzutreffen: eben so ist es mit diesen 3 Arten von Scotomen, welche der Gegenstand der vorangehenden §. §. sind. Wir haben eine jede von ihnen allein in ihrer Reinheit betrachtet, um eine richtige Idee von der Natur und dem Gange dieses pathologischen Zustandes zu geben. Das Gesagte soll daher keine vollständige Beschreibung dieser Phänomene sein, vielmehr liegt es nur im Plane dieser Abhandlung, die ersten Elemente und allgemeine einleitende Begriffe hier aufzustellen.

Da die Scotome von den Local-Affectionen der Retina abhängen, so ist es leicht erklärlich, dafs sie an Form, Farbe und Dauer veränderlich sein müssen: alle Punkte der Retina sind niemals gleichzeitig auf dieselbe Weise affectirt, und während z. B. ein Punkt dieser Membrane gelähmt ist, befindet sich ein anderer in einem inflammatorischen Zustande. Zuweilen bietet die Retina auch wohl alle drei Arten von Scotomen gleichzeitig dar, und dann ist es natürlich immer die vorherrschende Art, welche der ärztlichen Behandlung zu Grunde liegen mufs.

Ein und derselbe Punkt der Retina kann selbst die verschiedenen Arten von Modificationen erleiden: so haben wir nervöse Scotome zuerst in den Zustand der inflammatorischen übergehen und dann paralytisch werden sehen.

Wir glauben, dafs dies ausreichen dürfte, um in den verschiedenen Fällen die Scotome gehörig zu würdigen und zu unterscheiden, und überlassen es der Zeit und der Erfahrung, die Richtigkeit unserer Meinung zu bestätigen.

§. 63.

Bevor wir unsere Abhandlung schliefsen, noch ein Wort über die Bewegung der Scotome. In der allgemeinen Beschreibung haben wir gesagt, dafs die Scotome sich nicht immer auf derselben Stelle zeigen, sondern sich vielmehr nach allen möglichen Richtungen hin bewegen. Woher kommt aber diese Bewegung? Es giebt drei Ursachen derselben: 1tens die Bewegung des Auges, 2tens die Circulation des Blutes, 3tens das wechselweise Erscheinen und Verschwinden der Scotome. Wir wollen jeden dieser 3 Punkte ins Besondere betrachten.

1. Die Bewegung des Auges. Wenn das Scotom central ist, d. h. wenn es sich in der Achse des Auges befindet, so schreibt der Kranke die Bewegung des Scotomes ganz richtig der des Auges zu; und das Scotom bedeckt alsdann alle Gegenstände, welche er ansieht. Befindet es sich aber aufserhalb des Central-Punktes der Retina, so sind seine Bewegungen schwieriger zu erklären; der Kranke bildet sich meist ein, dafs das Scotom sich von selbst und unabhängig vom Augapfel bewege. Man denke sich z. B. ein paralytisches Scotom unterhalb der Sehaxe befindlich, so wird der Kranke einen schwarzen Flecken über dem betrachteten Gegenstande wahrnehmen. Dieser Flekken wird so lange fast unbeweglich scheinen, als das Auge fortfährt, den Gegenstand zu betrachten; er wird sich aber sogleich nach oben bewegen, wenn der Kranke seinen Blick darauf richtet. Eben so ist es mit den inflammatorischen Scotomen, welche in Form von Funken u. s. w. vor den geschlossenen Augen herumschweben.

2. Die Circulation des Blutes. Bei der Anatomie der Retina haben wir die Verzweigung der arteria und der vena centralis retinae auf der vordern Oberfläche der genannten Membrane erwähnt. Wenn nun aber der Blutumlauf beschleunigt oder gehemmt und die Empfindlichkeit der Retina zu gleicher Zeit vermehrt ist, so erblickt man mit jedem Herzschlage eine Art von (pulsirendem) Netz, das bei Tage schwarz oder dunkel ist, in der Dunkelheit aber glänzend, funkelnd oder flammig erscheint [1]. Wenn der Kranke Blutcongestionen nach dem Kopfe hat, so erblickt er kleine gelbe Kügelchen, die nach Umständen mehr oder weniger hell erscheinen. Diese Kügelchen durchlaufen eine unregelmäfsige, wellenförmige und zackige Bahn und convergiren am häufigsten nach dem Mittelpunkte des Auges hin; jedes dieser Kügelchen ist mit einer Art Schweif oder Schwanz versehen, welcher der Bewegung des Kügelchens folgt, weshalb man sie nicht selten mit einem Cometen und ihre Be-

[1]) **Sauvages** hat bereits diese Beobachtung gemacht und sie in seiner Nosologia methodica, vol. II. p. 180. Amstelodami 1768 mitgetheilt.

wegung mit der der Froschlarven vergleicht. Wir halten dafür, dafs die Ursache dieses Phänomens in den Blutkügelchen zu suchen sei, welche ihren Schatten auf die Retina werfen. Denn in dem gewöhnlichen Zustande des Auges sehen wir sie nicht, wir nehmen sie, wie gesagt nur wahr, wenn die Blutcirculation gehindert oder die Empfänglichkeit der Retina erhöht ist.

3. Das wechselseitige Erscheinen und Verschwinden der Scotome kann ebenfalls wenigstens scheinbare Bewegungen derselben verursachen. Wenn z. B. ein nervöses Scotom auf irgend einem Punkt des Sehfeldes erscheint, und nachdem es eine Zeitlang persistirt hat, in demselben Augenblick verschwindet, wo sich auf einem andern Punkte ein neues Scotom zeigt, so wird der getäuschte Kranke nicht selten glauben, dafs das erstere Scotom sich nach diesem anderen Punkte hinbewegt habe. Angenommen ferner, eine Anzahl Papillen sei dergestalt affectirt, dafs die daraus entstehende Erscheinung eine horizontale Linie bilde; denkt man sich nun zu gleicher Zeit die eine Hälfte dieser Linie verschwinden, wo eine andere verticale zu erscheinen beginnt und sich zufällig an dem Punkte anschliefst, wo die horizontale Linie abbricht, so wird der Kranke nicht weniger vermeinen, als habe sich die ursprüngliche Linie zu einem rechten Winkel umgebogen. Dieses Phänomen, welches wir zum besseren Verständnifs in seiner gröfsten Einfachheit erklären, ist, wie man leicht denken kann, einer Menge von Veränderungen unterworfen, um so mehr, wenn sich der Wechsel der Farben damit verbindet. Die Einbildungskraft ist dabei ebenfalls nicht wenig thätig, sie sucht die Empfindungen mit bekannten Gegenständen zu vergleichen. Eben so wie wir in der Gestalt des Mondes eine menschliche Figur zu erblicken meinen, so findet auch das affectirte Auge in einem unförmigen Haufen von Lichtpunkten, Kreuze, Schlangen, Schmetterlinge, Fliegen, Spinnegewebe u. s. w.

§. 64.

Bisher haben wir die Scotome nur als Producte einer Local-Affection der Retina betrachtet, das Gehirn oder vielmehr das Central-Gesichtsorgan nahm also keinen Theil an der Krankheit, es liefs vielmehr die verschiedenartigen Eindrücke alle so wahrnehmen, wie sie ihm von dem peripherischen Gesichts-Organe mitgetheilt wurden. Das Gehirn hat bei den bis jetzt erwähnten Arten von Scotomen also immer auf eine normale Weise functionnirt, und wenn es falsche Wahrnehmungen lieferte, so lag die Schuld davon nur an der Retina. Indessen ist das Gehirn nicht immer passiv in der Erzeugung von Visionen, und es kommt nicht selten vor, dafs dieselben sogar im gesundesten Zustande des Auges stattfinden, wie dies die Hallucinationen der Wahnsinnigen beweisen. Und diese Hallucinationen können auch im ganz entgegengesetzten Falle, d. h. bei Personen stattfinden, deren Augen gänzlich zerstört sind. Esquirol erzählte mir kurz vor seinem Tode von einer wahnsinnigen Frau, welche Flammen sah, bei der Autopsie indessen erwiesen hat, dafs ihre beiden Sehnerven gänzlich atrophisch waren. Es ist bei diesem Falle augenscheinlich, dafs man die Ursache dieser Erscheinung nicht in dem peripherischen, wohl aber in der Affection des Central-Gesichtsorganes suchen mufs.

Das Gesagte läfst schliefsen, dafs die Visionen, welche man im pathologischen Zustande des Sehorganes wahrnimmt, sich in zwei ganz verschiedene Klassen theilen: 1tens die Visionen, welche von dem morbiden Zustande der Retina abhängen, und wozu die bisher behandelten Scotome gehören; 2tens die Visionen, deren Quelle in einer Affection des Central-Gesichtsorganes zu suchen ist, und die wir bei mehreren in diesem Werke angeführten Beispielen, in der Beobachtung von Gentil (§. 3.) unter andern, visuelle Illusionen genannt haben. Wir verweisen über diesen Gegenstand auf das vortreffliche Werk des Prof. Müller: »Ueber die phantastischen Gesichts-Erscheinungen. Coblenz 1826.«

Zuweilen ist es sehr schwer, den eigentlichen Sitz der Krankheiten, wovon die Scotome herrühren, zu erkennen. In Folge einer Contusion am Kopfe z. B. nehmen die Kranken fast beständig Funken vor den Augen wahr; wo ist hierbei wohl der Sitz und die eigentliche Ursache dieser Scotome, im Gehirn oder in der Retina? Selbst bei den anscheinend einleuchtendsten Fällen ist es schwer, diese Frage zu beantworten, ohne seine Zuflucht zu Symptomen zu nehmen, und der Arzt stützt sich hierbei nur auf eine gröfsere oder mindere Wahrscheinlichkeit.

Zur leichtern Feststellung der Diagnostik dieser Affectionen wollen wir noch die folgende Bemerkung hinzufügen:

Die eigentlichen Scotome, d. h. die Visionen, welche ihr Dasein den pathologischen Zuständen der Retina verdanken, characterisiren sich durch ihre unbestimmten Formen: es sind phosphorescirende Flecken, Funken, Flammen, Zickzacks u. s. w. in der Dunkelheit, die bei Tage zwar eine gleiche Gestalt beibehalten, aber eine dunkle, eine schwarze Farbe annehmen. Wenn diese Visionen längere Zeit fortbestehen, und der Kranke kann sie beobachten, analysiren, so verleiht ihnen seine Einbildungskraft gewisse Formen: es sind Fliegen, Funken u. s. w. welche sich vor seinen Augen herumbewegen, Spinnegewebe, welche die angesehenen Gegenstände bedecken, weifse oder farbige Perlen, die ihm nach und nach erscheinen. Der Arzt mufs also daran denken, dafs der Kranke seine Visionen nur mit diesen Gegenständen vergleicht, um sich besser verständlich zu machen, dafs er sie aber keinesweges wirklich wahrnimmt.

Bei den visuellen Illusionen, d. h. bei denjenigen Visionen, welche von dem pathologischen Zustande des Gehirnes abhängen, verhält sich die Sache anders. Der Kranke erblickt einen Gegenstand so deutlich und bestimmt, dafs er im Augenblicke der Wahrnehmung von dem wirklichen Dasein des letztern völlig überzeugt ist. Eine vom delirium tremens z. B. affectirte Person sieht Ratten, Schlangen u. s. w. überall, wo sie hinblickt. Sie sieht Frösche auf der Brust herumkriechen und bemüht sich, sich davon zu befreien. Herr Gentil (§. 3.) sieht Personen, welche alle Sorten von Grimassen machen, aber er ist nachher vollkommen überzeugt, dafs es nur Illusionen waren. In allen diesen Fällen sind es also nicht mehr unbestimmte Gestalten, denen die Einbildungskraft gewisse Formen leihet; nein, es sind wirkliche plastische Phantasmen; es sind Wesen oder Gegenstände mit bestimmten Formen und Farben.

Diese Unterscheidungszeichen der Scotome und der eigentlichen Illusionen, (welche beide verschiedene Gruppen man irriger Weise nicht selten mit dem gemeinschaftlichen Namen visuelle Hallucinationen bezeichnet), so einfach ihre richtige Auffassung auch scheinen mag, sind jedoch sehr häufig nicht kräftig genug, um mit Bestimmtheit den Sitz der Ursache dieser Phänomene angeben zu können. Und die Analyse und eine genaue Rechenschaft von diesen Krankheiten wird dem Praktiker oft nicht wenig zu schaffen machen, namentlich, wenn er es mit einem Individuum zu thun hat, das über seine Empfindungen selbst nicht klar ist.

§. 65.

Nach den Meinungen, welche wir in den vorhergehenden §. §. ausgesprochen haben, dürfte es überflüssig sein, über die Prognostik und Behandlung der Scotome noch etwas hinzuzufügen. Viele Aerzte sehen in den Scotomen nur unschuldige und flüchtige Phänomene, während andere dieselben als untrügliche Vorläufer der Amaurose betrachten. Was uns anbelangt, so denken wir über die Scotome nicht anders, als über die Schmerzen im Allgemeinen. Und was würde man von einem Arzte glauben, der jeden Schmerz als ein Prodrom der Paralysie betrachtet? — Uns hierüber noch weiter auszulassen wäre unnütz: die im Laufe dieser Abhandlung entwickelten Ansichten, werden einen Jeden leicht über die wahre pathologische Bedeutung der so vielfach besprochenen Phänomene schliefsen lassen. Jedoch können wir uns nicht enthalten, in dieser wie in jeder anderen Rücksicht noch den Rath zu ertheilen, sich niemals auf ein einziges Symptom zu stützen, um die Diagnostik und Prognostik irgend einer Krankheit zu stellen, vielmehr mufs sich dieses so wie die Behandlung immer nach der Summe aller Symptome richten, welche die Krankheit in den verschiedenen Stadien darbietet.

Wir glauben, dafs diese Auseinandersetzung der morbiden Phänomene des Gesichtsorganes noch ein Beweis mehr zur Unterstützung der theoretischen Sätze ist, welche wir im ersten und zweiten Theile unseres Werkes aufgestellt haben. Wir haben die schwierigsten und dunkelsten Punkte der Ocular-Pathologie berührt und halten dafür, dafs es nach den Gesetzen nunmehr nicht mehr schwierig sein dürfte, die noch übrigen pathologischen Phänomene der Farben gehörig zu würdigen, welche wir wegen der engen Gränzen unsrer Arbeit mit Stillschweigen übergehen mufsten.

In diesem 3ten Theile haben wir also dargethan und beschrieben:

1) die pathologische Beziehung zwischen der Amblyopie, der Achromatopsie und der Chrupsie;

2) den wahrhaften Sitz und die Natur der Scotome;

3) den nosologischen Werth aller dieser Erscheinungen.

FSC
www.fsc.org
MIX
Papier | Fördert gute Waldnutzung
FSC® C083411

Kolibri 360 GmbH
Ferdinand-Jühlke-Straße 7
99095 Erfurt, Deutschland
produktsicherheit@kolibri360.de